山西省情智库丛书
A SERIES OF RESEARCH REPORTS
ON PROVINCIAL CONDITIONS OF SHANXI

山西省情报告

(2014)

ANNUAL REPORT ON PROVINCIAL CONDITIONS
OF SHANXI (2014)

主　编／李茂盛　李劲民

社会科学文献出版社
SOCIAL SCIENCES ACADEMIC PRESS (CHINA)

《山西省情报告（2014）》编委会

主　　编　李茂盛　李劲民

副 主 编　赵群虎　刘益龄　郑小豹　张晓光

执行主编　冯林平

编　　委　（以姓氏笔画为序）

　　　　　　田振兴　朱　红　刘　琪　李小伟　李　刚

　　　　　　杨建中　吴晓峰　陈培文　崔云朋　崔晋生

　　　　　　崔鸿雁　谭克俭

主编简介

李茂盛 男，研究员，山西大学经济学博士生导师，国务院特殊津贴专家，山西省地方志办公室主任、党组书记，《山西省志》总主编。著有《华北抗日根据地经济研究》、《华北抗战史》、《阎锡山大传》等10余部著作，发表《论抗日战争的领导权》、《东征决策与毛泽东的雄才伟略》、《国史研究的几个问题》、《山西产业结构变动分析》等论文百余篇，主编出版《山西改革发展30年》、《当代山西概览》、《21世纪的辉煌》、《光辉的历程》等上百部。近年来，主要主持开展百部《山西省志》和各类山西省级专志的编纂工作。

李劲民 男，研究员，山西省人民政府发展研究中心主任、党组书记，曾在美国、加拿大做访问学者。著有《市场经济下的社会保障》、《德国鲁尔区经济结构调整》、《欧美国家煤炭产业政策析读》等6部专著，主编出版《山西发展研究》系列丛书等。近年来主持的研究课题主要有《煤炭资源整合和煤矿兼并重组研究》、《推进山西煤炭产业循环发展研究》、《山西装备制造业发展战略研究》、《山西就业和社会保障问题研究》等。研究成果多次获山西省社会科学优秀成果、山西省科技进步和国务院发展研究奖等。

前　言

山西地处中部内陆，位居华北南端，山河表里、物华天宝、历史久远、人文荟萃。新中国成立后，特别是改革开放以来，山西是国家现代化建设的重要能源和工业基地，为全国建设做出了重大贡献，也书写了区域发展的新篇章。

国务院于2010年末批准将山西全省域设立为"国家资源型经济转型综合配套改革试验区"，山西由此进入改革开放和现代化建设的新的历史阶段。经一年多时间试点后，2013年山西综改试验区建设全面启动并提速推进。

深入研究省情，正确认识省情，是不断创新发展思路和进行科学决策的重要前提，也是不断推进综改试验取得新成效的重要基础。省情是历史与现实的综合反映，历史是现实的累进，现实是历史的发展。在新的起点上，如何进一步深化对山西动态发展变化的省情的研究和认识，是一个十分重要的课题。

为了探究省情研究的新路径，也为了从动态发展变化的角度研究省情，基于研究省情的比较优势，省地方志办公室、省政府发展研究中心于2014年初启动了按年度序列研究省情的"创新工程"，并将"山西省情报告（2014）"课题研究列入2014年重大工作事项加以推进和落实。在课题研究进程中，课题组先后吸纳省社科院、省发改委宏观研究院、省统计局、太原工业学院等部门的专家参与其中。经课题组团结协作和不懈攻关，最终拿出成果，付梓出版。

《山西省情报告（2014）》以研究和展述年度经济社会发展变化情况为重点，兼及当下省情战略、基本地理历史，是一部从现实与历史相结合的角度动态研究山西省情的探索之作。报告分省情战略、地理历史、发展现状、发展比较、区域发展、大事纪要六个部分。其中，省情战略部分，从宏观层面梳理分析了当下山西的基本省情和动态优势，并对适应形势任务发展变化的战略选择作了探讨和分析；地理历史部分，凝练概括了山西的地理概貌、自然物产、历史发展、历史文化；发展现状部分，阐述和分析了2013年山西经济建设、政治建设、文化建设、社会建设、生态建设和居民生活发展变化的情况；发展比较部分，对2013年山西的发展与全国、周边省区、中部其他省的发展作了比较分析；区域发展部分，阐述和分析了2013年山西11个市域经济社会发展变化的情况；大事纪要部分，以时间为序，梳理了2013年山西经济社会发展的大事要事。

《山西省情报告（2014）》的有关数据，涉及山西全省、各市的，大多采用统计公报，部分为部门统计数据；涉及全国及周边省区、中部其他省的，绝大部分采用统计公报，个别来源于《中国统计年鉴（2014）》及其他资料。考虑到山西全省的部分数据之间存在统计口径的差异，因而特地附录了"山西省2013年国民经济和社会发展统计公报"，供读者查阅参考。

《山西省情报告（2014）》对省情的研究是主线主题式的，有的方面未能涉及，缺陷和不足在所难免，敬请读者批评指正，以便在下一步的研究中不断改进和提高。

省情是一个多要素组成的复杂系统，而且是不断发展变化的。对省情的认识需要在不断分析、比较和研究提炼中深化。我们将以省地方志办公室、省政府发展研究中心"创新工程"为平台，以研究出版《山西省情报告（2014）》为起始点，进一步加强和推进对省情的年度序列性研究，为人们认识和把握动态发展变化的山西省情提供及时而更具价值的参考。

希望首部"山西省情报告"的出版，能为有关部门有广大读者提供有益的帮助。

课题组
2014年11月

目 录

序 篇 省情战略

一 基本省情 ·· 001

二 动态优势 ·· 004

三 战略选择 ·· 007

第一篇 地理历史

一 政区地理 ·· 013

  1. 区域方位 ·· 013

  2. 行政区划 ·· 014

  3. 人口民族 ·· 015

二 自然环境 ·· 016

  1. 地形地貌 ·· 016

  2. 河流水系 ·· 017

  3. 气候气象 ·· 018

  4. 资源物产 ·· 019

三 历史文化 ·················· 023
1. 沿革变迁 ·················· 023
2. 文化遗存 ·················· 029
3. 历史人物 ·················· 032

第二篇 发展现状

一 经济建设 ·················· 037
1. 经济运行 ·················· 037
2. 综改试验 ·················· 042
3. 结构调整 ·················· 045
4. 重点工程 ·················· 048
5. 城乡建设 ·················· 051
6. 创新驱动 ·················· 055
7. 经济特区 ·················· 059

二 政治建设 ·················· 062
1. 党的建设 ·················· 062
2. 民主法制 ·················· 065
3. 政治协商 ·················· 068
4. 政府改革 ·················· 069
5. 基层民主 ·················· 072
6. 法治建设 ·················· 073

三 文化建设 ·················· 076
1. 价值构建 ·················· 076
2. 部省合作 ·················· 081

目录

  3. 公共文化 …………………………………………… 082
  4. 文化事业 …………………………………………… 085
  5. 文化产业 …………………………………………… 087
  6. 对外交流 …………………………………………… 090
 四 社会建设 ……………………………………………… 091
  1. 教育发展 …………………………………………… 091
  2. 城乡就业 …………………………………………… 095
  3. 社会保障 …………………………………………… 096
  4. 医疗卫生 …………………………………………… 099
  5. 基层治理 …………………………………………… 102
  6. 公共安全 …………………………………………… 103
 五 生态建设 ……………………………………………… 104
  1. 资源节约 …………………………………………… 105
  2. 生态保护 …………………………………………… 108
  3. 环境治理 …………………………………………… 110
 六 居民生活 ……………………………………………… 113
  1. 就业状况 …………………………………………… 113
  2. 收入状况 …………………………………………… 115
  3. 消费状况 …………………………………………… 117
  4. 物价状况 …………………………………………… 119
  5. 居住状况 …………………………………………… 120

第三篇　发展比较

 一 全国比较 ……………………………………………… 123
  1. 生产总值 …………………………………………… 123

  2. 公共财政 ……………………………………………… 124

  3. 工业农业 ……………………………………………… 124

  4. 固定投资 ……………………………………………… 125

  5. 内外贸易 ……………………………………………… 126

  6. 民生社会 ……………………………………………… 127

 二　周边比较 ………………………………………………… 128

  1. 生产总值 ……………………………………………… 128

  2. 财政收支 ……………………………………………… 129

  3. 工业农业 ……………………………………………… 130

  4. 固定投资 ……………………………………………… 131

  5. 内外贸易 ……………………………………………… 132

  6. 民生社会 ……………………………………………… 133

 三　中部比较 ………………………………………………… 135

  1. 生产总值 ……………………………………………… 135

  2. 财政收支 ……………………………………………… 137

  3. 工业农业 ……………………………………………… 137

  4. 固定投资 ……………………………………………… 138

  5. 内外贸易 ……………………………………………… 139

  6. 民生社会 ……………………………………………… 141

第四篇　区域发展

一　太原市 …………………………………………………… 144

  1. 发展思路 ……………………………………………… 144

  2. 经济增长 ……………………………………………… 145

3. 产业发展 …… 146
4. 城乡建设 …… 148
5. 民生社会 …… 149
6. 区县经济 …… 150

二 大同市 …… 150

1. 发展思路 …… 150
2. 经济增长 …… 151
3. 产业发展 …… 152
4. 重点工程 …… 153
5. 城乡建设 …… 154
6. 民生社会 …… 155
7. 县域经济 …… 156

三 朔州市 …… 156

1. 发展思路 …… 156
2. 经济增长 …… 156
3. 产业发展 …… 157
4. 城乡建设 …… 159
5. 重点工程 …… 160
6. 民生社会 …… 160
7. 县域经济 …… 161

四 忻州市 …… 161

1. 发展思路 …… 162
2. 经济增长 …… 162
3. 产业发展 …… 163
4. 城乡建设 …… 164

  5. 民生社会 ……………………………………………………………… 165
  6. 县域经济 ……………………………………………………………… 166

 五 阳泉市 …………………………………………………………………… 166
  1. 发展思路 ……………………………………………………………… 166
  2. 经济增长 ……………………………………………………………… 167
  3. 产业发展 ……………………………………………………………… 168
  4. 城乡建设 ……………………………………………………………… 169
  5. 民生社会 ……………………………………………………………… 171
  6. 县域经济 ……………………………………………………………… 171

 六 吕梁市 …………………………………………………………………… 172
  1. 发展思路 ……………………………………………………………… 172
  2. 经济增长 ……………………………………………………………… 172
  3. 产业发展 ……………………………………………………………… 173
  4. 城乡建设 ……………………………………………………………… 174
  5. 重点工程 ……………………………………………………………… 175
  6. 民生社会 ……………………………………………………………… 175
  7. 县域经济 ……………………………………………………………… 176

 七 晋中市 …………………………………………………………………… 177
  1. 发展思路 ……………………………………………………………… 177
  2. 经济增长 ……………………………………………………………… 177
  3. 产业发展 ……………………………………………………………… 178
  4. 城乡建设 ……………………………………………………………… 179
  5. 重点工程 ……………………………………………………………… 180
  6. 民生社会 ……………………………………………………………… 181
  7. 县域经济 ……………………………………………………………… 182

八 长治市 …… 182

1. 发展思路 …… 183
2. 经济增长 …… 183
3. 产业发展 …… 184
4. 城乡建设 …… 186
5. 重点工程 …… 187
6. 民生社会 …… 188
7. 县域经济 …… 189

九 晋城市 …… 189

1. 发展思路 …… 190
2. 经济增长 …… 190
3. 产业发展 …… 191
4. 城乡建设 …… 192
5. 民生社会 …… 193
6. 县域经济 …… 194

十 临汾市 …… 195

1. 发展思路 …… 196
2. 经济增长 …… 196
3. 产业发展 …… 197
4. 城乡建设 …… 198
5. 民生社会 …… 199
6. 县域经济 …… 200

十一 运城市 …… 201

1. 发展思路 …… 201
2. 经济增长 …… 202

3. 产业发展 …… 202

4. 城乡建设 …… 204

5. 民生社会 …… 205

6. 县域经济 …… 206

第五篇 大事纪要

一月 …… 207

二月 …… 210

三月 …… 212

四月 …… 215

五月 …… 219

六月 …… 225

七月 …… 228

八月 …… 232

九月 …… 235

十月 …… 240

十一月 …… 243

十二月 …… 245

附录 山西省2013年国民经济和社会发展统计公报 …… 252

后记 …… 262

序 篇
省情战略

山西省情是国情在山西的延伸，也是山西在全国大格局中区别于其他地区最基本的特点、特性，具有规律性、稳定性和动态性等特征。科学认识把握山西省情，是制定山西区域发展战略、方针政策的基本出发点。在新的发展背景下，要以科学认识和把握省情为前提和基础，进一步探索和开辟符合国家利益和山西人民福祉的可持续发展之路。

一　基本省情

山西省情，是山西在全国大格局中全省域在一定时期自然、地理、政治、经济、文化、社会发展等方面基本性质和发展规律的综合反映，是一个多要素相互联系、相互作用、不断发展变化的复杂的动态系统。作为一个复杂的系统，体现和反映省情的要素和内容十分丰富。基本省情是对纷繁复杂的各类省情内容的抽象、概括和提炼，它反映的是省情状况的主要方面和基本特点。当前，山西基本省情可以从"五个主要方面"和"六个基本特点"来认识与把握。

山西基本省情的"五个主要方面"是：

一是政治优势曾经突出，思想解放相对滞后。山西是著名的革命老区。在革命、建设和改革的各个时期，山西为民族独立、人民解放和国家建设做出了巨大的贡献，英雄模范人物辈出，人民群众铸就了艰苦奋斗的精神，养成了勤俭节约的美德。近代受晋商文化的熏陶，许多山西人还具有深厚的商业底蕴和强烈的商业意识，是北方人中的南方人。但是，由于长期受自然经济、计划经济、传统文化的影响，干部群众中普遍存在一定的封闭、保守、官本位、防范、妒忌等心理，循规蹈矩，守成求稳，接受新鲜事物较慢，眼光不够开阔，改革开放的勇气和能力不足。在资源型经济的发展中，也出现了严重的腐败现象，权钱交易，假公济私，社会投资环境总体不佳，政治生态存在不少问题。

二是矿产资源储备丰富，水资源严重短缺。山西尽管拥有丰富的煤炭资源赋存和开发优势，但自然条件总体较差。东部太行干石山区，西部吕梁黄土旱塬，北部高山寒冷沙化，十年九旱，靠天吃饭。煤长水短，山多水少。年平均水资源总量仅占全国的0.35%，人均占有水资源量不及全国平均水平的17%，已低于国际公认的严重缺水界限。全省重大工业项目大都分布在境内主要水源地，加剧了用水紧张，地下水开发总体上处于超采状态。

三是资源型经济发育成熟，生态环境状况趋于严峻。在改革开放30多年的能源基地建设过程中，山西在占全国1/60的国土面积上，生产了全国1/4的煤、2/5的焦、1/17的火电。煤、焦、电对山西经济增长贡献率大，成为绝对的支柱产业。这种单一结构的资源型经济受资源丰度和市场需求制约性强，对经济社会发展产生了周期性、多方面的困扰。其中，突出的问题是能耗过高、区域地表塌陷、水资源枯竭、固体废弃物堆存、植被破坏、大气水体污染等。据2012年中科院发布的《中国可持续发展战略报告》，山西省可持续发展能力排在全国第25位，生存支持系统居第 31 位，环境支持系统居第 28 位，已成为全国环境污染最严重的省份之一。

四是文脉古韵源远流长，社会文化事业发展滞后。山西作为中华民族的重要发祥地之一，人文荟萃，遗存众多，民风淳朴。农耕文明和游牧文明在三晋交汇融合，德政文化、佛教文化、晋商文化、根祖文化、廉政文化、法制文化等资源具有鲜明的独特性、完整性和人文性。但是，山西欠缺在深度挖掘中赋予旅游资源以文化的生命，也欠缺高端创意和高位开发，更欠缺在开发过程中的精美体现。与此同时，当前山西主要经济社会发展指标大多低于全国平均水平，城乡发展和经济社会发展不平衡。具体表现是：农村贫困人口较多，劳动者整体素质不高，科技知识的普及程度较低，各类人才尤其是掌握现代化技能的高级人才匮乏，科技对经济发展的促进作用发挥得远远不够。此外，一些地方陈规陋习和愚昧落后的生活方式依然存在；工亡工伤人数不低，职业病、地方病多发。

五是区域位置承东启西，生态系统特点明显。在我国区域经济板块中，山西是中部地区唯一一个与东部以京津塘为核心的环渤海经济圈地区和西部大开发地区毗邻的省份，具有承东启西、联贯南北的独特区位优势。在省际货物交易流量上，山西是大进大出的省份。其中，铁路货运量（2013 年占全国总量的 18.5%）多年位居各省之首，煤焦、钢铁、氧化铝、化肥等通过铁路源源不断运往省外；山西工业增加值中重工业占 95% 左右，大量轻工业品从省外运进省内；山西主要是秋粮产区，面粉、大米等食品及蔬果类消费品也大量从省外调入。在未来全国能源供给格局中，山西可能不是煤炭老大，不是产业第一，但地处中部的战略优势将会长时间存在。山西区域生态系统多样性、独特性非常突出，主要表现为自然资源在总量和品种上比较丰富，具有发展杂粮、杂果、杂畜的优势，发展"三杂"生产和加工有广阔的前景。

山西基本省情的"六个基本特点"是：

一是山多川少。山西境内万山林立，山多川少，几千年来经济发展的自然空间变化不大。全省经济发展的重心一直在中间的五个盆地，东西两山发展比较缓慢。

二是煤多水少。山西矿藏资源丰富，但水资源严重不足，水资源与矿藏资源赋存不匹配是山西经济发展的短板。近年来，山西在煤层气、煤制油、煤制气、煤制甲醇及烯烃等方面取得一些技术突破，但是煤化工能源转化效率低，耗水量大，二氧化碳排放量多。单纯发展煤化工，能源利用效率较低。如果煤化工与煤气化联合循环发电统筹发展，能源效率将大幅提高。

三是历史辉煌多，现实业绩少。山西历史悠久，是人类文化的重要发源地，也是华夏文明的重要起源地。但是，在五千年文明发展的进程中，山西日渐衰落，目前依然是全国欠发达地区。

四是老字号、国字号多，民字号、新字号少。山西是我国重要老工业基地，改革开放相对滞后，特定的历史环境使国有经济比重高，民营经济、外向型经济和新兴产业发展较慢。

五是黑色产业多，绿色经济少。改革开放30多年来，山西曾经把煤炭能源基地建设当作全省经济社会发展的战略，使原本一个经济结构相对合理的老工业基地变成一个以煤为主的能源基地。全省黑色产业多，绿色经济少，资源环境的约束成为经济可持续发展的最大制约。

六是勤俭节约多，开拓创新少。山西历史悠久，三晋民风勤由俭，君子忧思，百姓忠勇，勤俭有余，但是开拓创新不足，普遍有一种"安土重迁"的思想。

二 动态优势

多年来，人们对山西省情的认识基本上采用传统优势发展竞争观（绝对优势和比较优势）和后发优势的分析方法。这些方法在一定时期是科学的，也是有效的。但是，现在分析省情，不能仅采用这种相对静态、孤立、传统的思维模式。比如，认为一个省只要在某一方面拥有绝对优势或比较优势就可以永远处于领先地位，一个省现在欠发达就永远落后，这其实不符合规律和事实。因为一个省所拥有的绝对优势不可能永远保持，而拥有的比较优势也只是相对的。万物皆变，百舸争流，在不同的社会发展时期省情优势的定义和内涵也在发生着明显的变化。在农耕时代，土地是优势，谁拥有广阔的可利用的土地，谁就可能致富；而在工业时代，资本为王，谁占有资本，谁就可以拥有财富；在知识经济时代，创造力和智力成为创新的关键资源，谁拥有具备知识创造力的人才，谁就能赢得竞争。在一个混合多元的社会里，土地、资本、人才都可以充分发挥作用。这表明，当前深化对省情的认识，要采取一种新的眼光、新的逻辑、新的方法，这就是动态比较优势观。

动态比较优势观，是一种既善于发挥现有比较优势，又善于将现有不利条件转化为有利条件，将处于竞争中被动保守态势转化为主动进攻战略的思维和方法。运用动态比较优势观来认识省情，就是要立足历史和现实，以现有的绝对优势和比较优势为前提条件，从战略上、组织上和价值观念上不断创新，改变未来发展竞争的游戏规则，从而形成未来具有核心竞争力的动态比较优势，为发展赢得主动。这样来认识省情，有利于树立一种动态的、全面的、现代的、辩证的思维模式，并及时把握省情的新变化、新特征，从而科学制定出符合经济社会发展趋势的大战略。

运用动态比较优势观来认识和分析省情，发现当前山西有"四大动态优势"。

一是文化动态优势。山西具有丰富的古人类文化、创世文化、尧舜文化、农耕文化、根祖文化、乡土文化、红色革命文化、英雄文化、晋商文化以及丰富的地下遗存、地面文物和非物质文化遗产。这些优秀传统文化博大精深，是取之不竭的宝藏，同时文化的根源性、整体性以及活态传承性等特点，在全国非常少见。在当下党和国家不断增强文化自觉、文化自信、文化自强的新形势下，山西具有全国建设国家优秀传统文化传承体系的动态优势。要发扬明清以来晋商足迹遍天下的开放精神，发扬战争年代革命者不怕牺牲的战斗精神，发扬新中国成立以来新老劳模艰苦奋斗的创业精神，发扬右玉几十年一任接着一任植树造林的坚忍不拔精神，努力在全国建设国家优秀传统文化传承体系中保持和发挥动态优势。

二是区位动态优势。产业转移和全方位改革开放是我国区域经济发展的一大基本趋势。近年来，山西大规模的基础设施建设，有效地突破了"表里山河、四塞之地"的制约，地处中部的区位优势得到逐步显现。要充分利用国家加快中部崛起战略以及国家在山西进行综改试验的战略机遇，利用国际横向和纵向开放开发战略交汇点的区位优势，利用新晋商一代中从事IT和网络产业人才较多的条件，大力发展包括现代物流业、文化产业、生产性服务业、生活性服务业和其他新兴服务业态在内的服务业，进一步发挥山西承东接西、联通南北的区位优势，将山西经济发展融入国家构建的大经济区域。

三是土地资源动态优势。当前，全国一些地区土地资源供需紧张的矛盾日渐突出，致使很多招商引资的项目难以落地。相比之下，山西土地资源尽管总体质量较差，但是农业人口相对较少，人均国土面积较大，土地后备资源较多，土地优势日趋显现。要通过大规模开展土地确权、农田整治、矿地复垦、村庄整治、小流域治理、兴修水利工程等，有效增加各项建设的土地供给，使全省土地资源的优势转化为促进发展的动态优势。

四是特色产业动态优势。山西是我国重要的工业基地，加工制造业和装备制造业有较好的发展基础；煤层气储量丰富，探明储量占全国的三分之一，发展潜力巨大；区位优势明显，有发展现代物流业的战略优势。这些都是山西具有鲜明特色的动态优势产业。新形势下，要大力承接东南沿海汽车制造、机械加工等劳动密集型加工制造业，大幅提高全省钢铁、金属镁、氧化铝等新材料的加工水平，重点发展轨道交通装备、煤机装备、煤层气装备、节能环保装备、电力装备等产业；要加大煤层气技术研发力度，加强基础设施建设，进一步提高煤层气的开发利用水平；要按照"天字形"布局，以煤炭物流为基础，大力发展第三方物流和多方物流，着力提升物流业对相关产业的综合服务能力；要大力发展节能环保、生产性服务业等现代服务业。此外，山西是我国红枣产业、苹果产业、核桃产业、小杂粮、中药材和部分畜牧产品生长的天然王国，具有发展这些特色产业的优势。但是，由于产业规模不大、生产方式落后以及质量体系建设滞后，产业产品好的不多，多的不好，特色不够突出。要适应当下农业产业产品特色化发展的趋势，加快这些特色产业的发展，坚持"一县一业，几县一业"的发展模式，在规模化发展和质量体系建设中进一步彰显山西特色产业的动态发展优势。

三　战略选择

能源基地建设—经济结构战略性调整—资源型经济转型，是改革开放以来山西经济社会发展战略演变的基本路径。未来一段时期，世情、国情和省情决定了山西的发展道路与全国其他地区不一样，并且会有较大的差异性。

当前，我国的经济发展阶段和发展方式正在发生重大变化。增长速度进入换挡期、结构调整面临阵痛期、前期刺激政策消化期"三期叠加"的经济新常态表明，经济发展已经度过了规模快速扩张的阶段，必须摆脱传统路径依赖，走可持续发展道路。在全国经济"新常态"的大背景下，山西经济具有滞后性、波幅大的特点更加突出，存在着严重的结构性、体制性、素质性等的问题，探底期、阵痛期、转换期要比全国长，结构调整、体制机制改革、发展方式转变的任务比其他省更大、更难。经济发展必须力争实现"速度下一个台阶，质量上一个台阶"。质量目标主要体现在"就业可充分、企业可赢利、财政可增收、民生可改善、风险可控制、资源环境可持续"等方面。

面对新的发展变化的形势与任务，山西的经济发展要在稳增长、调结构中推动发展方式转变，并通过创新实现转型升级，要下决心改变过去"煤炭经济小循环"的方式，改变简单的梯度推移式承接产业转移；围绕现代产业体系的建设，做好经济结构调整的"加、减、乘、除"和"起、承、转、合"，走"绿色化、精致化、高端化、多元化、信息化"的新型工业化道路。在未来一段时期，如果非资源型产业没有一个大发展，不能有效改变单一的重型结构，山西的转型发展可能是一句空话。

从动态比较优势的角度来看，山西在全国的经济总量、改革开放、战略性新兴产业、维稳处突、守疆卫海等方面没有大的发言权，但是在拓展能源经济、转变经济发展方式、创新社会治理、建设和谐社会、治理优化生态环境等方面有一定话语权。国家实施中部崛起的"三基地、一枢纽"战略和在山西进行综改试验，是山西必须把握的重大机遇，要先行先试大胆破题，大力扩展政策空间，积极构建新的发展战略。具体要从"理解四大背景""把握五个基本定位""开辟四条发展路径"方面加以认识和谋划。

关于"理解四大背景"。一是在国家煤炭能源格局悄然变化尚未出现战略性重组的背景下，山西仍然是国家煤炭供应和能源安全的重要保障。近年来，可再生能源和非常规油气技术发展迅速，给优化能源结构、实现绿色低碳转型带来了新的机遇和选择。但是必须看到，我国资源状况的基本特征是"煤丰油欠"。据国家专门机构测算,煤炭占我国一次能源消费比重在2020年前仍将超过60%,在2030年前超过50%,煤炭是我国长期发展的基础能源。尽管内蒙古与山西是国家一起规划的重要能源基地,陕(西)、宁(夏)、新(疆)等一批新的能源基地和进口煤增加也与山西构成竞争,但在一定时期山西煤炭产业还具有一定的规模、配套和市场竞争优势。随着市场经济进一步完善和国家资源型经济转型综合配套改革的推进,山西的经济效益、社会效益和生态效益可以和国家的全局利益统一起来。二是在国家以重型结构为特征的老工业基地改造升级的新型工业化的背景下,山西可以成为国家制造业特别是装备制造业的集聚区,形成能拉动产业升级向高质化发展的多元支柱产业群。要挖掘和发挥现有资源和产业优势,大力培育一批具有核心竞争力的接续产业和支撑产业。三是在软实力成为国家和地区重要发展要素的背景下,山西可以成为集旅游文化、历史文化和生态文明、现代文明"四位一体"的具有时代特征的华夏文明主题公园。山西可再生的资源包括大文化生态资源类(自然遗存、文化遗存、精神文明、生态资源)、绿色生物资源类、科技成果资源类等。推进生态文明建设,发展文化产业,是功在当代、利在长远,也是契合山西实际的重大举措。这既是对祖先辉煌历史的有效传承,也是在工业化和城市化之中实现能源经济绿色化和高碳经济低碳化的新引擎。四是在国家能源基地尚处在盛年期、能源总体效益较高的背景下,山西可以进行资源型经济转型的大胆探索和实践。当前和今后很长一段时期,煤炭能源产业仍是山西的优势产业。山西经济的转型发展,要依托煤炭能源产业的优势,在推动煤炭产业升级和延伸产业链的同时,大力发展非资源性产业和支持非资源性产业的变革性成长,撬动山西由资源依赖向技术依赖、创新依赖的根本性转型。在不离开煤炭能源产业的情况下搞转型,对山西来说是最难的,挑战性也最强,任务也最艰巨。在世界上没有可以模仿的现成版本的情况下，如果在未来几年能处理好资源型产业和非资源型产业的关系，有效改变"一煤独大"的格局，山西转型即可实现质的跨越。

关于"把握五个基本定位"。一是在能源产业方面，山西是中部唯一的国家煤炭资源的战略储备区和开采转化区，也是国家能源安全的重要保障区。在煤炭主体地位基本不变的形势下，要深刻认识能源革命对山西的影响，积极应对国家新能源快速发展的挑战，进一步巩固和强化山西能源产业的国家地位。二是在工业产业方面，山西是以重型制造为特征的老工业基地，也是国家现代装备制造业的战略聚集区和集成区。要深刻认识国家改造提升老工业基地的重大战略，充分利用好国家战略政策，以老工业基地改造和发展壮大装备制造业为支撑，进一步打造具有山西特色的国家装备制造业基地。三是在文化建设方面，山西是华夏文明和历史文化的聚集区，也是传承国家优秀传统历史文化的重要基地。要深刻认识国家实施的文化强国战略，像发掘煤炭一样去发掘三晋历史文化的深厚底蕴，进一步提升山西文化的软实力，构建具有山西特点的国家优秀历史文化传承基地。四是在社会建设方面，山西是维护首都安全稳定的重要"护城河"，也是国家创新社会治理的重点地区。要深刻认识山西在国家创新社会治理中的地位和作用，以扩大规模、提升质量、促进公平、提高效率为重点，进一步推进体制改革和创新模式，努力使全省实现民有所得、民有所居、民有所养、民有所乐、民有所安，创建具有山西模式的国家和谐社会建设示范区。五是在转型发展方面，山西是全国资源型经济转型综改试验区，也是国家减少贫困实现小康的主要突破区。要深刻认识国家给予山西综改试验的大战略、大政策，立足于历史及现有条件和资源状况，以转型综改为战略性引领，大胆探索在新常态下综改试验和贫困地区实现小康的换挡不失速、切换不止步的突破口和通道。

关于"开辟四条发展路径"。一是由煤炭能源基地向现代化综合能源基地转变。山西是煤炭、焦炭、火电传统能源大省。要紧紧抓住和用好新一轮能源革命的重大机遇,适应国家节能环保布局产业发展的新要求,以高碳资源低碳发展、黑色煤炭绿色发展为主旨,大力推进煤炭、火电能源产业的新型化改造和一体化产业链的构建,巩固和发展壮大传统能源,同时大力发掘煤层气、水能、风能、光能、生物能等新的能源资源优势,推动能源生产和利用方式的重大变革,构建安全、稳定、经济、清洁的现代能源产业体系,加快由煤炭能源基地向现代化综合能源基地的转变。二是由采掘文明向制造文明转变。山西是煤炭采掘业大省,采掘文明较为发达。要适应国家生态文明建设和可持续发展的大战略,抓住国家提高自主创新能力和发展战略性新兴产业的机遇,围绕煤炭装备制造业高端化和培育发展壮大新型制造业,以创新驱动为引领,以园区化为承载,以集群化为推进,大力发展壮大制造产业,加快由采掘文明向制造文明的转变。三是由旅游资源大省向旅游文化强省转变。山西拥有丰富厚重的人文旅游资源和得天独厚的自然生态旅游资源,是旅游资源和历史文化大省。旅游和文化深度融合,是当下旅游产业发展的大趋势。要以市场为导向,进一步从深度和广度上促进旅游与文化、科技、金融的大融合,推动旅游和文化的良性互动、共赢发展,在新的跨越发展中加快由旅游资源大省向旅游文化强省转变。四是由长期大强度开发逐步向强化生态环境保护、建设宜居山西家园转变。经济社会发展,最终是要将山西建设成人民幸福生活的家园。但是长期以来,超强度的粗放式的资源开发,给全省生态环境和人民群众的生活环境造成极大破坏。要深化可持续发展战略,规范资源开发,强化环境保护,构建"点上开发,面上保护""一黑换九绿,一黑护九绿"的模式,打造资源开发与生态环境保护的新格局。要避免出现"生态移民和环境移民",同时要创新教育、商务、劳务等移民方式,引导人员外出就业、创业、务工,解决"人往哪里去、钱从哪里来"的问题。要紧紧抓住和用好新一轮科技革命和产业变革的重大机遇,大力推进运用高新技术改造提升传统产业的步伐，大力发展高新技术产业和战略性新兴产业集群，加快推进能源经济绿色化和高碳经济低碳化，使绿色经济成为山西经济发展与转型新的引擎。要加快推进城镇化建设和美丽乡村建设，形成城乡互动发展的良性循环。

研究山西省情和探讨山西的发展战略，必须与时俱进，建设和维护山西必须革旧鼎新。随着对省情认识的深入，适应时代发展和社会变革的新要求，山西必将在科学发展观战略的导引下，打造出政治清明、经济转型、社会进步、文化繁荣、生态文明、人民幸福的新形象。

第一篇
地理历史

山西省情是历史与现实的综合反映,历史是现实的累进,现实是历史的发展。研究和认识山西省情,首先要从研究和认识山西区域地理状况和历史发展变化开始,它是山西省情发展变化现状的来源与基础。

一 政区地理

1. 区域方位

山西省为中华人民共和国省级行政区之一。山西因居太行山之西而得名。隋代,隋炀帝以李渊为山西河东道慰抚大使,山西之名始于此。春秋时期,大部分地区为晋国所有,所以简称"晋";战国初期,韩、赵、魏三家分晋,史称"三晋",历久便成了山西的又一代称。山西处于北纬34°34.8′~40°43.4′之间、东经110°14.6′~114°33.4′之间,东西宽约380公里,南北长约680公里。全省总面积为15.6万平方公里,占全国总面积的1.6%,在34个省级行政区中居第19位。

山西省在我国政区版图上,属华北地区和中部地区,地处内陆腹地,东和东南与河北、河南两省接壤,西和西南与陕西、河南毗邻,北与内蒙古相连。在我国区域经济板块中，山西是中部地区唯一一个与东部以京津塘为核心的环渤海经济圈地区和西部大开发地区毗邻的省份，具有承东启西、联贯南北的独特区位优势。

以省会太原市为中心，山西直线距离北方东部沿海地区北京、天津、济南、青岛、大连等经济发达城市约在400~800公里之间，直线距离西部地区省会（首府）城市西安、呼和浩特、银川、兰州、西宁约在300~1000公里之间，直线距离中部地区省会城市郑州、合肥、武汉、长沙、南昌约在300~1100公里之间，直线距离长江三角洲地区南京、上海、杭州、宁波等经济发达城市约在800~1200公里之间，区位优势明显。

2. 行政区划

截至2013年底，山西省共辖11个地级市。省会太原市居省境中部，其余10个市在省境从北到南分别是：大同、朔州、忻州、阳泉、吕梁、晋中、长治、晋城、临汾、运城。11个地级市共辖119个县、市、区（23个市辖区、11个县级市、85个县）。

太原市，位于省境中央腹地，辖区面积6959平方公里，辖6区3县1市，包括小店区、迎泽区、杏花岭区、尖草坪区、万柏林区、晋源区、清徐县、阳曲县、娄烦县、古交市。

大同市，位于省境最北端，辖区面积14176平方公里，辖4区7县，包括城区、矿区、南郊区、新荣区、阳高县、天镇县、广灵县、灵丘县、浑源县、左云县、大同县。

朔州市，位于省境西北部，辖区面积10662平方公里，辖2区4县，包括朔城区、平鲁区、山阴县、应县、右玉县、怀仁县。

忻州市，位于省境北中部，辖区面积25180平方公里，辖1区12县1市，包括忻府区、定襄县、五台县、代县、繁峙县、宁武县、静乐县、神池县、五寨县、岢岚县、河曲县、保德县、偏关县、原平市。

阳泉市，位于省境中部东侧，辖区面积4451平方公里，辖3区2县，包括城区、矿区、郊区、平定县、盂县。

吕梁市，位于省境中部西侧，辖区面积21143平方公里，辖1区10县2市，包括离石区、文水县、交城县、兴县、临县、柳林县、石楼县、岚县、方山县、中阳县、交口县、孝义市、汾阳市。

晋中市，位于省境中东部，辖区面积16408平方公里，辖1区9县1市，包括榆次区、榆社县、左权县、和顺县、昔阳县、寿阳县、太谷县、祁县、平遥县、灵石县、介休市。

长治市，位于省境东南部，辖区面积13864平方公里，辖2区10县1市，包括城区、郊区、长治县、襄垣县、屯留县、平顺县、黎城县、壶关县、长子县、武乡县、沁县、沁源县、潞城市。

晋城市，位于省境东南端，辖区面积9484平方公里，辖1区4县1市，包括城区、沁水县、阳城县、陵川县、泽州县、高平市。

临汾市，位于省境西南部，辖区面积20589平方公里，辖1区14县2市，包括尧都区、曲沃县、翼城县、襄汾县、洪洞县、古县、安泽县、浮山县、吉县、乡宁县、大宁县、隰县、永和县、蒲县、汾西县、侯马市、霍州市。

运城市，位于省境西南端，辖区面积14106平方公里，辖1区10县2市，包括盐湖区、临猗县、万荣县、闻喜县、稷山县、新绛县、绛县、垣曲县、夏县、平陆县、芮城县、永济市、河津市。

全省11个地级市，辖区最大的是忻州市，最小的是阳泉市；119个县（市、区），辖区面积最大县、市、区分别是兴县、原平市、朔州市平鲁区，最小的县、市、区是曲沃县、侯马市、阳泉市矿区。

全省119个县（市、区），共辖1398个镇、乡、街道（564个镇、632个乡、202个街道）。

3. 人口民族

据2013年人口抽样调查，到年末山西省常住人口为3630万人，比

2012年末增加19万人。全年全省出生人口39万人，人口出生率为10.81‰；死亡人口20万人，死亡率为5.57‰；自然增长率为5.24‰。出生人口性别比为114.03。

全省11个地级市，常住人口最多的是运城市，最少的是阳泉市。各市常住人口分布情况是：太原市4277690人、大同市3374890人、朔州市1744169人、忻州市3114394人、阳泉市1386030人、吕梁市3792863人、晋中市3304905人、长治市3387753人、晋城市2300569人、临汾市4390837人、运城市5223919人。

山西是多民族省份。2010年山西省人口普查结果显示，全省共有54个民族。除汉族是主体民族外，还有53个少数民族。山西少数民族人口很少，但分布很广，每个县（市、区）都有，属散杂居分布。少数民族人口在万人以上的有回族、满族。山西没有自治县、民族乡，只有42个少数民族聚居村，分布在大同、晋城、运城、长治、临汾、阳泉6市的22个县。

截止到2013年末，山西少数民族人口约9万人，约占全省总人口的0.27%。

二 自然环境

1. 地形地貌

山西省地处华北西部的黄土高原东翼，地貌从总体来看是一个被黄土广泛覆盖的山地高原，整个轮廓略呈由东北斜向西南的平行四边形。地貌类型复杂多样，有山地、丘陵、高原、盆地、台地等，其中山地、丘陵占80%，高原、盆地、台地等平川河谷占20%。大部分地区海拔在1000米以上，与其东部华北大平原相对比，呈现为强烈的隆起形势。最高的五台山叶头峰海拔达3058米，为华北最高峰，最低在垣曲县东南的西阳河入黄河处，海拔仅 180 米，高低起伏异常显著。

山西境内重峦叠嶂，丘陵起伏，沟壑纵横，总的地势是"两山夹一川"，东西两侧为山地和丘陵隆起，中部为一列串珠式盆地沉陷，平原分布其间。东部是以太行山为主脉形成的块状山地，由北往南主要有恒山、五台山、系舟山、太行山、太岳山和中条山等，其山势挺拔雄伟，海拔在 1500 米以上。西部是以吕梁山为主干的黄土高原，自北向南分布有七峰山、洪涛山和吕梁山脉所属的管涔山、芦芽山、云中山、黑茶山、关帝山、紫荆山、龙门山等主要山峰，海拔多在 1500 米以上，关帝山海拔最高达 2831 米。中部由北而南珠串着彼此相隔的大同、忻州、太原、临汾、运城等"多"字形断陷盆地，东南部还有较为独特的长治高原断陷盆地。全省主体轮廓很像一个"凹"字形。

境内中部及东南部的大同、忻州、太原、临汾、运城、长治盆地，以及分布在东西两山间的中小盆地及河流谷地，为省内人口密集和经济发达的地区。

2. 河流水系

山西省境内河流众多，共有大小河流 1000 余条，分属黄河、海河两大水系。我国第二大河流黄河，沿山西西界流程 965 公里。黄河流域在山西境内的面积有 97138 平方公里，占全省总面积的 62%，海河流域在山西境内的面积为 59133 平方公里，占全省总面积的 38%。属于黄河水系的较大河流主要有汾河、沁河、涑水河、昕水河和三川河等；属于海河水系的较大河流主要有桑干河、滹沱河和漳河等。汾河是省内最大河流，全长 695 公里，由北向南纵贯省内中部。河流基本上属于自产外流型，且以季节性河流为主。

河流是重要的水资源，也是洪涝灾害易发地区。新中国成立以来，山西因地制宜，不断对河流进行治理和开发，修建了一大批水库工程和水利设施。截止到 2013 年，山西境内实有水库 600 座，其中大型水库 12 座，中型水库68座，小型水库520座，总库容达69.3亿立方米。大型水库主要有黄河万家寨水库、黄河龙口水库、汾河水库、汾河二库、桑干河册田水库、浊漳河南源漳泽水库、浊漳河北源关河水库、浊漳河西源后湾水库、文峪河水库、文峪河柏叶口水库、沁河张峰水库、松塔河松塔水库等。这些散布在全省各个河流流域内的数百处大大小小的水库，是治理流域内下游地区洪涝灾害和保护上游地区生态环境的重要基础设施，也是流域内地区工农业生产、城镇居民和周边农村人畜饮水的重要水源保障基地。

3. 气候气象

山西省地处中纬度地带的内陆，东距海洋400~500公里，大气环流的季节性变化明显，属温带大陆性季风气候。由于地形南北狭长及境内山脉起伏连绵、沟壑纵横、高低悬殊，气候南北差异和垂直变化显著。境内气候，按冷暖程度分，北部属中温带气候，南部属暖温带气候，北南之间是中温带向暖温带过渡的准暖温带气候；按干湿度分，大部分地区属半干旱气候，仅中高山区和晋东南地区属半湿润气候。

年平均气温介于4℃~14℃之间。气温地区分布总趋向是自南向北、自平川向山地递减。北部和中部山地，年平均温度一般在5℃~7℃之间，五台山最低，仅-4℃。西部黄河谷地、太原盆地和晋东南的大部分地区年平均温度在8℃~10℃之间，临汾、运城盆地年平均温度达12℃~14℃之间。全省1月最冷，平均气温介于-16℃~-2℃间；7月最热，平均气温介于19.5℃~27.5℃间。

常年降水量在400~650毫米之间，各地区分布不均，由东南向西北递减，山区较多，盆地较少。多雨中心是：中条山东段、太行山中南段、太岳山、五台山及吕梁山较高山区，年降雨量为600~700毫米；少雨区是：大同盆地、忻州盆地及晋西北地区，年降雨量为350~450毫米。降水量主要分布在夏季，占全年降水量的60%以上。冬季降水量仅占2%~3%。

总的气候特点是：冬季较长，寒冷干燥；夏季高温而多雨；春季气候多变，风沙较大；秋季短暂，天气温和。

特殊的气候特征和地形条件，使得山西气象灾害频发。境内主要气象灾害有干旱、暴雨洪涝、冰雹、寒潮、霜冻、大风等。气象灾害造成的损失占所有自然灾害损失的70%以上。

2013年，全省年平均气温为10.8℃，较常年偏高1.0℃，较2012年偏高1.4℃，空间分布为由北向南逐渐升高。各季特点为春、夏、秋季气温偏高，冬季气温接近常年。年平均降水量为565.5毫米，较常年偏多97.2毫米，偏多21%，较2012年偏多91.4毫米。各地降水量介于370.2～791.9毫米之间。降水资源量约为882.1亿立方米，较累年平均值偏多152.1亿立方米，较2012年偏多142.5亿立方米，年降水资源总量属丰水年份。全省发生的气象灾害有暴雨、冰雹、干旱、寒潮、霜冻等，其中暴雨、冰雹等，给农业生产造成的影响较为严重。据统计，2013年，全省以气象灾害为主的各类自然灾害造成直接经济损失152.6亿元，比2012年增长139.6%。

4. 资源物产

山西省自然资源丰富，尤以能源、矿产、生物、旅游资源得天独厚，最具特色。

山西能源资源富集，主要由煤炭、煤层气及风力、水力资源组成。山西探明煤炭资源储量长期居全国首位，40%的国土面积富含煤炭资源，全省119个县（市、区）中产煤县（市、区）有90多个。2007年和2012年山西探明煤炭资源储量先后被内蒙古、新疆两地超越，退居全国第三，但到2012年山西煤炭资源基础储量仍居全国首位。2013年，全国产煤百强县山西有33县上榜，为全国第一。截止到2013年，山西探明煤炭储量达2830多亿吨。与煤炭资源相伴，山西煤层气资源也十分富集，总量达10万亿立方米，约占全国的1/3，居全国首位。风能资源，山西在全国仅次于东南沿海、内蒙古、甘肃河西走廊、东北和西北地区，总储量达5800万千瓦，可开发的风能资源近1000万千瓦。水能资源，山西的理论蕴藏量为511.45万千瓦，占全国的0.8%；可开发的水能资源量263.98万千瓦，占全国的0.6%；理论蕴藏量和可开发量均排华北地区第一、中部地区第四、全国第十八。

山西矿产资源丰富，截止到2013年共发现120多种矿产，其中有查明资源储量的矿产60余种。除上述能源矿产煤和煤层气外，具有资源优势并在经济社会发展中占有重要地位的矿产有铝土矿、铁矿、铜矿、金红石、冶金用白云岩、耐火黏土、水泥用灰岩、熔剂用灰岩、芒硝、石膏、硫铁矿等11种；具有开发利用前景的矿产有锰、银、金、石墨、膨润土、高岭岩、石英岩（优质硅石）、含钾岩石、花岗岩、沸石等10种。铝土矿、耐火黏土、铁矾土、含钾岩石4种矿产资源储量居全国第一，铁矿资源储量居第四位。

山西是北方地区生物资源较为丰富的省份之一。植物资源包括森林、草地、野生经济植物、珍稀植物等。山西森林资源较为贫乏，2013年森林覆盖率上升到18%，但还低于全国21.6%的平均水平。天然林地主要集中分布在管涔山、关帝山、太岳山、中条山、五台山、吕梁山、太行山、黑茶山八大山地林区，占全省天然林地面积80%以上。山西草地资源较为丰富，天然草地面积约占国土面积的23.7%，是北方农区草地面积较大的省份之一。草地主要分布在东西两侧的中高山、低山、丘陵及河流的两岸。在森林、草地等地，生长着的高等植物（除苔藓外）有160多科、3000多种，其中草本植物约占2/3、木本植物约占1/3。这其中，野生经济植物（除苔藓外）有2600多种，包括野生绿化观赏植物500多种、野生药用植物1000多种，野生油脂植物200多种，野生果树植物130多种，野生蜜源植物160多种，野生淀粉植物50多种，野生纤维植物140多种，野生鞣料植物80多种，野生芳香油植物70多种等。在全省众多的野生植物中，有中国特有属植物22种，国家重点保护野生植物南方红豆杉、水曲柳、核桃楸、紫椴等5种。山西野生动物以陆栖类为主，有439种，属于国家重点保护的珍稀动物有71种，其中一级保护动物有褐马鸡、金钱豹等17种，二级保护动物有54种。褐马鸡为我国特有珍禽，是山西的省鸟。为了保护特殊生态系统和生物资源，山西先后开辟建设了45处自然保护区，其中国家级自然保护区有庞泉沟、历山、芦芽山、蟒河、五鹿山、黑茶山、灵空山7处。自然保护区面积达110.08万公顷（1651.2万亩），占国土面积的7.06%。同时，为了保护培育森林风景资源、自然文化资源和重点生物多样性区域，山西先后开辟和建设了55处省级以上森林公园，其中国家级森林公园19处、省级森林公园36处。此外县级森林公园56处，面积54.1万公顷（812万亩），占全省国土面积3.47%。18处国家森林公园从北到南分别为大同云岗、大同恒山、忻州赵杲观、忻州五台山、忻州管涔山、忻州禹王洞、太原天龙山、吕梁关帝山、吕梁交城山、晋中方山、晋中乌金山、晋中龙泉、晋中长治临汾太岳山、长治太行峡谷、长治老顶山、长治黄崖洞、运城中条山、运城五老峰。其中，太岳山国家森林公园为山西最大的国家级森林公园。

山西自然旅游资源丰富位居全国前列。山西边界山环水秀，境内高山峻岭、黄土丘陵纵横交错，复杂多变的地貌造就了许多名山大川、溶洞怪石、清泉湖泊、激流瀑布、珍贵生物等丰富多彩特征突出的自然景观。据专家考证，山西的山、水、林、洞四项综合指标居全国前列，山西的国家森林公园、全国重点风景名胜区、国家级自然保护区的数量也居全国前列。山西除了海洋、沙漠以外，几乎拥有所有的自然景观。山西是全国唯一一个拥有"五岳"之一北岳恒山、"五镇"之一中镇霍山（今太岳山）和"四大佛教名山"之首五台山的省份。此外，从北到南较有名的山，东部太行山脉有支脉藏山、翠枫山、天脊山、王莽岭、珏山等，中部太岳山脉有支脉绵山、石膏山、霍山等，西部吕梁山脉有支脉管涔山、芦芽山、关帝山、北武当山、天龙山、五鹿山、姑射山等,南部中条山脉有支脉历山、五老峰等。这些山脉山峰,境内峰峦叠嶂、山势雄秀、沟壑纵横、沟谷幽深、溶洞众多、奇形多姿、植被良好、种类丰富、泉涌溪流、河湖遍布、风光别具。晋陕黄河峡谷两岸秀峰林立,形态万千,其间黄河壶口瀑布是我国的第二大瀑布,堪称"黄河奇观"。晋西北黄土高原丘陵区和晋西黄土高原区千沟万壑、波澜起伏,造型奇特、气象万千、气势雄伟。大自然鬼斧神工般的造化,使山西山川大地犹如一幅幅美不胜收的画卷,形成多处风光宝地,成为取之不竭、用之不尽的旅游资源。截至2013年,山西有国家级风景名胜区6处,省级风景名胜区30余处;国家级地质公园8处,省级地质公园多处。其中国家级风景名胜区是:五台山风景名胜区、黄河壶口瀑布风景名胜区、恒山风景名胜区、北武当山风景名胜区、五老峰风景名胜区、碛口风景名胜区。国家级地质公园是:黄河壶口瀑布地质公园、五台山地质公园、壶关峡谷地质公园、宁武冰洞地质公园、陵川王莽岭地质公园、大同火山群地质公园、平顺天脊山公园、永和黄河蛇曲地质公园。

山西物产丰富,土特产品很多,知名的有干鲜果品、小杂粮、中药材、陈醋、汾酒等。山西是我国北方果品主要生产基地之一,水果种类多、品质优,其中鲜果主要有苹果、梨、葡萄等,干果主要有红枣、核桃、仁用杏、花椒等。山西有"小杂粮王国"之称,有豆、麦、粟、薯、黍等小杂粮20多种,其中谷子、荞麦、燕麦、马铃薯总产量分别居全国第二、三、四、五位。山西自古以来是我国多种中药材的主要产出地,黄芪、黄芩、党参、柴胡、远志、地黄、连翘等有较大产量和知名度。山西老陈醋是中国四大名醋之一。汾酒是我国清香型白酒的典型代表。此外,山西还是我国沙棘资源大省之一,产量居全国前列,产品有沙棘果油、沙棘饮品等。

三 历史文化

1. 沿革变迁

山西是华夏文明发祥的最早起源地和中心区域之一。考古表明，最早约在180万年以前的旧石器时代早期，原始人群就在山西晋南地区繁衍生息；约在10万~2万年以前的旧石器时代中期，在山西汾河两岸和大同、朔州一带，已经出现了比较集中的原始人群和村落。进入新石器时代，约在7000年前的新石器时代中期，山西南部的农业、畜牧业和手工业已达到相当发达的水平；约在4500年前左右的新石器时代晚期，山西南部已经成为当时诸多邦国的中心。史传"尧都平阳（今临汾），舜都蒲坂（今永济），禹都安邑（今夏县）"，记载的是新石器时代晚期中华民族最早的英雄们在汾河下游创业建都的历史。史书中最早出现的"中国"一词，也是指上古虞舜时代的山西南部。今临汾市尧都区南部有尧庙、东部有尧陵，翼城、垣曲、沁水三县交界处历山有舜帝耕作的舜王坪。《禹贡》载夏禹治水"导河积石，至于龙门"，龙门又叫禹门口，在今山西河津市西北和陕西韩城市东北一带。

约公元前2070年，禹去世后，其子启继位，建立了中国历史上第一个世袭氏族奴隶制的夏王朝。它的建立标志中国古代原始公社社会的解体和奴隶社会的开始，开启了中华文明发展的新纪元。夏朝早期的统治中心在今山西晋南夏县一带，后随着地域扩大，统治中心才转入河南豫西一带。今夏县东下冯遗址是重要的夏墟。

商朝时，山西南部在其"邦畿千里"之内，其余地方则散布着十几个方国部落。西周初期大规模分封诸侯，山西中南部为十余个诸侯的领地，其中主要诸侯国是晋国。春秋时期，晋国发展强大，逐步兼并了周边小国，成为春秋五霸之一。晋国极盛时期的疆域，大约包括今山西中南部、河北西南部、河南西北部和陕西东部，设置有50余县，其中山西境内有11县。晋国前期首都在翼（今翼城县东南），后期迁都于新田（今侯马）。晋国是郡县制的起源地，后来秦将这种制度推广至全国。

公元前453年，晋国卿族赵、魏、韩三家三分晋国，史称"三家分晋"，所以山西又别称"三晋"。赵、魏、韩三家三分晋国，成为实际上的三家诸侯国。起初，赵国的都城在晋阳（今太原），韩国的都城在平阳（今临汾），魏国的都城在安邑（今夏县北），后来随着疆域的扩大才移向河南、河北。公元前403年，东周天子正式承认赵、魏、韩三家为诸侯，中国历史由此开始进入封建社会的战国时期。齐、楚、燕、韩、赵、魏、秦为战国七雄，山西分属赵、魏、韩三家领地。赵国辖山西中部、东北部、东南部少部，魏国辖山西西南部、东南部少部，韩国辖山西东南大部和西南少部。

公元前221年，秦统一六国后，建立了中央集权制度，把全国划分为36郡，后又不断增设到40余郡。今山西境内及周边河北设有5郡，即太原郡（治晋阳，今太原）、雁门郡（治善无，今右玉西）、代郡（治代县，今河北蔚县东北）、上党郡（治长子，今长子西）、河东郡（治安邑，今夏县西北）。汉代时基本沿袭秦朝郡县制度，西汉版图极盛时在今山西及周边陕西、河北设太原郡、上党郡、西河郡（治西河，今陕西榆林东南）、雁门郡、代郡、河东郡。西汉末东汉时期，北方少数民族匈奴、羌、鲜卑逐步内迁进入山西，并发展强盛起来。到东汉中期，山西北部、中部、西部成为多民族聚居地区。

魏晋南北朝初期的三国时期，山西全境属魏国，境内匈奴人散居分布在并州兹氏（今汾阳）、祁（今祁县）、蒲子（今隰县）、新兴（今忻州）、大陵（今文水）等地。此外，在山西境内今武乡还居住着羯族，今代县和大同还居住着鲜卑族拓跋部。山西境内的三个少数民族与居住在陕、甘一带氐、羌族，史称"五胡"。西晋末年，公元304年匈奴酋长刘渊起兵左国城（今离石）建国"汉"，不久迁都平阳（今临汾），建立北方第一个少数民族政权。后其子刘聪打下长安灭西晋，由此开始中国历史上一百多年的"五胡十六国"各据一方的局面。在此期间，今山西境域为刘渊族侄刘曜创建的前赵、羯族首领石勒创建的后赵、鲜卑族首领慕容皝创建的前燕、氐族首领苻洪创建的前秦、鲜卑族首领慕容泓创建的西燕（先都今陕西西安，后迁都今山西长子西）、鲜卑族首领慕容垂创建的后燕、鲜卑族首领拓跋珪创建的北魏（先都今定襄，后迁都今大同）等国的领地。公元439年，北魏统一黄河流域，结束了北方四分五裂的局面。公元534年，北魏分裂为东魏、西魏，山西绝大部分为东魏领地，南部余部为西魏领地。后来，北齐取代了东魏，北周取代了西魏。公元577年北周灭北齐，山西统一为北周领地。从刘渊起兵一直到北周灭北齐的270多年间，山西境内平阳（今临汾）、平城（今大同）、晋阳（今太原）都是很重要的政治军事中心。

隋朝建立和统一全国后，起初在地方取消了郡一级建制，在要冲诸州设总管府，以州刺史兼总管，统领邻近数州。山西境内设有并州（治晋阳，今太原）、代州（治雁门，今代县）、隰州（隰川，今隰县）、朔州（治善阳，今朔州西北）4个州。后来又改州为郡，行郡县两级制，山西境内设14郡辖88县。

公元617年，在太原郡留守的李渊乘隋末各地反隋大乱起兵，于公元618年建立唐朝。与此同时，马邑郡（今朔州等地）将领刘武周也起兵反隋，在突厥兵的支持下，刘武周称帝并率部占据了山西大部。公元620年，秦王李世民率军征伐，刘武周兵败，双方在山西境内持续几年的争夺战才得以结束。唐朝时，晋阳（今太原）被定为北都，是黄河流域仅次于长安、洛阳的第三大政治中心。唐中后期"安史之乱"期间，山西是叛军进军都城长安和唐军抵抗的重要阵地。

"安史之乱"后，地方上形成了藩镇跋扈割据的局面，中央集权受到严重削弱，使唐王朝走向衰落。公元895年，唐河东节度使（镇太原）沙陀族首领李克用率部占领山西大部地区后，以太原为中心晋爵晋王，建立了唐末时代的割据政权晋国。公元907年，唐宣武节度使（镇今河南省开封市）朱温篡唐建立后梁，历史进入五代十国时期。后梁建立，晋国自立，成为北方最大的割据政权。公元923年，李克用之子李存勖改国号建后唐，同年底灭后梁。公元936年，曾任后唐河东节度使的沙陀族人石敬瑭勾结契丹灭后唐，建立后晋。公元946年，契丹军灭后晋后，后晋大将沙陀族人刘知远于次年在晋阳（今太原）建立后汉。公元951年，后汉将领郭威篡汉建立后周。同年，后汉高祖刘知远的弟弟、河东节度使刘崇在晋阳（今太原）建立北汉。五代时期五个朝代中，后唐、后晋、后汉三个都是由沙陀人以山西为根据地建立的。十国中唯一的北方之国北汉，也是由沙陀人据山西而建的。此间，契丹人在山西北部地区发展壮大，建立了辽国，今山西雁门关以北为辽国的领地。

公元960年，北周大将赵匡胤发动兵变，建立宋朝，史称北宋。北宋初年，山西境内的北汉与其长期对峙。宋太祖赵匡胤曾两次派大军攻打割据山西的北汉，两次兵临晋阳城下，但都未成功。直到公元979年其弟赵光义宋太宗亲征，才攻下晋阳，灭了北汉。千年晋阳古城，在宋军的火烧水灌之下，毁于一旦。北宋时期，地方管理行路、州（府、军）、县三级制。山西除北部归辽国外，大部归宋，南部除属永兴军路治（治京兆府，今陕西西安）外，余皆属河东路（治唐明监，今太原）。北宋中后期，山西是北宋抵御契丹辽国入侵的前沿阵地，也是金国入侵中原灭宋的重要通道和基地。

公元1125年金灭辽，1127年灭北宋，山西全境为金所统辖，设路、州（府、军）、县三级，其中北部置西京路（治大同），中北部置河东北路（治阳曲），南部置河东南路（治临汾）。金末，1212年蒙古国军队从北部进入山西，到1226年占据全境。

公元1271年，元世祖忽必烈改国号为大元，建立元朝。1279年灭南宋，统一中国。元代的地方行政区划为省、路、府（州）、县四级制，今山西境属于中书省之冀宁路、晋宁路及上都路、大同路部分州县。

公元1368年，朱元璋在应天（今南京）称帝，建立明朝。同年明军攻占元大都，元朝退出中原。当年，北伐的明军进入山西，从南到北消灭了元朝在山西的主要势力。此后，明洪武初起，明军在晋北、晋西与元朝残余势力进行了近20年的较量，才最终消灭之。明代的地方行政区划为布政使司、州（府）、县三级制。山西布政使司（治阳曲），领太原、汾州、潞安、平阳、大同5府、3直隶州、16属州、79县，大约为今山西全境和内蒙古一部及河北一隅。明代，明王朝先后18次从山西移民，人口约百万以上，分布于全国今河南、山东、河北、北京、天津、陕西、甘肃、宁夏、安徽、江苏、湖北、湖南、广西、内蒙古、山西、辽宁、吉林、黑龙江等18个省、区、市的600余县（市），是中国历史上规模最大的移民活动。明代，山西商人得天时地利，晋商的崛起，亦成为令人称道的重要历史现象。

明末清初，山西是明军与起义军对抗作战的主要战场，也是抗清斗争的重要战场。1644年（明崇祯十七年）1月，农民起义首领李自成在西安称帝，建国号"大顺"。同年2月中旬，李自成即率领大顺军渡过黄河，在山西境内由南向北一路攻城略地，向明王朝都城北京进军，4月初即抵大同。4月24日占领明都北京，灭明。清军入关后，李自成又率军经山西返回陕西。清军进占北京后，随即又向山西进军，于11月占据全境，但反清力量直到1671年（清康熙十年）才平息。

清朝时期，全国地方政区置18省，后增为23省。省下辖府和直隶州，府、州辖县、散州；在新开发地区或者具有特殊地位的地区设厅，分为直隶厅和散厅。

山西是清代最初置省之一。当时，山西省地域包括长城以外的内蒙古呼和浩特等地，共辖9府，10直隶州，6散州，85县，12直隶厅，其中12直隶厅尽在今内蒙古境内。清代，山西晋商进一步发展兴盛，其中晋商创造的经营汇兑业的"山西票号"影响甚广，在清代后期基本上控制了全国金融。山西的票商在清代是同盐商、行商（广东十三行）齐名的全国最富有的商人。清末，山西是太平天国北伐部队进军的重要区域，是义和团活动兴起和发展的中心区域。

1911年10月10日，武昌起义，辛亥革命爆发，揭开了推翻清王朝统治的序幕。山西是继武昌起义后全国最早起义的省份之一，也是北方地区最早起义的省份。1912年，中华民国建立。民国初年，地方政区废除府，改州为县，省下辖道，由道辖县，为三级建制。山西省设雁门（治大同）、冀宁（治阳曲）、河东（治运城）3道，辖105县；清代时归山西省的今内蒙古一带地区，脱离山西，归绥远特别区。1927年，撤道建制，县直辖于省。民国期间，阎锡山统治山西38年，曾一度是全国关注的"模范省"。抗日战争、解放战争时期，山西省内地方政区有所变化，但保持了基本总体格局。抗日战争时期，山西是中国共产党领导全民族抗战的战略要地，是华北敌后抗战的主阵地、前线指挥中心和主战场之一，为抗日战争胜利作出了重大贡献和巨大牺牲。

1949年10月，中华人民共和国成立，开辟了中国历史的新纪元。新中国成立时，雁北地区划归察哈尔省，其余归山西省辖。后来，雁北地区又划归山西。新中国成立至今，山西省内政区曾多次调整，形成11个地级市、119个县（市、区）的现状。社会主义革命和建设时期，山西是全国农业合作化运动的主要发兴之地，是国家工业化战略的重要实施基地，是全国农业学大寨运动的起源之地。改革开放以来，山西是国家实施现代化建设战略的重要能源基地和资源型经济转型发展的试验区。新中国成立60多年来，在社会主义革命、建设和改革的各个时期，山西为全国建设作出了重大贡献，也绘就了区域发展的新的历史画卷。

2. 文化遗存

山西是中华民族的重要发祥地，历史悠久。在迄今几千年的历史发展长河中，山西积淀下大量历史信息和历史文化遗存，有物质文化遗产和非物质文化遗产，物质文化遗产有不可移动文物、可移动文物、历史文化名城（街区、村镇）。这些文化遗存是当代山西人民的宝贵财富，也是中华民族、中华文明的瑰宝。

2007～2011年，国家开展了历时5年的第三次全国文物普查。这是新中国成立后国家最大规模的一次不可移动文物资源普查。通过普查，摸清了全国不可移动文物的家底，全国共登记不可移动文物近77万处，山西登记不可移动文物总数5.3万多处，有各级各类文物保护单位6780余处。山西登记不可移动文物总数量排浙江、河南、四川之后，居全国第四。

在山西众多的不可移动文物中，全国重点文物保护单位数量不仅多年来居全国第一，而且旧石器文化遗址、古代建筑、古代戏剧舞台数量更是冠居全国。旧石器文化遗址（年代最早的是芮城县西侯度遗址）已发现460多处，不仅数量居全国第一，而且早中晚自成序列，为全国仅有，在中国考古文化编年序列中占有突出位置。各类古建筑现存2.8万余处，是中国现存古建筑最多的省份。古建筑上起魏晋，下至民国，时代连续、品类齐全，构成中国古建筑史上独一无二的标本体系，特别是宋辽金以前的木结构建筑占全国同期同类建筑的75%以上。古代戏剧舞台保存有1000多座，数量居全国之冠，其中1座金代戏台（高平市王报村二郎庙戏台）、8座元代戏台（规模最大的是翼城县南梁镇武池村乔泽庙戏台），为全国仅有。这些戏台和反映金、元时期的壁画、陶俑、砖雕等戏曲文物，是研究中国戏曲历史及当时的社会、经济、文化、艺术等的重要实物资料。

截止到2013年，在全国数量众多的不可移动文物中，全国重点文物保护单位总数为4295处。各省（市、区）有全国重点文物保护单位，数量排全国前五的，分别为山西、河南、河北、陕西、四川。山西有全国重点文物保护单位多达452处，占全国总数的10.5%，以绝对多数居全国第一。

在山西众多的不可移动文物中，先后有平遥古城（1997年）、云冈石窟（2001年）、五台山（2009年）3处集群性的重要文化遗产入选世界文化遗产名录，成为世界性的文化遗产。平遥古城迄今已有2700多年的历史，仍完好地保留着明清时期县城的基本风貌，是中国境内民族地区保存最为完整的一座古代县城，承载非同寻常的文化、社会、经济及宗教发展的历史信息。云冈石窟，开凿于公元5世纪至6世纪，有窟龛252个、造像51000余尊，其雕刻艺术具有中国传统又吸取和融合印度犍陀罗艺术及波斯艺术的精华，代表了当时中国杰出的佛教石窟艺术。其中的昙曜五窟，布局设计严谨统一，是中国佛教艺术第一个巅峰时期的经典杰作。五台山是中国四大佛教名山（山西五台山、四川峨眉山、安徽九华山、浙江普陀山）之一，且居首位。山上保存有从公元4世纪到19世纪（北魏、唐、宋、元、明、清）的佛教建筑及独特的圣山环境景观，荟萃了各个时期建筑、彩塑、壁画等艺术的杰出成就和特点，展现了悠久的佛教文化传统以及人与自然的和谐统一。其中，南禅寺是世界上现存最古老的木结构建筑，被誉为中华瑰宝；佛光寺被世人誉为东方古建明珠、亚洲佛光。

历史文化名城（名镇、名村）是重要的物质文化遗产。历史文化名城是保存文物特别丰富，具有重大历史文化价值和革命意义的城市。历史文化名镇名村是保存文物特别丰富，且具有重大历史价值或纪念意义的，能较完整地反映一些历史时期传统风貌和地方民族特色的镇和村。截止到2013年，山西境内有太原市、大同市、平遥县、新绛县、代县、祁县6座国家级历史文化名城；有灵石县静升镇、临县碛口镇、襄汾县汾城镇、平定县娘子关镇、泽州县大阳镇、天镇县新平堡镇、阳城县润城镇7个国家级历史文化名镇；有临县碛口镇西湾村、阳城县北留镇皇城村、介休市龙凤镇张壁村、沁水县土沃乡西文兴村等23个国家级历史文化名村；有太原市晋源区晋源街道店头村、大同市天镇县新平堡镇新平堡村、临汾市襄汾县陶寺乡陶寺村等70个国家级传统村落。山西国家级历史文化名镇、名村的总数位居全国第一。此外，山西还有省级历史文化名镇、名村241个，有省级传统村落101个。

非物质文化遗产是山西历史文化遗存的重要组成部分。非物质文化遗产，是指各种以非物质形态存在的与群众生活密切相关、世代相承的传统文化表现形式，包括口头传统、传统表演艺术、民俗活动和礼仪与节庆、有关自然界和宇宙的民间传统知识和实践、传统手工艺技能等以及与上述传统文化表现形式相关的文化空间。截止到2013年，山西有民间文学、传统音乐、传统舞蹈、传统戏剧、曲艺、传统体育游艺杂技、传统美术、传统手工技艺、传统医药、民俗等类别的105个项目入选国家级非物质文化遗产保护名录，403个项目入选省级非物质文化遗产保护名录。山西入选国家级非物质文化遗产保护名录项目总数占全国1219个项目总数的8.6%，数量居全国前列。山西国家级非物质文化遗产中，民间文学有董永传说、民间传唱史诗《杨家将》、赵氏孤儿传说等7项，传统音乐有左权开花调、五台山佛乐、晋南威风锣鼓等12项，传统舞蹈有襄汾狮舞、稷山走兽高跷、原平凤秧歌等14项，传统戏剧有晋剧、蒲州梆子、皮影戏等20项，曲艺有潞安大鼓、阳泉评说、沁州三弦书等7项，传统体育杂技有忻州挠羊赛、晋中（形）意拳2项，传统美术有广灵染色剪纸、平阳木版画、山西面塑艺术等6项，传统手工技艺有阳城生铁冶铸技艺、平遥推光漆器髹饰技艺、杏花村汾酒酿制技艺、山西老陈醋传统酿制技艺等17项，传统医药有傅山养生健身术、龟龄集酒药传统制作工艺2项，民俗有潞城民间社火、关公文化、寒食节、洪洞大槐树根祖文化等18项。2009年，山西省广灵剪纸与河北、陕西等各省（市、区）列入国家级名录的剪纸项目联合打包，作为中国剪纸，入选《人类非物质文化遗产代表作名录》。

可移动文物同不可移动文物一样，也是山西历史文化的重要遗产。山西作为文物大省，可移动文物为各级各类文物、博物、图书、档案等机关、部门保存，种类丰富、数量庞大。初步统计，全省国有单位保存可移动文物有30多万件。

丰富而厚重的历史文化遗产，是山西发展文化旅游产业的重要资源宝藏。经过多年发掘和开发建设，许多重要文化遗产地已成为闻名中外的文化旅游景区，如平遥古城、五台山、云冈石窟、绵山、晋中晋商大院、皇城相府等。此外，还有很多历史文化资源有待进一步发掘其价值，展现其魅力。

3. 历史人物

山西表里山河，地灵人杰。从远古人类徙居生息到有文字记载的沧桑历史进程中，山西这块热土孕育出无数杰出的历史人物，他们对三晋文化的塑造、对整个中华文化的发展都产生了深远的影响。留存在三晋大地上的诸多历史名人遗迹和传说，是山西历史文化的重要组成部分。

传说中的华夏人文始祖女娲、伏羲，民族先祖炎帝、黄帝，在山西境内都留下了丰富的踪迹和大量美丽的传说。新石器时代晚期黄河流域部落联盟的杰出首领尧、舜、禹，曾在山西晋南地区建都，史载"尧都平阳（今临汾），舜都蒲坂（今永济），禹都安邑（今夏县）"。夏商周三代，有辅佐商王武丁开创了商代后期极盛时期的名臣傅说，也有西周时期以"桐叶封侯"而开拓晋国基业的国君唐叔虞。

春秋战国时期，诸侯纷争。著名君主有开创晋国霸业的晋文公，推行"胡服骑射"的赵武灵王。名臣有辅佐晋文公"割股奉君"的介子推,"不失德义"的赵衰,辅佐秦穆公称霸的"五羖大夫"百里奚,有"完璧归赵"美誉的赵国上卿蔺相如。名将有被尊称为"中国第一位战神、兵法祖师爷"的晋国卿大夫先轸,有"尚能饭否"的赵国名将廉颇,力抗匈奴的杰出军事家李牧。思想文化艺术领域,有被尊称为"后圣"的儒家先贤荀子,有创造五音六律、被尊称为"乐圣"的晋国乐师师旷,还有保护赵氏孤儿的晋国义士程婴。此外,猗顿是战国时期著名的富商巨贾。

秦汉以降,国家大一统。西汉时期,名臣有被称为"三辅第一贤能"的尹翁归,切谏废黜昌邑王刘贺的张敞,执法无私的"酷吏"郅都,辅佐君王营造西汉"昭宣中兴"的政治家霍光;名将有抗击匈奴的大将军卫青,远征匈奴而"封狼居胥"的青年将领霍去病,威慑西域的宿将冯奉世。东汉时期,名士有被尊为"有道先生""东国人伦"的郭泰,名将有被后世神化、尊称"武圣"的关羽。还有西汉著名女辞赋家班婕妤。此外,名著《三国演义》中的美女貂蝉、大将吕布传说也是山西人。

魏晋南北朝时期,民族政权风起云涌。著名的帝王有匈奴汉国开国君主刘渊,推行鲜卑族汉化改革的北魏孝文帝拓跋宏,前赵国的开国君主刘曜,从奴隶到皇帝的后赵国的建立者石勒。名臣有西晋开国权臣贾充,魏晋"名公"、地图学家裴秀,被誉为"栋梁之材"的东晋政治家温峤。佛学高僧有净土宗之始祖、东晋著名佛学家慧远,中国第一位到海外取经求法的大师、东晋高僧法显。此外,郭璞是东晋著名的文学家、训诂学家,东晋卫夫人被誉为"中国历史上第一位有成就有影响的女书法家"。

隋唐五代十国时期,盛世离乱相继。唐代基业肇始晋地,李渊太原起兵成就帝业,唐太宗李世民开创"贞观盛世",武则天成为中国历史上唯一的女皇帝。李克用割据晋地,其子李存勖改国号建后唐;石敬瑭建后晋,刘知远建后汉,刘崇建北汉。名臣数不胜数,隋朝有政治家裴蕴、裴矩,唐代有名相温彦博、政治家裴行检、狄仁杰、裴度,后唐有重臣郭崇韬。唐代名将有被尊为"中华门神"的尉迟敬德、远征高丽的薛仁贵、戍边大将张守圭、"汾阳王"郭子仪。文学艺术领域,有"初唐四杰"之冠的王勃,"诗佛"王维,唐宋八大家之一的柳宗元,善写花间词的温庭筠,边塞诗人王之涣、王昌龄、王翰,有"诗魔"和"诗王"之称的大诗人和文学家白居易,有"文中子"美誉的儒学大才王通。此外,美女杨贵妃,也是山西人。

宋辽金元时期,区域抗衡激荡。名臣有北宋政治家、书法家文彦博,廉臣毕世(士)安,政治家、著名史学家司马光;有南宋政治家、词人赵鼎。名将有北宋大将杨业、呼延赞、狄青;有南宋大将杨沂中、王彦。文化艺术领域,有北宋著名书画家米芾、郭若虚、高克明、王诜等名流,古代韵律宫调的发明者北宋艺人孔三传,金代的大诗人元好问,元曲大家关汉卿、白朴、郑光祖。此外,孙复是北宋初年理学的奠基人之一,王溥是北宋初年五代典章史《五代会要》编著者,许国侦是元代著名宫廷医士。

明清时期,民族大一统。明代名臣有享有"三孤三辅"美誉的权臣王琼,辅助张居正改革的重臣王国光。清代名臣有编修《康熙字典》的帝师陈廷敬,"天下第一廉吏"于成龙,"三代帝师"祁隽藻,著有《瀛寰志略》的徐继畬。名将有明代守边将领王崇古、"第一良将"曹文诏。思想文化领域,有明初程朱理学的代表人物、河东学派创始人薛瑄,明清易代之际的思想家、文学家、医学家、书画家傅山,被誉为"理学宗盟"的清初大儒白胤谦,清初考据学家阎若璩,编著《弟子规》的教育家李毓秀。文学艺术领域,有明代小说家、戏曲家罗贯中,著名的书法家杨笃。此外,雷履泰是晋商票号的创始人,渠本翘是晋商中的著名实业家,杨深秀是著名的"戊戌六君子"之一。

民国时期，社会动荡，民族觉醒。重要政治人物，阎锡山统治山西长达38年，孔祥熙曾长期任民国政府要职。知名的军事将领，姚以价、张培梅领导太原辛亥首义，续范亭中山陵剖腹明志，傅作义指挥绥远抗战、率部北平起义。此外，郭象升是著名学者和教育家。

从古代到近代民国时期，在中国历史曾发挥过重大作用的历史人物，诸如中国封建帝王中有特殊影响力的秦皇、汉武、唐宗、宋祖，近代中国民主革命的先驱孙中山，都在山西留下了他们的文治武功。

在中国共产党领导人民进行新民主主义革命的历史进程中，山西是重要的革命老区。新中国的开国领袖、开国元勋、开国将帅等老一辈无产阶级革命家曾长期在山西这片热土上从事革命斗争事业，留下了光辉的足迹。1936年，毛泽东、彭德怀率中央红军东征山西，转战山西50余县。其间，中共中央曾随军行动，中央政治局还在山西晋西地区召开了著名的晋西会议，毛泽东、张闻天、周恩来、彭德怀、叶剑英、杨尚昆等参加会议。抗日战争期间，周恩来、刘少奇、朱德、彭德怀、任弼时、杨尚昆、左权、刘伯承、邓小平、贺龙、关向应、聂荣臻、徐向前、罗荣桓、彭真、薄一波等在山西指挥华北抗战。解放战争时期，周恩来飞抵太原调停国共双方军事冲突，彭德怀、刘伯承、邓小平、贺龙、聂荣臻、徐向前、陈赓、罗瑞卿等在山西指挥解放区军民抗击国民党军的进犯和解放山西。1947年3月，刘少奇、朱德、董必武等率中央工委由陕北路经山西转赴西柏坡；同时以叶剑英为书记，杨尚昆、李维汉、李克农、邓颖超为常委的中共中央后方工作委员会开始进驻临县，之后驻扎长达一年之久。1948年3月至4月间，毛泽东、周恩来、任弼时也由陕北路经山西转赴西柏坡。毛泽东在晋绥干部会议上的讲话中首次完整地提出了党的新民主主义革命的总路线和总政策，即：无产阶级领导的，人民大众的，反对帝国主义、封建主义和官僚资本主义的革命。新中国成立后，1955～1965年授衔的将帅中，10大元帅全部、10位大将中的9位、57位上将中的42位、177位中将中的103位、1360位少将中的838位都曾长期在山西战斗、工作和生活过。开国领袖、开国元勋、开国将帅等老一辈无产阶级革命家为中国革命的胜利和建立新中国而在山西进行革命的历史，是近现代山西历史特别厚重和闪耀的一部分。它所承载、所积累的深厚历史信息和丰富历史经验，是山西人民十分宝贵的精神财富。

第二篇
发展现状

2013年山西经济社会发展变化的状况,是反映和体现山西省情发展现状最集中、最丰富之处。研究这一发展变化的状况,是把握和认识当前正在发展变化之省情的中心内容。

一 经济建设

2013年,面对错综复杂的外部经济环境,山西省委、省政府深入贯彻落实党的十八大、十八届二中、三中全会精神和习近平总书记一系列重要讲话精神,高举中国特色社会主义伟大旗帜,以邓小平理论、"三个代表"重要思想、科学发展观为指导,坚持主题主线和稳中求进的工作总基调,以转型综改试验区建设为统领,科学决策部署,积极宏观调控经济运行,大力激发微观经济活力,保持和推动全省经济持续健康发展,取得新成效。

1. 经济运行

2013年,在错综复杂的外部经济环境下,全省各级各有关部门科学应对经济下行压力,调控经济运行保持在合理区间内,实现了经济增长质量的新提高。

强调控促稳进运行。2013年，省政府认真落实中央宏观调控政策和各项决策部署，结合山西省实际，及时出台实施支持和促进煤炭经济发展、保障工业运行等重大政策措施，促进了经济稳定运行。全省地区生产总值12602.2亿元，增长8.9%。公共财政预算收入1700.2亿元，增长12.1%。社会消费品零售总额实现4988.3亿元，增长14.0%，高于全国平均增速0.9个百分点，增速全国排名第三。居民消费价格涨幅3.1%，控制在年度目标3.5%以内。城镇登记失业率3.1%，低于4.2%的控制目标。规模以上工业企业实现主营业务收入18404.7亿元，增长2.0%。

扩大投资优化结构。在2013年初确定9600亿元重大项目投资盘子的基础上，针对重大基础设施投资减少和经济下行压力较大的实际情况，及时新增铁路、保障性住房等投资计划300亿元，有效保障了全省投资快速增长。全年投资完成11200.2亿元，增长22.1%，投资规模历史性地突破万亿元大关。在扩大投资的同时，进一步优化投资结构和提高投资效益。2013年，全省优化投资结构呈现出三大特点。一是战略性新兴产业投资增速加快。全省战略性新兴产业投资完成5281亿元，增长24%，增速比全社会固定资产投资高1.9个百分点，占全省全社会固定资产投资的比重47.2%，同比提高了0.8个百分点，对全省全社会投资增长的贡献率为50.4%，拉动全省全社会投资增长11.1个百分点。二是服务业投资占比提高。全省服务业投资5810.1亿元，占全省全社会固定资产投资比重的51.9%，同比提高了1个百分点，超过第二产业占比10.1个百分点，成为拉动全省投资增长的主力。其中，房地产开发投资完成1308.6亿元，增长29.5%，同比加快了1.6个百分点。三是"三农"投资保持强劲增势。全省投向"三农"的固定资产投资完成1688.2亿元，增长56.8%，增速比上年加快18.2个百分点，占全省全社会固定资产投资的比重15.1%，同比提升3.4个百分点。但是，在投资实现较快增长的同时，也呈现出一些值得注意的问题，主要有：一是基础设施投资增速减缓。全省基础设施投资完成2282.3亿元,增长12.5%,同比减缓7.3个百分点。二是大项目投资增长放缓。全省固定资产投资中,亿元及以上项目投资6770.4亿元,增长16.9%,同比减缓12.7个百分点。三是投资到位资金增速回落。全社会固定资产投资到位资金增长17.8%,同比回落2.5个百分点,低于全社会固定资产投资4.3个百分点。四是工业投资占比下降。在全社会固定资产投资中,全省工业投资4724.9亿元,增长14.4%,占全社会投资比重42.2%,同比下降2.8个百分点。

释放潜力需求促消费。一是推进重大物流基地项目工程建设。太原地区铁路货运(物流)中心、山西方略保税物流中心功能延伸工程、太原武宿综合保税区、山西煤炭物流配送体系等一批重大物流项目建设取得新进展。2013年9月,太原武宿综合保税区一期工程建成并开始封关运营。该保税区于2010年8月26日经国务院批准设立,规划面积2.94平方公里,其中一期工程面积1.46平方公里,投资总额17.7亿元。太原武宿综合保税区的启用,结束了山西没有海关特殊监管区域的历史。二是大力发展电子商务。2012年10月,山西首家国家级电子商务示范基地在侯马经济技术开发区建成后,2013年基地建设进一步完善,影响和辐射力进一步增强。与此同时,淘宝"特色中国·山西馆"开馆运营,太原唐久超市在京东开设唐久网上大卖场,贡天下特产网将总部迁回山西运营。三是加快现代物流和农产品流通体系建设。全省商务系统建成120个县域配送中心,信息化改造5000个农家店,建成30个"15分钟便民商圈"、15个中央厨房和500多个早餐网点;全省供销社系统规范提升农村便民连锁商店324个,改造基层供销社63个,改造农资配送中心33个,建设改造开展开库直销和测土配方施肥的农资配送中心8个,改造日用消费品配送中心48个。四是启动和深入持续开展"三大促消费"活动。2013年5月,启动的"幸福暖家""晋人晋菜晋味道""山西品牌中华行"三大促销活动,在全省和全国持续开展,取得积极成效。其中,"山西品牌中华行"先后在北京、呼和浩特、广州、成都、重庆、上海、南昌、武汉举办了8场活动，签订供货合同突破10亿元，200余个品牌产品进入全国知名连锁企业供应链。"幸福暖家"活动为全省1万余户保障性住房家庭购买家具建材产品让利4000多万元，促进了家具建材销售。"晋人晋菜晋味道"活动有力推动了全省高端餐饮向大众化餐饮转型发展。五是努力稳定和拓展外需。2013年，在对全省42家外贸示范基地进行升级改造的同时，充分利用广交会、亚欧博览会、东盟博览会等平台推动企业开拓新兴市场，并进一步扩大稀缺资源、先进技术设备和关键零部件进口。全年进出口总值达158亿美元，同比增长5%；其中出口80亿美元，同比增长14%，增幅居全国前列。全省进出口总额创历史最高，进出口增幅虽然较全国平均增幅7.6%低2.6个百分点，但出口总额高于全国平均增幅6.1个百分点，占全省进出口总额的50.43%，实现贸易顺差1.95亿美元，扭转了自2009年以来山西省外贸进出口连续4年的贸易逆差。全省社会消费品零售总额实现4988.3亿元，同比增长14%。高于全国平均增速0.9个百分点，增速全国排第三名，在中部六省中与安徽并列第一名。商贸流通业为全省贡献了70%以上城镇新增就业岗位。

增强公共财政保重点支出。2013年，全省公共财政收入完成1700.2亿元，为年预算的100.1%，同比增长12.1%，增收183.8亿元。其中，税收完成1135.5亿元，同比增长8.6%，增收90.3亿元。公共财政支出3030.5亿元，同比增长9.8%，增支271亿元。其中，医疗卫生支出同比增长12%，社会保障和就业支出同比增长18.1%，住房保障支出同比增长10%，农林水事务支出同比增长10.1%。全年全省财政运行呈现四个显著特点。一是公共财政收入稳步增长，但增速呈前高后低。全省公共财政收入同比增长12.1%，较2011年增速（25.1%）低13个百分点，较2012年增幅（25%）低12.9个百分点，增幅为2011年以来最低。在运行区间上，公共财政收入一季度末、二季度末、三季度末、四季度末分别增长

17.3%、18%、13%、12.1%，呈逐季回落态势。二是营业税增长强劲，成为财政增收最多的税种。全年全省营业税入库378.1亿元，同比增长20.4%，增速较税收平均增速高出11.8个百分点，增收64亿元。其中，建筑安装、金融保险及房地产等行业营业税分别同比增长24.8%、19.4%、35.3%，共增收约51.6亿元，占税收增收额的57.1%。三是受煤炭外部需求锐减的影响，煤炭行业税收减收较大，其中增值税和企业所得税全年减收达61.1亿元。全年全省煤炭行业税收完成339.8亿元，同比下降12.4%，减收48.2亿元。其中，煤炭行业增值税入库115.6亿元，同比下降25.2%，减收28.9亿元，减收最多；企业所得税入库96.6亿元，同比下降18.7%，减收22.2亿元。四是财政支出结构进一步优化，民生得到持续改善。全年全省公共财政支出用在与人民群众生活直接相关的教育、医疗卫生、社会保障和就业、住房保障、公共交通运输、节能环保、城乡社区事务等民生支出总量和增支额分别占全省公共财政支出的81.8%和84%，分别比去年同期提高19.8和10.9个百分点。

优化信贷拓展多元融资。 2013年，全省金融部门进一步优化信贷结构，大力拓展多元融资，推动金融市场发展。全年全省金融运行呈现三方面特点。一是本外币存贷款增速回落，资金利用效率上升，信贷结构趋于优化。2013年12月末，全省金融机构本外币各项存款余额为26269亿元，较年初增长2108.4亿元，同比增长8.74%，增速较2012年回落6.2个百分点；本外币各项贷款余额为15025亿元，较年初增加1807亿元，同比增长13.73%，同比少增855.3亿元，增速较2012年同期回落3.57百分点。全省金融机构存贷比为57.2%，比2013年提高2.52个百分点，资金利用率明显上升。新增存贷比为85.71%，比2012年提高24.36个百分点。新增贷款主要支持了重点行业、转型项目和"三农"、小微企业等薄弱环节，信贷结构进一步优化。全省涉及转型综改领域的贷款、涉农贷款、小微企业贷款增幅分别为15.46%、23.39%、

33.6%，均高于全部贷款增幅。二是社会融资规模不断扩大，直接融资较快增长，多元融资格局形成。2013年，山西省全社会融资达到4180亿元，完成全年融资计划（4100亿元）的102%，比2012年多增380.1亿元。其中，表外金融创新融资1398.68亿元、债券融资844.5亿元、股票市场再融资129.77亿元，分别是2012年全年增量的128.32%、116.95%、246.66%；直接融资占融资总量的比例达到23.31%，比2012年同期提高了2.92个百分点。

2. 综改试验

2010年12月，国务院批复设立"山西省国家资源型经济转型综合配套改革试验区"，山西成为全国第一个全省域、全方位、系统性的国家级综合配套改革试验区。此后，省委、省政府在决策部署开展先行试点的同时，研究制定了《山西省国家资源型经济转型综合配套改革试验总体方案》。2012年8月，国务院正式批复了《总体方案》。《总体方案》明确了到2015年的第一阶段目标和到2020年的第二阶段目标，展望了未来20~30年的目标，是推进转型综改试验区建设的总纲领。根据《总体方案》的精神，2013年，山西省综改试验区建设全面启动并深入推进。

出台转型综改三年《实施方案》和年度《行动计划》。2012年8月，国务院正式批复《总体方案》后，为了加快推进综改试验区的建设，按照《总体方案》—《实施方案》—《年度行动计划》的推进实施模式，省委、省政府迅速启动了第一阶段"十二五"后三年《山西省国家资源型经济转型综合配套改革试验实施方案（2013~2015年)》的编制工作，并将《实施方案》进行年度任务分解，同步编制了《山西省国家资源型经济转型综合配套改革试验2013年行动计划》。2013年4月12日，省政府常务会审议并原则通过《实施方案》和《行动计划》，4月19日，省委常委会对《实施方案》和《行动计划》作了再次研究讨论。4月20日，省政府正式印发《山西省国家资源型经济转型综合配套改革试验实施方案

(2013~2015年)》《山西省国家资源型经济转型综合配套改革试验2013年行动计划》。《实施方案》是对"十二五"后三年转型综改任务的全面部署，对应《总体方案》的第一阶段目标，提出了50项重大改革、100项重大事项、100个重大项目和10个重大课题。《行动计划》是根据省委、省政府年度工作部署，对《实施方案》三年任务中2013年工作任务的具体安排，提出了10项重大改革、20项重大事项、30个重大项目和5个重大课题。4月22日，省委、省政府召开全省转型综改试验区建设大会，就落实《实施方案》和《行动计划》进行了动员部署。以此为标志，山西转型综改试验区建设正式启动并全面铺开和提速推进。

扎实推进"1235"目标任务的落实。"1235"目标任务，即2013年《行动计划》提出的目标任务。"1"是10项重大改革，即建立健全生态环境保护与恢复治理补偿机制、理顺煤炭等矿产资源有偿获得开发利用机制、深化资源性产品价格改革、深化户籍制度改革、创新地方金融发展机制、推进收入分配制度改革、创新"五规合一"规划统筹协调机制、深化行政审批制度改革、推进煤电一体化改革、深入推进用地管理改革；"2"是20项重大事项，即将中国（太原）国际能源产业博览会高峰论坛打造成为低碳发展高峰论坛、启动晋城国家低碳城市试点建设、办好国际太阳能十项全能竞赛、推进太原晋中同城化、提升科技创新能力、提升中国（太原）煤炭交易中心功能、继续推进循环经济试点省建设、加快煤层气开发和综合利用、探索"飞地经济"发展模式、加快生态环境治理修复保护重点工程建设、加强全省大气污染防治、加快山西大水网建设、推进矿区城镇化、构建全省大物流体系等；"3"是30个重大项目，即太榆地区科技创新城项目、山西潞安矿业（集团）有限责任公司高硫煤清洁利用油化电热一体化示范项目、山西焦煤集团山西焦化股份有限公司年产60万吨焦炉煤气制烯烃项目、大同煤矿集团有限责任公司和中海油新能源公司低变质烟煤清洁利用气电热一体化示范项目、山西省国新能源发展集团有限公司"气化山西"项目、山西大运汽车制造有限公司大运重卡项目、平遥县九成文化旅游投资有限公司"印象平遥"系列文化演艺建设项目、太原市轨道交通发展有限公司太原市轨道交通2号线一期工程项目等。"5"是5个重大课题,即资源型产业与非资源型产业均衡发展机制研究、创新煤炭销售体制机制研究、完善生态环境补偿机制研究、新型科技投融资体系研究、适合矿业特点的差别化土地政策研究。

通过努力,"1235"重点任务总体完成年度目标。其中,10项重大改革和20项重大事项中16项已经完成,14项取得阶段性进展;30项重大项目完成年度投资计划,3个项目已建成投产,15个项目部分建成投产,5项重大课题形成成果。这其中,突破点和亮点显著,重点领域改革创新的典型范例不断涌现。一是国家授权山西开展低热值煤发电项目核准、煤炭和煤层气矿业权审批、动力煤期货交易前期工作等3项重大改革,成为综改区建设的最大突破和亮点。二是同煤集团成功重组漳泽电力,晋能公司成立运营,全省主力火电企业三分之二以上实现煤电联营,一半以上与煤企签订电煤供应长协合同,煤电关系由"背靠背"走向"肩并肩",构建和谐煤电关系成效明显。三是推进并实现全省煤炭销售全部实现网上平台交易,启动并推进了大用户直供电开始试点,健全完善现代煤炭交易体系取得重要进展。四是12户省级试点企业率先启动了企业股份制改造和资本证券化等改革,取得积极进展。其中,太钢、同煤、太重推进了企业股份制改造和资本证券化;国际能源、潞安、晋煤推进了企业资产重组和并购;同煤、焦煤推进了分离企业办社会职能;阳煤、晋煤创新了企业投融资模式等。五是增强金融支持实体经济能力,构建了以贷款为主导、投证债贷租联动、金融机构与民间资本共同发力支持实体经济发展的融资格局。2013年4月,山西首个架设在企业与金融机构间的信息桥梁——山西省金融服务平台网正式开通。该平台为公益性融资平台,具有融资信息发布、融资信息查询、融资对接服务三大功能。8月,山西股权交易中心有限公司揭牌,并有首批866家中小企业挂牌展示。六是拓展对外开放,推进并建成太原武宿综合保税区一期工程并封关运营。该保税区是具有口岸、物流、加工等功能的实行封闭管理的海关特殊监管区域,属国家级特定功能区。保税区的建成和运营,不仅结束了山西没有海关特殊监管区域的历史,也进一步拓展了山西对外开放空间。

3. 结构调整

2013年,山西省委、省政府及有关部门和企业,加快转变经济发展方式,大力推进经济结构战略性调整,积极培育战略性新型产业发展现代服务业,促进了全省经济增长向三次产业协同带动转变。

加强"三农"工作和增强农村活力。2013年,面对全省冬春连旱、春寒冻害、暴雨洪涝以及农作物病虫害、畜禽疫病等多种不利因素的影响,全省各级各有关部门认真落实各项强农惠农政策,积极应对各种困难和挑战,加快发展现代农业,加快培育新型农业经营主体,部署建设山西大水网等农业基础设施,巩固"五个全覆盖"成果,抓好省政府为民办的"五件实事",有效推动农业生产稳步发展,农民收入不断提高,农村公共事业条件逐步改善。第一产业增加值达到773.8亿元,增长4.5%,占GDP比重达到6.1%,同比提高0.3个百分点。其中,农业总产值达到526.7亿元,增长4%;林业36.9亿元,增长3.7%;牧业169.6亿元,增长6%;渔业5亿元,增长6.3%;农林牧服务业35.6亿元,增长5.9%。固定资产投资额达到705.1亿元,同比增长92.6%,高于全社会固定资产投资70.6个百分点,在全社会固定资产投资中所占比重达到6.3%,同比提高2.15个百分点。粮食总产量达到131.3亿公斤,平均亩产267公斤,分别比2012年增加3.8亿公斤和10公斤,总产单产均创历史新高。全省农民人均纯收入达到7154元,比2012年增长12.5%(高于全国平均增速0.1个百分点),高出城镇居民可支配收入增幅2.5个百分点,城乡居民收入差距进一步缩小。

保障工业经济平稳运行和推进内部结构优化。2013年，针对宏观经济增速放缓、煤炭外部需求不足、主要工业产品价格下降、经济下行压力增大等突出问题，省政府及有关部门及时出台支持煤炭经济发展、保障工业运行等一系列重大政策措施，支持和保障了工业经济的平稳运行与结构的进一步优化。一是大力改造提升传统产业和淘汰落后产能。建成同煤塔山、同忻、潞安高河等54座现代化矿井。进一步推进焦化行业兼并重组，企业减少到80户，户均产能由70万吨提高到200万吨，初步形成吕梁孝义、运城河津、临汾洪洞、晋中介休4个千万吨级焦化集聚区和古交、潞城、灵石、交城等14个500万吨级的焦化集聚区。进一步推进煤电一体化，全省34户省调主力火电企业中，有26户实现煤电联营，18户与煤炭企业签订了电煤供应长协合同，煤电关系由"背靠背"走向"肩并肩"。进一步淘汰落后产能，淘汰钢铁产能204万吨、焦炭产能756万吨、电力产能21万千瓦、水泥产能350万吨。二是加快发展壮大新兴产业。大力推进工业转型升级项目建设，先进装备制造业、现代煤化工、新型材料工业、特色食品工业等发展势头强劲。太重高铁零部件等项目建成投用，潞安煤制油、太钢不锈钢和硅钢冷连轧、吕梁数据中心等项目加快推进。全省新兴产业投资达到2502.2亿元，增长37.3%，占全部工业投资的比重达到52.9%，首次超过传统产业投资。非传统产业增加值占工业增加值比重超过20%，创近年新高。三是提升产业集聚水平。21个国家级、省级新型工业化产业示范基地的增加值和利润分别占到全省工业的20%和40%以上，成为推动工业转型升级的重要支撑。通过各方面的努力，2013年全省工业增加值累计增速一直在10.5～11之间，总体保持平稳增长。主要行业增长稳定，煤炭工业增加值占全省工业比重为54.9%，同比增长10.5；冶金工业增加值占全省工业比重为13.8%，同比增长15.9%；装备制造业增加值占全省工业比重为8.4%，同比增长15.5%。主要产品产量保持稳定增长，原煤、焦炭、生铁、粗钢、钢材、原铝、氧化铝、水泥、发电量9种主要工业产品产量，除原铝下降外，其余8种保持增长。其中原煤9.63亿吨，增长5.3%；焦炭9076.8万吨，增长7.5%；生铁4303.2万吨，增长6.9%；粗钢4671.4万吨，增长14.5%；钢材4486.2万吨，增长18.1%；氧化铝784.6万吨，增长31.5%；水泥产量4984.8万吨，增长1.4%；发电量2625亿千瓦时，增长3.6%；原铝104.2万吨，下降1.3%。工业增长结构进一步改善，新兴接替产业增长10.9%，快于全省工业0.4个百分点；冶金、装备制造业增长15.9%、15.4%，快于全省工业5.4、4.9个百分点；高耗能工业增长7%，低于全省工业3.5个百分点；四大传统工业增长10.4%，低于全省工业0.1个百分点。

加快发展现代服务业和促进经济转型发展。2013年，全省服务业进一步发展。一是物流服务业加速发展。继2012年铁路煤炭销售已实现上线交易后，2013年公路煤炭交易也实现上线交易，标志着全省煤炭交易全部实现电子化，告别了传统的一对一实物交易模式。太原武宿综合保税区一期工程建成开始封关运营，结束了山西没有海关特殊监管区域的历史。二是电子商务进一步发展。国家级侯马电子商务示范基建设进一步完善，影响和辐射力进一步增强。淘宝"特色中国·山西馆"开馆运营，太原唐久超市在京东开设唐久网上大卖场，贡天下特产网将总部迁回山西运营。三是旅游服务业平稳较快发展。2013年4月省政府出台的《关于推动"美丽山西休闲游"若干措施》，决定从5月15日起全省国有及国有控股的49个A级景区实行头道门票打折优惠，并不设期限，其优惠幅度旺季为20%，淡季为40%。这一重大政策举措在全国形成广泛影响。与此同时，以"晋善晋美"为主题旅游推介活动在河北、北京、天津、陕西、河南、内蒙古、广东及香港等地开展，唱响了"晋善晋美·美丽山西休闲游"品牌。2013年旅游总收入实现2305.4亿元，增长27.2%。旅游增加值实现1174.3亿元，占GDP的7.8%。占全省第三产业增加值的比重为22.6%。四是商贸服务业快速发展。全省商务、供销系统市场体系建设进一步推进，提升了服务能力和水平。其中商务系统建成了 120 个县域物流配送中心，信息化改造了 5000 个农家店；全省供销社系统规范提升农村便民连锁商店 324 个，改造基层供销社 63 个，改造农资配送中心 33 个，改造日用消费品配送中心 48 个。2013 年，全省全社会消费品零售总额 4988.3 亿元，增长 14%，增幅居全国第三。商贸服务业增加值实现 1079.5 亿元，占 GDP 的 8.6%，增长 9.8%。五是金融业服务业强劲发展。全省金融业支持实体经济力度进一步加大，融资结构不断优化，金融体系得到进一步完善。2013 年，全省共实现各类融资 4180.01 亿元，完成全年融资计划（4100 亿元）的 102%，比 2012 年全年多增 380.06 亿元。新增贷款 1807.06 亿元，全省金融机构各项存款余额 26269.0 亿元，各项贷款余额 15025.5 亿元。六是文化产业继续保持快速增长态势。2013 年，文化领域积极推动文化产业规模化集约化发展，推动组建了体育、旅游、文博、工美四大文化产业集团；成功举办了首届山西文化产业博览交易会；进一步推进剧场和剧目的市场化运作，文化消费潜力进一步释放。其中，在 6 月 29 日~7 月 3 日举办的首届山西文化产业博览交易会招商签约金额达 730 多亿元，观展人数累计超过 20 万人次，形成了广泛的影响。七是住宿餐饮业稳步发展。2013 年全省餐饮业实现年销售额 408.6 亿元，同比增长 13.1%。通过各级各方面的努力，2013 年全省服务业增加值比重比上年提升 1.3 个百分点，达到 40.0%，达到了近十年来的最高值，提前两年达到"十二五"规划目标。全省服务业投资占全社会固定资产投资的比重为 51.9%。自 2009 年全省服务业投资比重超过 50% 以来，连续五年保持在全社会固定资产投资的半数以上。

4. 重点工程

近年来，山西省委、省政府以重点项目工程建设为抓手，带动和推进转型跨越发展取得了显著成效。2012 年，省委、省政府将这一年确定为"项目落地年"，对重点项目工程确立了储备、签约、落地、建设"四位一体"统筹推进机制，项目落地任务全面并超额完成。继 2012 年开展"项目落地年"活动后，省委、省政府决策部署将 2013 年确定为"项目推进年"，进一步推进全省重点项目工程的建设。

2013 年，在重点项目工程建设方面开展"项目推进年"活动，是 2012 年"项目落地年"活动的继续和提升。在总结 2012 年开展"项目落地年"活动经验的基础上，省委、省政府在作出 2013 年开展"项目推进年"活动决策的同时，将开展"项目落地年"活动确立的项目储备、签约、落地、建设"四位一体"统筹推进机制，完善扩充为项目储备、签约、落地、开工、建设和投产"六位一体"统筹推进工作机制。开展"项目推进年"活动，在项目储备、签约、落地、建设的基础上，又增加了开工和投产，形成了从源头到终点一个完整的链条。这是在项目建设机制上的创新之举，也是近几年的经验之结晶。重点项目按照"六位一体"推进，省委、省政府确定 2013 年全省重点项目工程的目标任务共分 6 项：重点工程签约项目投资总额达到 1.5 万亿元；储备项目总投资额动态保持 10 万亿元；落地项目投资总额达到 1.5 万亿元；开工项目投资总额达到 1 万亿元；投产项目投资总额达到 1 万亿元。其中，省级重点建设工程 4427 项，市级重点建设工程 5577 项，合计投资 1 万亿元。省级重点工程项目包括 9 大类，分别为保障性安居工程，水利基础设施，铁路项目，公路项目，文教、卫生、机场和公益建筑类，产业结构调整，电力，煤炭能源，节能减排、生态建设类。省市级重点工程建设任务，分解到 11 个市。其中，太原市的任务是推进省级重点建设工程 583 项、市级重点工程 764 项，完成投资 1347 亿元；大同市的任务是推进省级重点建设工程 467 项、市级重点工程 365 项，完成投资 832 亿元；朔州市任务是推进省级重点建设工程 453 项、市级重点工程 331 项，完成投资 784 亿元；忻州市的任务是推进省级重点建设工程 319 项、市级重点工程 401 项，完成投资 720 亿元；吕梁市的任务是推进省级重点建设工程 640 项、市级重点工程 468 项，完成投资1108亿元；晋中市的任务是推进省级重点建设工程436项、市级重点工程533项，完成投资969亿元；阳泉市的任务是推进省级重点建设工程150项、市级重点工程327项，完成投资477亿元；长治市的任务是推进省级重点建设工程517项、市级重点工程767项，完成投资1284亿元；晋城市的任务是推进省级重点建设工程233项、市级重点工程395项，完成投资628亿元；临汾市的任务是推进省级重点建设工程383项、市级重点工程594项，完成投资977亿元；运城市的任务是推进省级重点建设工程246项、市级重点工程632项，完成投资878亿元。与此同时，省属12户大型企业，即太钢集团、潞安集团、焦煤集团、同煤集团、山煤集团、晋煤集团、阳煤集团、煤销集团、能源交通集团、国际电力集团、太重集团、国际能源集团，共承担了2000亿元投资项目落地的任务。2013年2月17日，省委、省政府召开全省项目推进年动员大会，对2013年启动实施"项目推进年"活动进行了动员部署。

在"项目推进年"活动期间，为了落实任务，省委、省政府坚持和完善有关制度机制。一是建立领导联系制度。建立了省委常委、副省长每人联系一项省级重点工程，各市领导班子成员每人联系一项所在地域内的省级重点工程，各县领导班子成员建立了相应的领导联系重点工程制度。建立并深化了"一个项目、一位领导、一套班子、一抓到底"的工作机制，明确目标，责任到人。二是建立了中央企业在晋投资项目24小时直通车制度。所有在晋投资的中央企业，在项目推进过程中遇到的重大事项，24小时内即能报告至分管副省长和省长，分管副省长和有关对口推进部门在24小时内对所报事项即提出处理意见，在24小时内对所报事项予以答复。三是强化服务机制。建立了一个重大项目由一个领导、一个机构、一个工作组对口推进的服务模式。其中，中央企业在晋投资项目由一个厅局主办，其他厅局和项目所在市协助。四是强化监督检查，对各市、各企业落实情况进行"月调度、月考核、月排名"跟踪。

到2013年末，全省省市重点工程建设投资达11281.29亿元，完成年度计划112.77%，其中省级重点工程建设投资额4870.36亿元，完成年度计划110.01%。

此外，全省项目储备投资额227095.69亿元，完成年度计划224.10%；签约项目投资额26342.70亿元，完成年度计划175.06%；落地项目投资额16173.94亿元，完成年度计划107.83%；开工项目投资额11929.43亿元，完成年度计划119.29%；投产项目投资额10801.24亿元，完成年度计划108.01%。

重点工程建设，带动了全省战略性新兴产业快速成长和规模发展。太重集团煤机成套装备制造、高速列车轮轴国产化项目二期工程等竣工投产，增强了发展后劲。全省新能源发电装机新增170万千瓦，增长28%，约占全省电力总装机12.7%。全省煤层气、天然气新增管网1303公里，总里程达到7019公里，覆盖人口1200多万，煤层气抽采量达到76亿立方米，增加10%，天然气消费量达到32亿立方米，增加23%。特殊钢、LED光电、轻合金产业基地和集聚区已初具规模。太原武宿保税区封关运行，山西煤炭物流配送体系省内项目中已有8个项目基本建成并试运营，现代服务业的设施建设取得重大进展。

5. 城乡建设

城乡建设是经济建设的重要内容。2013年，全省以城镇化和交通、水利等基础设施为重点的城乡建设进一步推进。

加快推进新型城镇化建设。一是"一核（太原都市区）一圈（太原都市圈）三群（晋北中部城镇群、晋南中部城镇群、晋东南中部城镇群）"的城镇框架体系加快构建。太原城市群被列入国家城市群发展"3＋10"（"3"即京津冀、长江三角洲、珠江三角洲三大城市群；"10"即哈长、呼包鄂榆、太原、宁夏沿黄、江淮、北部湾、黔中、滇中、兰西、乌昌石10个区域性城市群）战略，成为国家重点建设的十大区域性城市群之一。以交通等基础设施互联互通为重点的太原晋中同城化加快推进。大同都市区、临汾百里汾河新型经济带、上党城镇群等加快发展。各中心城市强力扩容提质，城市容貌和人居环境专项治理，城中村、棚户区和老旧基础设施改造效果明显。二是创新体制机制，推进中心城市、大县城、重点镇建设。其中，在规划创新方面，全省11个设区市的中心城市或市辖区先行试点，实行城市规划"五规合一"，即对国民经济和社会发展、城镇规划、国土规划、产业规划、环保规划五要素进行重组和整合，统一实施，用以解决各种规划各自为政、目标抵触、内容重叠、项目重复建设以及管理分割、指导混乱等一系列问题。在户籍管理体制创新方面，放宽了城市城镇落户政策，引导非农产业和农村人口向中小城市和小城镇转移。在投融资创新方面，在全国首创了灵石县、襄垣县、武乡县3只城镇化建设基金。在破解资源地区矿镇建设的矛盾方面，在大同市同煤东周窑煤矿、朔州市中煤平朔东露天煤矿、忻州市晋能集团王家岭煤矿、太原市煤气化龙泉煤矿、吕梁市焦煤斜沟煤矿5市5矿开展"以矿建镇"试点。三是围绕建设"气化山西""净化山西"，加强城镇燃气、供热、污水和垃圾处理等市政基础设施建设和运营管理。2013年末，全省城镇燃气普及率达到84.78%，集中供热普及率达到81.5%，污水处理率达到84%，生活垃圾处理率达到65%，同比分别提高0.21、2.4、0.1、7.45个百分点；城市园林绿化新增绿地面积1612公顷，城市建成区绿化覆盖率达到37.1%、绿地率达到31.67%，同比分别提高0.63、0.13个百分点，人均公园绿地面积达到10.7平方米，同比提高0.18平方米。大同、朔州、黎城、长子、灵石、古县6个市县被命名为国家园林城市（县城），汾阳、和顺、长治县被命名为省级园林城市（县城）。到2013年末，全省城镇化率达到52.56%，比2012年提高了1.3个百分点。

调控房地产开发业发展和推进城镇保障性住房建设。2013年，全省房地产开发企业完成投资1308.6亿元，同比增长29.5%，增幅比2012年加快1.6个百分点,占全省固定资产投资的比重为12.0%,比2012年提高0.6个百分点,对全省固定资产投资的贡献率为14.8%,比2012年提高2.3个百分点,拉动全省固定资产投资3.4个百分点,比2012年提高0.6个百分点。其中,房地产开发企业住宅投资完成958.8亿元,同比增长30.3%,增幅比2012年加快10.8个百分点,占全省房地产开发投资的比重由2012年的72.8%提高到73.3%。2013年,全省房地产开发项目房屋施工面积14040.0万平方米,同比增长19.9%;全省房屋竣工面积2284.8万平方米,同比增长31.8%。在调控房地产开发业发展的同时,全省各级各有关部门进一步推进了城镇保障性住房建设。2013年,国家下达山西城镇保障性住房建设任务为新开工18万套,建成17万套。为了加快改善城镇低收入家庭住房条件,拉动投资增长,山西将任务调整为新开工23万套,建成21万套,计划投资392亿元,并启动开展了利用住房公积金贷款支持保障性住房建设试点。到年末,全省实际新开工24.2万套,建成22.1万套,分别超出国家下达任务34.5和30个百分点;完成投资542.85亿元,超出年度计划38.5个百分点。与此同时,全省各地进一步推进城市棚户区和工矿棚户区的改造。2013年新开工城市棚户区改造10.53万户、工矿棚户区改造1.99万套。截至2013年底,全省已累计开工建设城市棚户区安置房38.42万套、工矿棚户区安置房7.69万套,分别为"十二五"规划目标任务的152.9%和123.2%。

进一步加强交通基础设施建设。一是铁路工程建设继续推进。2013年,全省在建铁路项目主要有大同至西安客运专线、山西中南部铁路通道、朔州至准格尔铁路、太原枢纽西南环线、太兴铁路太原至静游段、太兴铁路静游至兴县段、吕梁至临县(孟门)铁路、黄陵至韩城至侯马铁路(山西段)、太原南站及相关工程、北同蒲韩家岭至应县增建四线、北同蒲应县至原平新建取直线等20余项,完成投资513.73亿元。年末,全省铁路营运里程达到3786.4公里。二是城乡公路建设进一步推进。2013年7

月，根据国家高速公路网规划调整新情况和山西转型跨越发展新要求，省政府对全省高速公路网规划作出新的调整，将全省高速公路网布局由原来的"三纵十一横十一环"调整为"三纵十二横十二环"，总里程达到7258公里，比原规划增加了938公里。新规划目标到2020年全面实现时，山西对外可以通过33个高速公路出省通道与周围的省份快速相通相连，对内119个县（市、区）实现县县通高速，同时实现省会到相邻省会、省会到地级市、相邻地级市之间高速公路直接连通。2013年，全省公路建设完成投资379.24亿元。高速公路在建里程达到1250公里，长治至平顺、王庄堡至繁峙、广灵至浑源3条高速公路通车运营；国省干线公路新改建工程开工924公里，完工599公里，晋城至高平一级公路改造工程竣工通车；农村公路新改建工程开工2290公里，完工2005公里；国家集中连片特困地区交通扶贫战略工程启动，争取到国家交通运输部投资18亿元，完成国省干线公路9个项目189公里，开工建设重要县乡公路改造23个项目329公里。三是民航机场建设进一步推进。2013年，全省在建的民航机场有吕梁机场、临汾机场和五台山机场，运营的机场有太原武宿机场、长治机场、大同机场和运城机场，机场建设完成投资10.4亿元。

深入推进山西大水网工程建设。山西大水网工程，是"十二五"期间山西规划建设的一项涉及面广的重大水利建设工程。该工程将以纵贯全省南北的黄河北干流和汾河两条天然河道为主线，以建设覆盖全省六大盆地和主要经济中心区的十大骨干供水体系为骨架，并通过连通工程建设，将黄河、汾河、沁河、桑干河、滹沱河、漳河六大河流及各河流上的大中型水库相连通，形成"两纵十横、六河连通，纵贯南北、横跨东西，多源互补、保障应急，丰枯调剂、促进发展"的大水网格局。2011年4月，山西大水网建设工程启动。2012年，占大水网总投资一半左右的"四大骨干工程"（东山供水、中部引黄、小浪底引黄、辛安泉供水）全面开工。这"四大骨干工程"线路总长862公里，年调水总量11.8亿立方米，最大调水量可达14亿立方米。2013年，围绕"四大骨干工程"建设，大水网建设进一步推进。"四大骨干工程"共有183个隧洞施工作业面，全年完成隧洞掘进105公里，超额完成年度任务，完成投资42.4亿元。其中，辛安泉供水供溯头水电站工程于11月29日大坝封顶，小浪底引黄板涧河水库工程于10月30日大坝截流。

扎实推进农村"五件实事"的办理。2013年初，省政府提出并承诺，用三到五年，投入400亿元，为农民群众办"五件实事"，即全面完成农村困难家庭危房改造、特困群众易地搬迁、行政村街道亮化、村级幼儿园改扩建和乡村清洁工程。按照省政府的部署，全省各级各部门积极行动，努力办事，"五件实事"的办理取得重大进展。其中，行政村街道亮化工程提前完成，其他四件全部完成序时任务。行政村街道亮化工程总投资20亿元，安装太阳能路灯36.8万多盏，涉及115个县（市、区）、1262个乡（镇）、1.8万多个村。该工程完工标志着全省行政村街道全部实现亮化，农村告别了摸黑走路的历史。到年底，计划涉及的11市106个县的10万农户的危房改造全部完成，各级财政共计补助14.775亿元，其中国家补助7.9亿元、省补助2.975亿元，市、县分别补助1.95亿元，累计完成投资31.95亿元。开展乡村清洁工程，为乡村共配垃圾收集、清运车辆等设施设备3.6万台，配备清扫保洁人员7万多名，配备乡镇监督检查人员近6000名。全年共清理农村生活垃圾235万吨，5856个村庄完成了"四堆"集中清理，2457个村庄完成了村容整饰，农村环境面貌得到明显改善。与此同时，按计划超额完成了11万特困人的易地搬迁，超额完成了546所村级幼儿园的改扩建。

6. 创新驱动

2012年10月，党的十八大作出了实施创新驱动发展战略的重大决策，把科技创新作为提高社会生产力和综合国力的战略支撑，摆在国家发展全局的核心位置。几年来，山西省委、省政府及有关部门深入实施科技创新驱动战略，加快经济发展方式转变，推进国家转型综改试验区建设。2013年，山西实施科技创新驱动战略，成效明显。

出台推进创新的重大举措与启动新一轮部省合作。2013年8月，省委、省政府制定出台《关于深化科技体制改革加快创新体系建设的实施意见》。《实施意见》对深化科技体制改革加快创新体系建设的总体要求、主要指标、主要任务、具体举措等作出全面阐述和部署。"十二五"时期的主要目标是：全社会研发经费占地区生产总值的2.2%，大中型企业平均研发投入占主营业务收入比例提高到1.5%，行业领军企业逐步实现研发投入占主营业务收入的比例与国际同类先进企业相当，科技进步贡献率达到55%左右，每万名就业人员的研发人力投入达到每年37人，全省公民具备基本科学素质的比例超过5%，煤炭与煤层气绿色高效开采及清洁高效利用关键技术与装备取得重大突破，技术合同交易额比"十一五"末翻一番。具体举措包括促进企业成为技术创新主体，鼓励和引导研发投入以企业为主、研发机构主要设在企业、发明专利分布在企业；实施一批产学研相结合的协同创新项目，组建产业技术创新战略联盟；完善公益类院所改革，深化转制类院所改革，组建产学研相结合的工业技术研究院；科学技术奖励主要面向企业；允许和鼓励高校、科研院所和国有事业、企业科技人员创办、领办或合办科技型企业，允许和鼓励高校、科研院所科研人员在完成本职工作前提下在职创业等。"十二五"末，省级财政一般预算支出中科学技术经费支出所占比例达到全国地方平均水平，设区的市、县（市、区）财政科学技术经费支出在本级财政一般预算支出中所占比例达到国家科技进步考核指标要求。2012年12月6日，国家科技部与省政府在太原举行新一轮部省工作会商会议，签署了《部省工作会商制度议定书》（2013～2018年）。国家科技部与省政府建立部省工作会商制度始于2010年9月。此后，在双方的共同努力下，2012年山西综合科技进步水平指数排位由20位提升到19位，科技促进经济社会发展指数由17位提升到

13位。新一轮部省工作会商制度议定书会商内容主要有三项：创新科技体制机制，加快区域创新体系建设；突出低碳发展，支撑山西产业转型和生态建设；推动农业及社会领域科技发展，保障和改善民生。其中2013年部省工作会商议题四项：着力推进山西科技创新城建设；着力推进"气化山西"建设工作；着力推进山西绿色、循环、低碳发展；着力推进山西新能源汽车发展。

启动并加快推进山西科技创新城建设。建设山西科技创新城，是省委、省政府为实施创新驱动发展战略、推动转型跨越发展、落实转型综改试验区总体方案而作出的一项重大决策。2013年，省委、省政府及有关部门按照政府主导、市场运作，开放合作、创新驱动，绿色低碳、生态宜居的建设原则，加快推进了山西科技创新城建设。8月20日，省政府召开第24次常务会议，专题研究了山西科技创新城建设事项，并原则通过《山西科技创新城建设总体方案》。按照规划，山西科技创新城地处太原市与晋中市榆次区之间，集聚了山西高校教育园区、榆次工业园、太原经济开发区、汾东商务区、太原高新区、晋中经济开发区、晋中国家农业科技园、新能源汽车机械装备制造园等新兴产业集群园。科技创新城核心区是创新资源积聚区、技术研发策源地、科技成果发展极。省委、省政府拟将其打造成全省科技创新的战略支点、产业转型的制高点、太原都市区建设及太榆同城化的突破口、国家综改试验区政策创新的试验田。到年末，科技创新城建设在产业布局、科研规划、征地拆迁、引进机构、开工准备等方面取得重大进展。

成功举办山西省首届"百校百企"科技合作与项目对接活动。为了深化校企合作，搭建校企科技合作平台，加速全国重点高校科技成果在山西的落地转化，推动创新驱动发展战略深入实施，2013年11月15~16日，山西省首届"百校百企"科技合作与项目对接活动在太原举行。活动期间，共有23所高校现场展示了120项高新技术成果，有18所高校现场发布了电子信息、装备制造、新材料、新能源与节能环保、生物医药、化工、现代农业等七个领域的108项最新成果,有29所高校与77家企业进行了现场签约,共达成合作项目82个(合同25个、合作协议17个、合作意向40个),项目投资额4.58亿元,技术交易额1.08亿元。

进一步加强科技创新基地建设。一是加强企业技术中心、重点实验室、院士工作站建设。2013年,山西有晋西工业集团等4家企业的技术中心升级为国家级企业技术中心;太钢集团技术中心、太重集团技术中心和天脊集团技术中心3户技术中心进入全国技术中心百强。其中,太钢集团技术中心排名全国第4位,继续保持国家级企业技术中心领先水平;太重集团排名从第12位上升到第9位,进入全国十强行列。同时,还新建省级重点实验室16家、省级工程技术研究中心7家、省级企业技术中心31家,新建院士工作站14个。二是支持特色产业等基地建设。原平煤机、永济电机、太原钕铁硼材料、大同医药等6个产业基地升级为国家级火炬计划特色产业基地。三是加强科研中试基地建设。全省科研中试基地建设共投入专项资金1700余万元,共安排项目14项,其中省属转制科研院所中试基地建设项目12项,省属公益科研院所中试开发项目2项。建设项目领域涉及化工、建材、冶金、机电、陶瓷、电子、食品加工、生物技术、中医药等领域,行业门类覆盖全省主要支柱产业。四是组建产业技术创新战略联盟(试点)。2013年,组建了煤机装备、新能源锂电、桑产业3个产业技术创新战略联盟(试点)。

进一步引进高端人才和增强人才对科技引领作用。2013年,继续实施和推进引进海外高层次人才"百人计划",引进海外高层次人才62名。山西省海外高层次人才座谈会暨第六批"山西特聘专家"颁证仪式在太原举行。从2009年开始,山西实施引进海外高层次人才"百人计划",截止到2013年末已先后6批引进人才达到197人。2011年11月启动实施"三晋学者"支持计划,于2013年落地,16名教授和专家成为首批"三晋学者"特聘教授（专家）。与此同时，2013年还选拔出省级学术技术带头人202名、新兴产业领军人才64名。

2013年，山西R&D经费投入总额132.3亿元，比2012年增长16.7%，投入强度达到1.09%。获得国家科学技术奖5项，争取国家科技项目资金约5亿元。全年专利申请量18859件，比2012年增长12.3%。

7. 经济特区

经济特区，是指山西境内国家和省开辟建立的高新技术产业开发区、经济技术开发区、经济开发区、工业园区等享受特殊政策的区域。自1991年太原高新技术产业开发区创办以来，到2013年末山西境内共有国家级、省级开发区25个，规划面积合计241.57平方公里。11个地级市每个至少拥有1个开发区。25个开发区全省分布情况是：太原市5个，即太原高新技术产业开发区、太原经济技术开发区、太原民营经济开发区、太原不锈钢生态工业园区、清徐经济开发区；大同市1个，即大同经济技术开发区；朔州市1个，即朔州经济开发区；忻州市1个，即忻州经济开发区；阳泉市1个，即阳泉经济开发区；吕梁市3个，即孝义经济开发区、文水经济开发区、交城经济开发区；晋中市3个，即晋中经济技术开发区、榆次工业园区、祁县经济开发区；长治市2个，即长治高新技术产业开发区、壶关经济开发区；晋城市1个，即晋城经济技术开发区；临汾市2个，即临汾经济开发区、侯马经济开发区；运城市5个，即运城经济开发区、运城空港经济开发区、运城盐湖工业园区、绛县经济开发区、风陵渡经济开发区。其中，太原高新技术产业开发区、太原经济技术开发区、大同经济技术开发区、晋中经济技术开发区、晋城经济技术开发区5个为国家级开发区。

2012年，25个开发区地区生产总值1475.33亿元，占全省12112.8亿元的12.18%；固定资产投资644.47亿元，占全省9176.3亿元的7%；税收收入146.11亿元，占全省1045.2亿元的14%；外贸进出口42.84亿美元，占全省150.4亿美元的28.5%，增长率22.5%；实际到位外资12.74

亿美元，占全省 25 亿美元的 50.96%。

2013 年，山西 25 个开发区以经济转型为主线，以项目推进为抓手，发展壮大高端产业，继续引领全省经济的发展。

运城、晋城、阳泉三市开发区试点"飞地经济"。所谓"飞地经济"，是指两个独立、经济发展存在落差的行政地区打破原有体制限制，把"飞出地"的资金和项目放到行政上互不隶属的"飞入地"的工业基地，通过规划、建设和税收分配等合作机制进行跨空间的行政管理和经济开发，实现两地资源互补、互利共赢的经济发展模式。为了对接长三角、珠三角等发达地区，承接飞出地产业转移，2013 年，省委、省政府决策部署先行在运城、晋城、阳泉三市按照"飞地经济"发展模式，各建设一个"飞地经济"园区，探索"政府主导、市场运作、互利共赢、组合发展"的飞地经济发展路子。经过制度体制创新，三市开发区与长三角、珠三角地区开展了共建、托管、BOT 等形式的合作，取得重要进展。运城空港经济开发区与深圳包装联合会合作建设"中国国际印刷包装城"项目，一期占地 1 万亩、投资 200 亿、引进 304 家企业，计划 2015 年上半年建成。运城空港经济开发区与深圳家具行业协会共同建设"中国运城—深圳家具产业园"项目，投资 580 亿元，占地 2 万亩，入驻企业 300 家（其中家具行业百强企业 20 家）。运城空港经济开发区与浙江义乌小商品城集团联合打造"运城义乌国际商贸工业园"项目，投资 185 亿元，占地 3650 亩，总建筑面积 290 万平方米，可提供就业岗位 5 万个。晋城富士康科技工业园 A 区项目完成全年 30 亿元投资，并全面投产。晋城高平市新能源科技创新园和上海市嘉定工业区建设山西（高平）国际汽车城项目，总投资 26 亿元，由上海嘉定工业区投资，完成项目选址的实地考察，落实土地 800 亩。阳泉市山西天元绿环科技有限公司与浙江慈溪 5 家主要家电制造龙头企业合作建设天元浙晋绿色家电循环经济产业园区项目，总占地面积 1000 亩，投资 21.5 亿元，年产"白色家电"1500 万台，将填补山西家电制造的空白。

第二篇　发展现状

太原高新技术产业开发区，是山西唯一的国家级高新技术产业开发区。2013年，该区在招商引资、构建金融服务平台、招才引智等方面取得新进展。其中，引进企业473家，注册资金总额达41.47亿元；构建多层次金融服务平台，成立了规模为4亿元的信息安全产业专项基金，设立了研发专项基金，与建行等银行合作开展了"助保金贷款"业务；加快院士工作站和博士后工作站建设，成立了3家院士工作站、8家企业博士后科研工作站，4人新入选国家"千人计划"，15人新入选省"百人计划"，新引进8名"千人计划"人才；太原留学人员创业园升级为"国家国际科技合作基地"，吸引了来自美国、英国、德国等国家和地区的留学人员208人，创办企业144家。2013年，该区科工贸经济进一步发展，总收入上千万元企业达到349家，比2012年增加63家，实现科工贸总收入1604.8亿元，同比增长8.9%；实现工业总产值1380.3亿元，同比增长9.0%；实现地区生产总值389亿元，同比增长3.7%；实现利税78.4亿元，同比增长6.4%；实现区级财政收入16.87亿元，同比增长4.4%。全区入区企业地区生产总值占太原市GDP总量的比重为16.1%，区域经济的辐射和带动作用进一步增强。

2013年，全省25个开发区发展速度明显加快，各项主要经济指标创造了历史最好水平，在引领全省经济的发展方面发挥了积极作用。全省25个开发区在仅占全省1.54‰的国土面积上，共实现地区生产总值1551.22亿元，同比增长13.43%；财政收入184.27亿元，同比增长39.39%；工业总产值3637.13亿元，同比增长11.30%；工业增加值1119.75亿元，同比增长11.41%；高新技术产业增加值433.90亿元，同比增长40.21%；固定资产投资960.02亿元，同比增长52.56%；外贸进出口总额59.97亿美元，同比增长27.11%；实际利用外资16.98亿美元，同比增长65.74%；实际引进境内省外投资额950.81亿元，同比增长75.68%。25个开发区地区生产总值占全省的12.3%，财政收入占全省的10.8%，固定资产投资占全省的8.5%，外贸进出口总额占全省的37.9%，实际利用外资占全省的60.4%。

二 政治建设

2013年，在党中央的正确领导下，中共山西省委高举中国特色社会主义伟大旗帜，以邓小平理论、"三个代表"重要思想、科学发展观为指导，认真学习习近平总书记一系列重要讲话，深入贯彻党的十八大和十八届一中、二中、三中全会精神，以党的建设为统领，统揽全局，统筹各方，在坚持和完善中不断推进中国特色社会主义民主政治建设。

1. 党的建设

2013年，中共山西省委按照中央的部署，坚持党要管党、从严治党的要求，不断加强和改进党的建设，着力提高党的建设科学化水平。

扎实推进学习型党组织建设。各级党委（党组）中心组以多种形式，不断深化对党的十八大、十八届三中全会精神和习近平总书记系列重要讲话精神的学习；全省各类干部学习培训活动广泛开展。全年，省委中心组举行了14次集体学习；各类培训班培训干部近4万人。其中，党的十八大后全省2400多名省管领导干部和县（市、区）长全部参加了十八大精神专题培训，省管主要领导干部全部参加了学习习近平总书记系列重要讲话的专题培训。

深入开展党的群众路线教育实践活动。按照中央的部署，从2013年7月上旬开始到年底，省委带头并加强领导，统筹组织和安排部署4个省级领导班子、83个省直机关单位、22个省属事业单位、14家省属骨干企业、40所省管高校共163个部门和单位作为第一批教育实践活动参加部门和单位，深入推进和开展了党的群众路线教育实践活动。163个单位共有1386名厅级以上领导干部、2.4万名县处级领导干部、37.4万名党员参加了教育实践活动。在整个教育实践活动中,各个部门和单位紧紧围绕为民务实清廉的主题,按照"照镜子、正衣冠、洗洗澡、治治病"的总要求,聚焦解决"形式主义、官僚主义、享乐主义和奢靡之风"的"四风"问题,把解决突出问题、整风精神、领导带头、制度建设、开门搞活动贯穿始终,对作风之弊、行为之垢进行了大排查、大检修、大扫除,取得了改进作风的显著成效,同时也取得了解决一批重大民生问题的积极成效。

切实加强领导班子和干部队伍建设。适应转型综改区建设需要,采取全委会定向推荐和非定向推荐、"两推两议两差额"、领导署名推荐与民主推荐相结合等办法,选配了一批市厅级领导干部,补充了空缺职位。坚持重视基层的用人导向,选拔330名优秀大学生村官到乡镇任副职,充实了乡镇领导班子。加强实施年轻干部成长工程,从省、市、县直属机关选派近千名年轻干部到农村担任"第一书记";选派41名中青年干部到综改试点县、省信访局、省证监局挂职锻炼;组织省直单位、本科高校与地方、国有企业开展年轻干部双向挂职。集中整治了买官卖官、跑官要官、档案造假、违规破格提拔等问题,专项清理了各级机关事业单位借用人员的问题,治理了党政领导干部"走读"现象,制定省级领导秘书配备、管理、安排暂行规定。

加强基层党组织和党员队伍建设。一是实施市委书记抓基层党建述职制度,完善"联述联评联考"工作机制。2013年12月4日,省委召开市委书记、工(党)委书记抓基层党建工作专项述职会议,11个市的市委书记分别述职,省直机关工委、省高校工委、省国资委党委、省国防科技工业党委、省非公经济组织工委书记书面述职,并对他们抓基层党建工作进行了民主测评。二是延伸对农村(社区)"领头雁"培训计划,培训农村(社区)"两委"干部和骨干党员24万余名。三是开展了乡镇党代会年会制、党代表工作室和在职党员到社区党组织报到试点工作。其中,在此前全省试点党代表常任制的11个市的12个县(区),即太原市迎泽区、大同市矿区、阳泉市郊区、长治市长治县、晋城市阳城县、朔州市右玉县、忻州市静乐县、吕梁市石楼县、晋中市榆次区与和顺县、临汾市曲沃县、运城市夏县,开始试行乡镇党代会年会制;在2012年晋中市榆次区试点党代表工作室的基础上,将党代表工作室建设试点扩大到了晋中市所属11个县(市、区)和太原市迎泽区、大同县、右玉县、岢岚县、石楼县、阳泉市城区、襄垣县、阳城县、曲沃县、新绛县10个县(区)。四是加强和改进党员队伍建设。坚持严把入口、畅通出口,合理确定党员发展数量,重视从青年工人、农民、知识分子中发展党员;探索处置不合格党员机制,保持党员队伍的纯洁性。五是改进选聘方式,新选聘了470名大学生村官。

推动干部联系群众常态化。2~4月,全省集中开展了以"访民生、知民情、解民事"为主要内容的领导干部集中走访活动,实现了省市县四大班子全员参加,县乡村三级全面覆盖。35名省级领导干部走访覆盖了所有县(市、区),376名市级领导干部走访覆盖了所有乡镇(街道),3812名县级领导干部走访覆盖了所有村(社区)。全省各级领导干部走访农户147624户、召开座谈会31088次,收集意见建议72449条,帮助当地解决实际困难34186个、提出合理化建议44307条。为了巩固活动成果,制定了《领导干部"访民生、知民情、解民事"集中走访制度》,推动领导干部直接联系群众、服务群众工作常态化。

推进和深化党风廉政建设。一是认真贯彻中央"八项规定"。党的十八大后,中央政治局作出了《关于改进工作作风、密切联系群众的八项规定》。贯彻中央"八项规定"精神,中共山西省委、省政府于2012年末到2013年初作出了《关于改进工作作风、搞好调查研究的实施办法》《关于改进工作作风、精简会议活动和文件简报的实施办法》《关于改进工作作风、规范新闻报道的实施办法》《关于厉行勤俭节约、反对铺张浪费的实施办法》,通称"四项实施办法"。全省各级各部门认真贯彻中央"八项规定"和省委"四项实施办法",以强有力的措施改进党风政风,对违反规定的行为"零容忍",发现一起、查处一起,及时通报曝光。全年全省纪检部门共查处违反中央八项规定精神和省委"四个实施办法"问题1115个,处理违规违纪人员1263人。二是深入开展专项治理。在全省党政机关、团体、事业单位开展了"清退会员卡"工作,开展了治理公款吃喝、私客公待、机关干部相互宴请等"吃喝不正之风",开展了清理违规用车、停建楼堂馆所和清理办公用房工作,开展了治理节庆日公款送节礼、公款旅游、铺张浪费等不正之风。其中,全省清退违规车辆3160辆,停工290个在建楼堂馆所项目,清退超标办公用房64.8万平方米。三是严肃查处大要案件和发生在群众身边的腐败问题。全年全省各级纪检监察机关立查案件10890件,结案10879件,处分违纪党员干部11879人,其中市厅级26人、县处级336人。

截至2013年底,全省党员总数达到237.6万名,比上年度增加4.24万名,其中2013年发展党员5.7万名;基层党组织共有12.52万个,其中基层党委0.46万个,党总支0.68万个,党支部11.38万个。其中党员结构比例为女党员占21.2%;大专以上文化程度党员占36.9%;35岁以下青年党员占22.8%;农牧渔民党员占33%;企事业单位管理人员、专业技术人员和工人党员占34%;党政机关党员占9%;学生党员占1.4%;离退休党员占17.4%;其他党员占5.2%。

2. 民主法制

2013年,在中共山西省委的领导和支持下,省人大及其常委会围绕全省中心工作依法行使职责,民主法制建设在继承中发展、在实践中创新。

省十二届人大第一次会议成功召开。2013年1月23~30日,省十二届人大第一次会议在太原召开,会议应出席代表552人,实出席547人。会议审议并表决通过代省长李小鹏关于政府工作的报告;审查并表决通过省政府关于山西省2012年国民经济和社会发展计划执行情况与2013年国民经济和社会发展计划（草案）的报告；审查并表决通过省政府关于山西省2012年全省和省本级预算执行情况与2013年全省和省本级预算（草案）的报告；审议并表决通过省人大常委会常务副主任申联彬关于山西省人民代表大会常务委员会工作的报告；审议并表决通过省高级法院院长左世忠关于山西省高级人民法院工作的报告；审议并表决通过省检察院检察长杨司关于山西省人民检察院工作的报告。会议选举产生新一届省级国家机关。选举袁纯清为省第十二届人大常委会主任，李政文、牛仁亮、周然、安焕晓（女）、张茂才、田喜荣为副主任，李仁和为秘书长；选出省第十二届人大常委会委员57人；通过了省人大法制委员会、内务司法委员会和财政经济委员会三个专门委员会组成人员名单。选举李小鹏为省长，高建民、杜善学、张建欣（女）、任润厚、郭迎光、王一新、张复明为副省长。选举左世忠为省高级人民法院院长。选举杨司为省人民检察院检察长，由省人民检察院报经最高人民检察院检察长提请全国人民代表大会常务委员会批准。会议还选出出席第十二届全国人民代表大会的代表70名。

健全立法机制和推进立法。一是公开征集立法建议和开展广泛调研，编制了《山西省十二届人大及其常委会五年立法规划》。省人大常委会法工委于3月间专门向社会公开征集了五年立法建议项目。编制的《山西省十二届人大及其常委会五年立法规划》，规划立法项目73件。二是加快推进立法。制定、修改和废止全省性地方性法规9件，审查批准太原、大同两市地方性法规8件。其中，制定、修改和废止的全省性地方性法规是：制定5件，即《山西省实施〈中华人民共和国国防动员法〉办法》（2013年10月1日起施行），《山西省信息化促进条例》（2013年10月1日起施行），《山西省森林公园条例》（2013年10月1日起施行），《山西省发展中医药条例》（2013年10月11日起施行），《山西省志愿服务条例》（2014年3月1日起施行）；修改3件，即《山西省人民防空工程建设条例》（2013年4月1日公布之日起施行），《山西省高速公路管理条例》（2014年1月1日起施行），《山西省实施〈中华人民共和国道路交通安全法〉办法》（2013年9月1日起施行）；废止1件，即废止《山西省暂住人口治安管理条例》。

加强对"一府两院"的监督。专题审议省政府及其部门、省高级人民法院、省人民检察院的工作报告，其中包括省政府关于教育改革发展规划纲要实施情况的报告、关于财政科技经费投入使用情况的报告、关于省本级财政资金支持企业转型发展情况的报告、关于全省信息化建设情况的报告、关于《中华人民共和国行政复议法》实施情况的报告、关于全省公安机关执法规范化建设、关于全省农机工作情况的报告、关于保障饮用水安全工作情况的报告、关于全省民族工作情况的报告、关于2012年省本级预算执行审计查出问题的整改报告等，省高级人民法院关于省十二届人大一次会议以来代表建议、批评和意见办理情况的报告，省人民检察院关于省十二届人大一次会议以来代表建议、批评和意见办理情况的报告。此外还专题审议了省发改委关于山西省"十二五"规划《纲要》实施情况中期评估报告。

开展专项执法检查和重大事项检查。6~7月，省人大检查组赴省司法厅、省国土资源厅、省环境保护厅、省住房和城乡建设厅、省交通运输厅、省国资委6个厅局，长治、吕梁、阳泉、朔州、晋城5个市等，对《山西省预防职务犯罪工作条例》（以下简称《条例》）在全省的贯彻实施情况进行了检查。7月，省人大视察组先后赴吕梁、晋中和太原3市及所属5县区，对全省教育改革发展规划纲要（2010~2020年）实施情况进行了视察、检查。9~10月，省人大检查组赴太原、晋中、阳泉、吕梁、临汾、运城6个市及20余个基层单位，对全省贯彻实施《中华人民共和国安全生产法》的情况进行了检查。

3. 政治协商

2013年，在中共山西省委的领导和支持下，省政协及其常委会全面贯彻中共十八大和十八届二中、三中全会精神，认真履行政治协商、民主监督、参政议政职能，积极建言献策、汇聚力量，各项工作取得新进展。

省政协十一届一次会议成功召开。2013年1月22~28日，省政协十一届一次会议在太原召开，会议应出席委员586人，实出席562人。会议审议并表决通过薛延忠代表省政协常委会作的工作报告，审议并表决通过了关于省政协十一届一次会议提案审查情况的报告、关于政协山西省委员会常务委员会工作报告的决议、政协第十一届山西省委员会第一次会议政治决议。会议期间，与会委员通过大会发言、小组讨论、联组会议和提案、社情民意信息等多种方式，围绕山西省转型跨越发展、全面建设小康社会积极建言献策，切实履行职能，共收到提案838件，经审查立案714件；与会委员还列席了省人大十二届一次会议，认真听取和讨论了政府工作报告及其他报告。会议选举产生新一届省政协领导机构。选举薛延忠为省政协第十一届委员会主席，李雁红、令政策、卫小春、刘滇生、王宁、朱先奇、李悦娥、张友君为副主席，阎根生为秘书长，马天荣等100人为政协常务委员。

积极建言议政。一是省政协安排多次常委会议、专题会议，就全省发展非公有制经济、加快转型综改试验区建设、引导社会资本投资现代农业、健全城乡社会保障体系、改进工作作风等重大事项，集中进行了协商议政。二是省政协各相关专业委员会发挥优势和特长，就应对经济风险、发展循环经济、防治大气污染、深化煤炭资源税改革、推进革命老区公共文化体系建设、增强青少年体质等问题，开展了深入调研，提出了建言报告。全年，省政协及委员们的多个议政建言，如破解非公企业"准入难"和"融资难"等问题的建议，突出创新驱动、强化要素支撑、推进转型综改试验区建设的建议,坚持规划、政策、服务"三位一体"引导社会资本投资特色现代农业的建议,提高社会保险参保率和社会保障标准的建议,受到省委、省政府高度重视,有些已转化为党政推进科学发展、增进群众福祉的实际举措。

巩固和发展统一战线。在巩固统一战线共同思想基础方面,举办了全省统一战线学习习近平总书记系列重要讲话专题培训班,开展了"争当新晋商,转型做贡献"理想信念教育等活动。在密切党与党外人士联系方面,建立和完善了有关与民主党派和无党派人士联系沟通制度,省级党政领导与知名党外人士联谊结对交友实现常态化。省政协发挥联系面广的优势,进一步加强了与港澳台同胞的团结联谊,增进了与西欧、南美国家相关组织的友好往来。

4. 政府改革

政府行政管理体制改革,是一个不断适应经济社会发展变化要求而转变职能的过程。2013年,根据国家的部署和要求,山西政府部门行政管理体制改革在一些领域不断推进和深化,取得积极成效。

改革行政审批制度。2012年初,省政府出台《关于深化行政审批制度改革,促进政务服务便捷高效的实施意见》。经过一年时间对省本级行政审批项目的梳理和清理,2013年1月15日省政府第118次常务会议决定:取消、调整460项省本级行政审批项目,省本级保留实施的行政审批项目减至269项,其中行政许可项目259项,非行政许可10项。与此同时,对保留的省本级行政审批项目进行了流程优化,对每个审批项目的设定依据、实施部门、受理方式、申请材料、办理环节、办理时限、收费依据、监督等内容作出明确规定,全部完成流程再造,使审批时限平均比原来缩短了30%。为了强化监督,审批项目还全部纳入了省惩防体系信息网电子监察平台,对审批行为进行实时监察,实现了阳光审批。省政府这次取消、调整行政审批项目,是自2001年以来的第11次。在此之前,已先后

10次发文取消调整了1521项行政审批项目。经过此次精简后,山西保留实施的省本级行政审批项目减至269项。此后,省政府于7月在承接国务院下放19项行政审批项目的同时,又取消行政审批项目7项;于10月再次取消下放和调整减少70项行政审批事项。与此同时,各市对行政审批制度的改革也与省级改革同步跟进。经过改革,大部分市的行政审批项目减少到100~150项,部分市的行政审批项目减少到90项以下。通过对行政审批事项的清理和流程再造,全省政务环境、投资环境明显优化。

深入推进政府信息公开。2013年8月26日,省政府办公厅制定印发了《山西省人民政府办公厅关于贯彻落实国务院办公厅当前政府信息公开重点工作安排的通知》,重点推进了行政审批信息、财政预决算和"三公"经费信息、保障性住房信息、食品药品安全信息、环境保护信息、安全生产信息、价格和收费信息、征地拆迁信息、高校招生和高校财务信息等政府信息的公开。截至2013年底,全省和省本级2013年财政预算已全部公开;120个省级一级预算部门除去13个涉密部门外,有94个公开了部门预算,92个公开了"三公经费"预算;省本级2012年财政决算和"三公经费"支出数已全部公开;省本级有89个部门公开了2012年部门决算,95个部门公开了2012年"三公经费"支出数;全省11个市已全部公开本市政府总预算,119个县(区、市)中115个县(区、市)公开了县级财政预算。

改革食品药品监督管理体制。2013年6月9日,省政府下发《全省食品药品监督管理体制改革工作方案》,对全省食品药品监督管理体制改革工作作出部署。改革的措施主要是:对省、市、县三级原食品药品监管部门全部职能、卫生部门的食品安全综合协调职能以及工商行政管理部门、质量技术监督部门的食品安全监管和药品管理职能进行整合,组建新的食品药品监督管理机构,对食品药品实行统一监管。其中,县级食品药品监督管理机构按区域设立食品药品监管派出机构;在农村行政村和城镇社区设立食品药品监管协管员。截止到2013年底，完成省级层面食品药品监管体制改革，组建了山西省食品药品监督管理局；除太原、吕梁外，其他9个市级层面改革基本到位；县级层面改革也陆续推进。根据改革方案和要求，全省体制改革到位后，省级食药监部门增加行政编制19名、事业编制49名，市级增加行政编制93名、事业编制198名，县级增加行政编制454名、事业编制950名，乡镇设食品药品监管站888个、增加事业编制6024名，全省增加编制约7800名，增幅达192.3%，全省食药监系统队伍将达到11876人，其中县、乡两级监管队伍占到全系统的82%，真正形成省、市、县、乡四级正金字塔式的队伍规模。

试点工商登记制度改革。2013年12月1日起，全省32个县（市、区）正式启动工商登记制度试点改革。32个县（市、区）区涵盖省级综改试验县、扩权强县试点县（市）和太原市6个城区。32个县（市、区）分别是：太原市8个县（市、区），即尖草坪区、迎泽区、小店区、杏花岭区、万柏林区、晋源区、清徐县、古交市；大同市2个县，即灵丘县、阳高县；朔州市3个县（区），即山阴县、怀仁县、平鲁区；忻州市2个县（市），即保德县、原平市；阳泉市3个县（区），即盂县、平定县、郊区；晋中市2个县（市），即灵石县、介休市；吕梁市2个县（市），即柳林县、孝义市；长治市3个县（市），即襄垣县、长治县、潞城市；晋城市2个县（市），即阳城县、高平市；临汾市2个县（市），即洪洞县、侯马市；运城市3个市（区），即河津市、永济市、盐湖区。其中11个属于省级综改试验县（市、区），即太原尖草坪区、大同灵丘县、朔州平鲁区、忻州原平市、晋中灵石县、吕梁孝义市、阳泉郊区、长治潞城市、晋城高平市、临汾侯马市、运城盐湖区；22个属于扩权强县试点县（市），即清徐县、古交市、灵丘县、阳高县、山阴县、怀仁县、原平市、保德县、孝义市、柳林县、介休市、灵石县、盂县、平定县、襄垣县、长治县、高平市、阳城县、洪洞县、侯马市、河津市、永济市。试点改革实行与负面清单管理模式相匹配的认缴登记制，包括四个方面的内容。一是公司注册资本实行认缴登记制。公司登记时只登记股东认缴的出资总额或者发起人认购的股本总额（即注册资本），不再收取验资证明文件，不再登记实收资本。法律法规对公司注册资本实缴登记另有规定的，由相关许可部门或主管部门对其实收资本进行查验。二是放宽公司注册资本登记条件。除法律、法规另有规定外，取消有限责任公司最低注册资本3万元、一人有限责任公司最低注册资本10万元、股份有限公司最低注册资本500万元的限制；不再限制公司设立时股东（发起人）的首次出资比例和缴足出资的期限。三是放宽市场主体住所（经营场所）登记条件。按照方便注册和规范有序的原则，申请人提交住所（经营场所）合法使用证明即可予以登记。允许一个地址登记多个市场主体。四是年检制度改为年报制度。改企业年度检验制度为企业年度报告制度，企业按规定在山西省工商局门户网站自主申报，企业相关信息透明化。企业年报信息任何单位和个人均可查询。工商行政管理部门按照公平规范原则实施抽查。实行与负面清单管理模式相匹配的认缴登记制。

5. 基层民主

农村村民自治，城市居民自治，企事业单位职工民主管理，是发展基层民主的重要内容。2013年，山西农村村民自治、城市居民自治、企事业单位职工民主管理在相关领域取得积极进展。

推进"阳光农廉网"网络体系建设和规范运行。通过"阳光农廉网"及时将涉及农村的事、农民的事、农业的事放到互联网上公开，让农民知情、让农民参与、让农民监督、让农民管理。惠农项目、资金、补贴实现全程公开。"阳光农廉网"的建设，2009年发端于运城，后来推广普及全省，并于2011年7月初步形成省、市、县、乡、村五级网络体系，成为信息时代破解村务公开难题和推进村务公开的重要举措。2012年7月，全国村务公开民主管理工作会议在运城召开，与会代表学习了运城和山西建设

"阳光农廉网"、推进村务公开民主管理的经验和做法。

推进和完善城市社区"网格化"管理与"三有一化"建设。"网格化"管理，是通过将社区划分为若干网格，在网格上同步建立党组织，对每一网格实行全方位、扁平化、联动式的动态管理，并配置相应的服务团队，为社区群众提供多元化、精细化、个性化的服务，做到网格全覆盖、服务零缝隙。"三有一化"建设，是社区有人管事、有钱办事、有地议事和社区党建工作区域格局化。

深化创新厂务公开民主管理和推进企事业单位建立工会组织。2012年4月，山西省委、省政府出台《关于进一步深化创新厂务公开民主管理工作的意见》，对全省厂务公开民主管理的组织领导及责任制度、各企事业单位的公开基本形式和主要内容等都作了详细规定，进一步规范了厂务公开民主管理工作，为推进全省厂务公开民主管理工作提供了新的政策支持。2013年3月，省总工会制定下发《关于进一步规范职工代表大会审议内容的指导意见》，对职代会审议内容作出进一步规范，进一步从形式上拓宽职工代表民主参与企事业单位管理的渠道和途径。与此同时，为加强企业的党风廉政建设，省纪委、省国资委及有关企业加快推进了"山西企廉网"的建设。"山西企廉网"建成后，企业的"三重一大"决策、党务、企务等各类信息上网公开，对于创新企业公开民主管理具有重大意义。长治市近年来在推进企业民主管理工作方面富有成效，全国工会于2013年4月在长治市召开了推进企业民主管理工作现场会，学习长治与山西的经验。在推进企事业单位建立工会组织方面，2013年全省有21300多家企业新建立工会组织，新发展企业会员29万多。截至年底，全省工会组织发展到59145个，覆盖法人单位169440个，工会会员达7715293人。

6. 法治建设

法治建设，是落实依法治省战略的具体体现。2013年，山西依法治省进一步加强和推进，"法治山西"建设的相关工作取得新进展。

出台推进法治建设重大举措。2013年5月，中共山西省委办公厅、省政府办公厅印发《关于加强诚信建设全面推进依法治省的意见》，从夯实法治山西的道德基础方面，提出了推进政务诚信、商务诚信、社会诚信、司法公信和全省信用体系建设的目标、任务和要求。其中，推进政务诚信建设，主要以建设法治政府为目标；推进商务诚信建设，主要以企业信用建设为重点；推进社会诚信建设，主要是贯彻落实《公民道德建设实施纲要》，强化公民诚信道德建设；推进司法公信建设，主要是深化司法体制和工作机制改革，确保法律的正确实施；推进全省信用体系建设，主要以特许行业从业人员、企业法人代表、高级管理人员、国家公职人员、高级专业人员、会计人员以及高等院校在校生等特定对象为重点，建立从业经历、信贷消费、不良记录等为内容的个人诚信信息数据库和信用评价体系，促进行业的守信自律。2013年7月，中共山西省委、省政府出台《关于深化法治山西建设的实施意见》，结合党的十八大对法治建设提出的一系列新要求、新部署，对法治山西建设提出了操作性比较强的工作部署，重点围绕依法执政、科学立法、严格执法、公正司法、全民守法五大方面提出具体落实措施。同月，中共山西省委依法治省领导组出台《山西省依法治理示范单位创建管理办法》，对全省各级党政机关、人民团体、企事业单位和村（社区）等基层单位创建省级依法治理示范单位和省级依法治理标兵单位的工作作出具体规定。

完善依法治省的领导机制和工作体制。省委重新构架了依法治省的领导机制，确定省委政法委书记任依法治省领导组常务副组长，增补政府分管法制的副省长、人大分管立法的副主任为副组长，并对领导组副组长和成员单位进行了调整；为依法治省领导组办公室增设了专职副主任，增配省委政法委分管副书记、省人大法制委主任委员、省政府法制办主任为兼职副主任。同时，在省级建立和完善了推进法治山西建设"1+6"工作体制。"1+6"工作体制是："1"为省委依法治省领导组办公室，"6"为省人大法工委、省法制办、政法委、省工商局、省民政厅、省司法厅分别牵头的地方立法、依法行政、公正司法、依法经营、基层民主、普法依法治理6个专项联席会议机制；在省委依法治省领导组办公室的总协调下，6个专项联席会议构架起了以项目化管理、任务明确、职责清晰、分工合理、运转有序的工作格局和责任体系。全省11个市和大部分县（市、区）也建立相应的推进依法治市、县（市、区）建设的"1+6"工作体制机制，形成了上下联动、协调有力、高效运转的工作格局。

推进司法公开。全省法院系统的"司法公开示范法院"建设和司法公开信息化建设深入推进。在"司法公开示范法院"建设方面，此前，太原中院和长治县、河津市、孝义市、洪洞县、忻府区法院6个中基层法院被确定为全国"司法公开示范法院"，2013年初，大同市矿区、朔州市城区、晋城市城区、阳泉市城区、祁县和太原铁路运输法院6个基层法院确定为全省"司法公开示范法院"。在司法公开信息化建设方面，截止到2013年11月，省高级法院、12个中级法院、122个基层法院全部建成开通官方网站和官方微博。其中，太原市迎泽区法院和太原市中级法院在全省基层法院、中级法院首次实现微博直播庭审，有效扩展司法公开工作的内涵和外延。在此基础上，2013年末，全省法院系统又全面启动了公开审判流程、公开裁判文书和公开执行信息的三大平台建设。全省检察院系统启动并深入开展了"阳光检察"活动。"阳光检察"以开门评检、检察开放日等活动为载体，以检察门户网站为平台，全面推行检务公开；除法律规定保密的情况外，及时公开执法办案的依据、程序、流程和结果，提高透明度。全省各级检察院普遍建立了综合性检务大厅，为群众和律师提供"一站式"服务。

严明公正司法。2013年，全省各级法院、检察院严明公正司法，依法严惩了各类犯罪，依法维护了人民群众的合法权益。全省各级检察院在依法行使刑事司法检察权方面，共批准逮捕各类犯罪嫌疑人17834人，提起公诉29064人；在遏制和减少职务犯罪方面，共查办各类职务犯罪1349件1829人，追缴赃款3.6亿元，其中查办县处级以上领导干部要案80人（含厅局级7人）。各级检察院在依法严厉打击犯罪活动的同时，全面贯彻宽严相济的刑事政策，不批捕3902人，提出变更强制措施建议1552人；进一步完善和落实检调对接机制，办理刑事和解案件663件，民事申诉和解案件759件。全省各级法院在依法行使司法审判权方面，共受理各类案件241724件，审执结230338件，审限内结案率99.76%，结案标的额292.45亿元。其中，共审结一审刑事案件22425件，判处罪犯28522人；共审结各类一审行政案件1296件；共审结各类一审民商事案件134725件，同比上升19.87%，涉案标的达147.08亿元。各级法院在民事、行政审判中，进一步加大了涉诉矛盾源头化解力度，对征地拆迁、劳动保障、医患关系、交通事故、环境污染等重点领域多发性纠纷，实现与多元纠纷解决机制的有效对接，促进矛盾的实质性解决。各类案件一审服判息诉率达到89.13%。

三 文化建设

2013年，山西省委、省政府及有关部门围绕"文化强省"建设的战略目标，进一步加强和推进全省文化建设的各项工作，取得显著成效。

1. 价值构建

构建社会主义核心价值体系，积极倡导和培育富强民主文明和谐、自由平等公正法治、爱国敬业诚信友善的社会主义核心价值观，是社会主义文化建设的根本内容。2013年，全省各级党委、政府及有关部门在推进文化建设的进程中，采取丰富多彩、扎实有效的措施，深入推进了社会主义核心价值体系建设和核心价值观的培育。

凝练概括形成"山西精神"的表述语并大力弘扬践行。山西历史悠久,人文荟萃,是华夏文明的主要发源地。在几千年的历史发展中,山西人民创造和积淀形成了具有区域文化特色的人文精神。为推动社会主义核心价值体系建设和培育核心价值观,2012年1月1日启动了"山西精神"表述语的征集提炼活动,此后历时一年,经过社会征集、专家初评、群众投票、征求意见、完善提炼、报请省委批准等环节,其表述语于2012年12月31日最终确定并发布。"山西精神"的表述语,即"信义、坚韧、创新、图强"八字。"信义"即明礼诚信、舍生取义。以"信"为做人之本,以"义"为行事之规,是山西人的基本操守。最典型的如关公、晋商,都是以信义立身立业,为人敬仰。"坚韧"即吃苦耐劳、执著无畏。为了事业,为了大局,山西人不论遇到什么艰难险阻都无所畏惧、甘于奉献、勇于担当,就是有那么一股劲,不达目的不罢休。太行精神、吕梁精神、右玉精神、纪兰精神等都是最生动的体现。"创新"即勇于进取,敢为人先。在实践中不断探索新路径、解决新问题,实现新目标是山西人的一贯追求。历史上的"胡服骑射""北魏改制",如今的转型发展、跨越发展都体现了山西人实事求是、继往开来的品格,是山西人民在创造历史的进程中发展、进步的精神特质。"图强"即自信自强、追求卓越。心中有大志,身上有干劲,奋发有为,不甘人后是山西人的一贯追求。"山西精神",体现了山西人民崇信尚义、胸怀大局,敢于创新、自强不息的内在品质,是历史底蕴与时代呼唤的内在统一,是社会主义核心价值在山西实践的生动体现。"山西精神"表述语发布后,全省各级各有关部门通过开展"山西精神"进社区、进企业、进学校、进农村、进机关等形式,开展了深入的宣传教育活动,"山西精神"得到广泛弘扬。

结合党的群众路线教育实践活动大力弘扬"右玉精神"。新中国成立60多年来,右玉县历届县委、县政府团结带领全县党员干部群众,在艰苦的探索实践进程中,持之以恒地开展植树造林和改善生态环境的接力赛,使境内不毛之地变成如今的"塞上绿洲",创造了令人惊叹的奇迹,铸就了以"执政为民、尊重科学、百折不挠、艰苦奋斗"为核心的"右玉精神"。近年来，山西省委对"右玉精神"的宣传和学习，得到中央领导的充分肯定，在全国、全省引起了强烈的反响。习近平总书记曾指出：右玉的可贵之处，就在于始终发扬自力更生、艰苦创业、功在长远的实干精神，在于始终坚持为人民谋利益的政绩观。为了进一步弘扬践行"右玉精神"，2013年7月，省委安排部署在全省开展党的群众路线教育实践活动时，将开展专题学习"右玉精神"作为一项重要内容加以部署。7月30日，省委书记袁纯清、省长李小鹏带领省领导一行，专程赴右玉县实地考察学习了"右玉精神"。在全省开展党的群众路线教育实践活动中，各部门广泛开展了专题学习"右玉精神"活动，"右玉精神"得到大力弘扬。

出台实施《关于加快社会信用体系建设的指导意见》。诚信建设是社会主义核心价值体系建设和核心价值观培育的道德基础。为进一步推进全省各领域的诚信建设，2013年4月，省政府印发《关于加快社会信用体系建设的指导意见》，对政务诚信、商务诚信、社会诚信、司法公信四大重点领域诚信体系建设作出部署，要求到2015年初步建立覆盖全社会的征信系统框架。《意见》提出的主要措施是：在政务领域，在保护国家信息安全、商业秘密和个人隐私的前提下，依法公开行政管理过程中的信用信息，建立有效的信息共享机制；将国家公职人员财产申报、个人重大事项申报、廉政记录等信用信息，作为干部考核、任用和奖惩的重要内容。在商务领域，重点加强生产、流通、金融等领域和工程建设行业以及电子商务、文化旅游、会展广告等服务业的信用体系建设。在社会领域，着重加强医疗卫生、环境保护、社会保障等为重点的社会领域诚信体系建设，健全信用信息采集制度。在司法领域，依照司法公开原则，实行审务公开、检务公开、警务公开、狱务公开；推进审判信息、审判结果、管理制度公开，建立执行案件信息公开和执行案件信息查询制度。此外，《意见》还提出要在食品生产经营、药品生产流通、融资担保、医疗服务、价格管理、环境保护、建筑市场等重点领域,率先建立健全信用信息档案、公示查询平台和失信惩戒机制。

加强和推进公民道德建设。公民道德建设,是建设社会主义核心价值体系和培育核心价值观的重要方面,又是社会主义核心价值体系和核心价值观的体现与反映。2013年,全省公民道德建设进一步推进。一是深入开展了"山西好人"、山西道德模范及"中国好人榜"、全国道德模范、山西"美德少年"推荐评选活动。"山西好人"评选,主题是从基层评选"身边好人"。该项评选活动,从2013年第二季度开始,每季度评选出20人,全年共评选出60人,其中有35人入选"中国好人榜"。2013年2月28日,第四届山西道德模范评选揭晓,太原理工大学爱心家园团体和赵国文等24人当选。与此同时,山西还推选出解黎明等10人入选第四届全国道德模范候选人,最终解黎明当选;开展了山西省第二届"美德少年"评选活动,评出60名"美德少年"。这些入选"山西好人"、山西道德模范及"中国好人榜"、全国道德模范、"美德少年"的人物,他们扎根于广大群众中间,受到广泛的认同和尊崇。这些评选活动的开展,较好地发挥了先进模范人物的示范和引领作用。二是大力推进全省城乡基层"道德讲堂"建设。继2012年太原市在全省率先开展道德讲堂建设工作后,2013年开始在全省城乡基层推进"道德讲堂"建设工作,目标任务是2013年到2015年全省逐步建立覆盖城乡基层的"道德讲堂"网络。"道德讲堂"硬件按"六有"统一标准建设,即:有固定的活动场所,室内正前方有统一规范的"道德讲堂"背景,四周有弘扬中华传统道德的警句格言,入口处悬挂统一规范的道德讲堂名称牌匾,配备标准的放映、音响设备,配备一定数量的桌椅座位。道德讲堂的活动以加强"四德"(社会公德、职业道德、家庭美德、个人品德)建设和宣传弘扬"五类"(助人为乐、见义勇为、诚实守信、敬业奉献、孝老爱亲)道德楷模精神为主要内容。全省各地各部门"道德讲堂"已成为传播身边好人道德故事、诵读中华道德经典名言、启发干部群众道德自觉、宣传和践行社会主义核心价值观的重要平台。

深入推进群众性精神文明创建活动。群众性的精神文明创建活动，是建设社会主义核心价值体系和培育核心价值观的重要载体。2013年，全省各地各部门群众性精神文明创建活动深入推进、广泛开展，富有成效。一是加强和推进城市、农村、单位、社区文明创建活动。制定出台了文明城市、县城、村镇、单位、社区测评体系（标准），全面改进文明城市、县城、村镇、单位、社区创建管理办法。出台了《关于进一步加强新形势下农村精神文明建设工作的实施意见》。在省级以上文明单位、社区开展了"五个一"创建活动。"五个一"，即"一堂一队一牌一桌一组"活动。具体内容是："一堂"，开办道德讲堂，定期举办道德讲座；"一队"，组建学雷锋志愿服务队，开展切合实际的主题活动；"一牌"，设立遵德守礼提示牌，增强公众的道德自律意识；"一桌"，开展"文明餐桌"行动，养成在单位食堂或公务、外事接待场合的文明就餐礼仪和勤俭节约习惯；"一组"，成立3~5人构成的文明传播小组，兼职进行精神文明建设和公民道德建设的宣传工作。二是深入开展"讲文明树新风"公益广告宣传活动。全年全省34家报刊出版单位，先后共刊发广告2000余篇次。运城市盐湖区、大同市广灵县等组织创作的多幅剪纸作品入选全国公益广告征集作品。其中，运城市盐湖区组织创作"中国好孩子"系列剪纸作品，"当代中国二十四仁""当代中国二十四义""当代中国二十四孝""当代中国二十四诚""当代中国二十四敬"5套"德耀中华"系列剪纸作品，在全国影响广泛。"德耀中华"系列剪纸作品，以近年来评选出来的全国助人为乐、见义勇为、敬亲孝老、诚实守信、敬业爱岗等道德模范为版本，分类筛选出最典型的24人，用剪纸的形式刻画出他们的好人故事，充分弘扬了"仁、义、敬、诚、孝"的中华民族传统美德。

2. 部省合作

部省合作，即国家文化部与山西省政府的合作。2013年，为加快推进文化强省建设，争取国家对山西的支持，山西省委、省政府进一步加强与国家文化部的合作，并于6月30日与国家文化部签署了《文化部、山西省人民政府关于共同推进文化建设战略合作框架协议》。

部省《协议》从九个方面确定了国家文化部与山西省政府开展合作共建的重大事项：共同拟定山西转型综改试验区文化改革创新方案；共同探索公共文化服务体系投入、建设、运行的新办法、新机制；共同促进文化艺术繁荣发展；共同推动文化产业转型升级，推动山西文化产业和旅游产业融合，支持太行山、黄河沿线、汾河沿线和晋蒙俄国际商旅文化旅游产业带开发；共同促进文化会展经济发展；共同加强非物质文化遗产保护和利用，推进国家级晋中文化生态保护区建设；共同拓展对外、对港澳台文化交流合作渠道；共同培育文化人才和建设艺术科研基地，使文化科研成果尽快转化为转型升级的文化生产力。

其中，国家文化部对山西文化建设的具体支持措施是：在文化领域鼓励山西先行先试，在破解文化发展难题、策划重大文化项目、创新文化体制机制、形成特色文化产业格局上寻求突破，将山西文化保税区和山西文化博览创意作为先行先试的重点。支持山西开展"百县强基"工程、"万村千乡"公益文化建设工程、数字文化惠民工程。支持山西革命老区、边远地区，特别是太行山区、吕梁山区等连片特困地区的文化建设，在安排美术馆、公共图书馆、文化馆（站）免费开放工程和农村文化建设资金、数字文化惠民工程、社区文化中心（活动室）设备购置计划等专项资金以及新出台中央补助地方文化发展政策时，文化部给予山西国家级贫困县、省定贫困县适当倾斜，提高补助比例。协助山西推出一批具有鲜明特色和国家水准的艺术精品，加大对晋剧等地方艺术的扶持力度，打造山西演艺（集团）有限责任公司，使之成为具有较强区域影响力和竞争力的大型演艺集团。对山西发展文化产业特别是资源型企业发展文化产业给予更多扶持，在特色文化产业发展、文化产业公共服务平台建设、文艺演出院线建设、数字文化产业创新、国产动漫振兴、文化产业项目服务等方面加大指导扶持力度，指导山西建立健全以投资、财税、金融、土地、价格为主要内容的文化产业发展政策体系。提高中央文化产业专项资金对山西文化产业重大项目和重点企业的扶持额度，积极引导中央文化单位和发达地区文化单位在晋投资建设文化项目。指导支持山西举办大型文化活动，争取有影响力的全国性、国际性会展节庆和博览会等落户山西，重点支持山西文化产业博览会、平遥国际摄影大展、五台山国际文化旅游节等大型会展活动。支持山西培育多元化对外文化交流主体，指导山西建立对外文化贸易政策扶持体系，依托山西晋商文化、关公文化、佛教文化、根祖文化等特色文化资源，共同策划、打造具有国际影响力的对外文化交流精品项目，扩大对外文化贸易。支持山西培养文化行政管理、文化经营管理、文化产业开发、文化艺术创作、公共文化服务、非物质文化遗产保护等方面的人才和文化名家。

山西省委、省政府与国家文化部的合作及《协议》的签署，对于建立部省工作机制，促进国家和山西之间的文化资源整合和优势互补，加快推动山西由文化资源大省向文化强省跨越，具有重大战略意义。

3. 公共文化

公共文化服务体系建设，是发展公益性文化事业的重要内容，也是推进文化强省建设的重要举措。2013年，全省各级党委、政府及有关部门统筹规划，进一步推进了全省公共文化服务体系建设。

继续推进公共文化服务基础设施的建设。一是推进省级重点文化基础设施建设。2013年7月1日，山西省图书馆新馆建成开馆。该馆于2007年12月19日奠基，历时5年多建成，总投资3.5亿元，建筑面积5.5万平方米。2012年6月28日奠基开工的山西广电中心工程，是集广播、电视节目制作、集成播出、传输和多功能服务为一体的重大标志性公共文化设施。该工程规划3年建成,总占地面积345亩,总建筑面积30万平方米,总投资22亿元。2013年,山西广电中心工程建设继续推进。山西晋剧艺术中心工程是2013年省级重点建设工程项目,奠基开工。二是推进市、县基层文化设施建设。市级博物馆、公共图书馆、文化(群众艺术)馆、科技馆、体育馆、剧院(场)"五馆一院",县级文化馆、体育馆、图书馆、数字多厅影院"三馆一院"以及农村、乡镇、社区等基层文化设施建设进一步加强和推进。全省59个老区县级公共文化设施、670个老区乡镇综合文化站、15265个老区农村文化活动场所实现全覆盖。截止到2013年底,"省市县三级公益文化设施建设达标率"完成69.06%,比2012年增长6.32个百分点。其中,省本级66.06%,比2012年增长10个百分点;市本级为59.33%,比2012年增长5.21个百分点;县本级76.1%,比2012年度增长5.51个百分点。市级"五馆一院"的建成率和开工率分别达到50%和32%,县级"三馆一院"的建成率和开工率分别达到63%和17%。2013年末,全省共有群众艺术馆12个,公共图书馆126个,文化馆119个,文化站1407个(其中乡镇综合文化站1197个),农村文化活动场所2.82万个。三是推进农家书屋建设。2008年,山西启动农家书屋工程建设以来,到2013年底,全省共建成书屋28339个,覆盖全省所有行政村,共配送图书4250.85万册、报刊85.02万份、音像制品283.39万张,进一步丰富了农民群众的文化生活。四是启动实施全省公共场所无线局域网建设工程。该项工程的目标任务是:2013~2014年在全省11个地市中心城市行政服务类办事大厅、公共交通枢纽候客区、公立医院候诊区、旅游景点游客休憩区、会展中心与展览厅、文化场馆公共活动区、体育场馆观众活动区以及其他用户感知度较高的重点公共场所,分批次完成WLAN覆盖并开通免费服务;到2016年,11个地市基本建成网络质量更好、服务水平更高、建设标准超前的市域无线局域网,覆盖范围延伸至区县主要公共场所。

大力实施各项文化惠民工程。一是健全和完善"三馆一站"免费开放制度机制。"三馆一站",即各级国有美术馆、公共图书馆、文化馆(站)。2012年全省"三馆一站"实现免费开放后,2013年相关制度机制进一步健全和完善。二是继续开展向县级基层集中配送流动文化服务车。继2012年启动全省文化惠民设施设备集中配送活动之后,2013年10月第二次又统一配送了流动舞台车80辆、流动文化服务车140余辆、文化活动器材136套。至此,全省11个市、119个县(市、区)在全国率先实现了专业艺术院团流动舞台车和县级图书馆、文化馆流动文化服务车全覆盖。流动舞台车、流动文化服务车的投入使用,为全省改制文艺院团、县级公益文化单位开展送文化下乡活动提供了便利。三是继续推进电影公共服务覆盖城乡。在城市数字影院建设方面,2013年全省新增城市影院25家,总数达到85家;银幕新增89块,总数达到351块;全省电影票房收入达到2.88亿元,其中国产片票房为1.8亿元,占票房总数的64%,全省电影票房收入同比增长36%,超过全国29%的平均水平。在广大农村地区,2013年全省增加放映设备107套和流动放映车35辆,实现了农村电影"农村数字化放映、行政村公益电影放映、放映车辆、放映场次技术监管"的"四个全覆盖",提高了农村电影放映的保障能力;公益电影放映工程累计完成放映场次339720场,超额完成1332场,农村观影3374万人次,实现了"一村一月放映一场电影"的目标。四是继续推进广播电视村村通工程。到2013年末,"村村通"建设让5451个自然村的100多万群众看上了高品质的51套数字电视、4套图文电视。

积极争创国家公共文化服务体系示范区和示范项目建设。2011年,国家提出"创建国家公共文化服务体系示范区(项目)"后,同年6月,山西省长治市入围全国第一批"创建国家公共文化服务体系示范区",此后经过两年创建,于2013年9月通过验收,获得"国家公共文化服务体系示范区"称号。山西省朔州市于2013年10月入围全国第二批"创建国家公共文化服务体系示范区"。2011年6月,太原市"文化精品惠民基层行"入围全国第一批公共文化服务体系示范项目。2013年10月,晋中市"民办文化的扶持、引导与规范管理"项目、大同市"红领巾艺术团再建设"项目入围全国第二批公共文化服务体系示范项目。

加强和推进文物和非物质文化遗产的保护。在文物保护方面,不可移动文物保护、可移动文物普查、文物考古发掘等取得重要进展。2013年3月,国务院核定公布了第七批全国重点文物保护单位共1943处。山西省申报了430处,约占全国申报总量5573处的1/13;最终入选181处,约占全国入选总量1943处的9.3%,为本批国保单位入选数量最多的省份。至此,加上前六批的271处,山西省国保单位总数为452处,占全国省国保单位总量4295处的10.5%,继续位居全国第一。2013年7月,全省开展的第一次全国可移动文物普查工作全面启动,到年底普查工作取得了阶段性进展。2013年,太原开化墓群考古发掘、太原龙山童子寺佛阁遗址考古发掘、忻州九原岗北朝晚期壁画考古发掘,均取得重大发现。这三项考古新发现被评为"2013年度全国十大考古新发现"的三大新发现。在非物质文化遗产保护和传承利用方面,截止到2013年,山西有民间文学、传统音乐、传统舞蹈、传统戏剧、曲艺、传统体育游艺杂技、传统美术、传统手工技艺、传统医药、民俗等类别的105个项目入选国家级非物质文化遗产保护名录,403个项目入选省级非物质文化遗产保护名录。山西入选国家级非物质文化遗产保护名录项目总数占全国1219个项目总数的8.6%,数量居全国前列。

4. 文化事业

2013年,山西省各级各有关部门不断加强和推进文化事业发展,新闻出版、广播电视、文化艺术、体育等事业取得长足进步。

加强和推进新闻出版、广播电视和网络传播媒体建设。截止到2013

年末，全省共有图书出版社8家（其中副牌社1家），音像（电子）出版社3家，报纸出版单位77家，期刊出版单位200家，获得互联网出版资质单位12家。全年全省报纸共出版60种（不含高校校报）、20.2亿份，各类杂志出版198种、3544.1万册，各类图书出版3764种、13960万册。年末山西省共有广播电视播出机构117座（电台1座、电视台3座、广播电视台113座），开办229套广播电视节目（广播111套，电视118套）。其中，省级广播播出7套节目，省级电视国内播出9套节目；市地级广播电台1座，播出23套节目；市地级电视台3座，播出30套节目；县级广播开办81套节目，县级电视开办79套节目。全省广播综合覆盖人数达3493.78万，电视综合覆盖人口数达3554.81万，覆盖率达到96.76%和98.45%；有线电视用户497.9万户。全年共拍摄完成电影24部、电视剧7部、专题片5部、电视动画片1部。

组团参加第十届中国艺术节获得大奖。2013年10月11~26日，第十届中国艺术节在山东省济南、青岛、淄博、烟台、潍坊等地同时举办，山西共有3台大戏17个群众文化节目参加，3台大戏全部获得大奖，17个群众文化节目14个获得大奖。其中，舞剧《粉墨春秋》获"文华大奖""文华编导奖""文华音乐创作奖"和"文华舞台美术奖"；说唱剧《解放》获"文华优秀剧目奖""文华编导奖"和"文华音乐创作奖"；晋剧《刘胡兰》获"文华剧目奖"。14个群众文化节目获得"群星奖"，即凤台小戏《县长遛牛》、眉户小戏《带着妈妈上大学》、碗碗腔小戏《影戏缘》、长子鼓书《常回家看看》、钢板鼓书《退钱》、河东道情《借亲妈》、潞安鼓书《好婆婆》、器乐《闻喜鼓车》、音乐《丁陶鼍鼓》、晋城市群艺馆太行风合唱团的合唱、舞蹈《回娘家》《矿工情》《海英和她的妈妈们》《我们的城里老师》。

组团参加第十二届全运会创造历史最好成绩。2013年8月31日~9月12日，第十二届全运会在辽宁举行，山西代表团有227名运动员参赛，人数比上届全运会提升了29.7%；参赛运动员在摔跤、射击等项目上获得多枚金牌，乒乓球、游泳、射击、击剑等项目创造了历史最好成绩，游泳项目实现了金牌"零"的突破；取得10金8银6铜的成绩，排在奖牌榜第15位。

5. 文化产业

近年来，通过不断深化改革和创新发展，山西的文化产业不断发展壮大，日益成为推动社会主义文化大发展大繁荣的重要引擎和经济发展新的增长点。2013年，在改革与发展中，全省文化产业进一步发展。

继续深入推进文化体制改革。山西文化体制改革从2009年开始向纵深推进，历经3年攻关，创造了文化体制改革的"山西样本"，在全国产生了广泛而深远的影响。2012年，全国文化体制改革工作会议在山西召开，学习推广了山西经验。2013年，山西省文化体制改革进一步推进和深化。一是继续推进并完成全省非时政类报刊改革的后续工作。2012年，全省非时政类报刊改革基本完成，2013年，在继续推进并完成非时政类报刊出版单位核销事业编制、注销事业单位法人等工作的同时，进一步规范了改制报刊的运营。二是加强宏观管理推进省属6大文化企业集团（山西出版传媒集团、山西演艺集团、山西影视集团、山西日报传媒集团、山西广电传媒集团、山西广电网络集团）发展壮大。三是推进旅游投资、体育、文博、工美四大文化产业集团的组建。2013年1月4日，省政府召开第116次常务会议，讨论并原则通过旅游投资、体育、文博和工艺美术等四大文化产业集团组建方案。2013年12月12日，山西工艺美术集团有限责任公司正式注册成立。四是继续推进"全省广电网络一张网"的构建。从2011年开始，经过几年努力，到2013年底构建"全省广电网络一张网"的体制改革取得重大进展，全省广电"一张网"格局基本形成。

成功举办首届山西文化产业博览会。2013年6月29日~7月3日，首届山西文化产业博览交易会在中国（太原）煤炭交易中心举行。文博会以

"文化三晋、美丽山西"为主题,有来自法国、俄罗斯等14个国家和国内北京市、天津市、河北省、甘肃省、青海省等24个省(市、区)及香港、台湾地区,全省省属六大文化产业集团等超过1000家境内外文化企业、上万种文化产品参展。文博会展览主要包括文化改革、文化产业、非物质文化遗产、国际工艺美术四大类。文博会上,全省共推出招商项目360个,涉及金额1705亿元。据统计,文博会期间,招商签约项目161个,签约金额735亿元,覆盖省市县三级,涵盖文化产业主要领域,特别是突出创意、整合资源、挖掘市场潜力方面的项目,与旅游、科技、金融深度融合的项目占很大比重,集中反映了全省文化产业科学发展、集约发展、规模发展的良好态势。此外,会展期间,主展馆现场成交额近1亿元,达成合作意向突破30亿元;观展人数累计超过20万人次。首届山西文化产业博览会取得极大成功。

进一步增强旅游对文化消费的促进作用。山西历史文化底蕴深厚,人文景观景点遍布全省各地。多年来,通过发掘人文旅游资源,文化旅游在促进山西文化产业发展方面发挥了极其重要的作用。2013年,山西旅游对文化消费的促进作用进一步增强。一是省政府出台推动"美丽山西休闲游"的重大措施。该项措施从2013年5月15日起施行,其核心条款是全省国有及国有控股的49个A级景区实行头道门票打折优惠,并不设期限,其优惠幅度旺季为20%,淡季为40%。二是在全国深入开展"晋善晋美·美丽山西休闲游"推介活动。2013年7月,"晋善晋美·美丽山西休闲游"在平遥启动后,先后在河北、北京、天津、陕西、河南、内蒙古、广东及香港开展宣传推介活动,进一步提升了山西文化旅游的知名度和美誉度。三是中国·五台山第四届国际文化旅游月、第13届中国平遥国际摄影大展等重大文化旅游节庆活动成效显著。在6月26日~7月26日举办的中国·五台山第四届国际文化旅游月活动,深挖文化内涵,展示世界遗产,传承特色文化,集中展示了五台山源远流长的佛教文化、精美绝伦的古建艺术和神奇秀丽的自然风光。活动期间,吸引了众多国内外游客到此观光和参与佛事活动,游客达61.8万人次,门票收入2381万元。9月19~25日举办的第13届中国平遥国际摄影大展期间,还举办了第四届漆文化艺术博览会、第八届平遥古城招商洽谈会、微电影节启动仪式、"绣我晋中"乡土刺绣布艺展、第十届书画艺术作品联展、蝴蝶艺术品展、晋商神韵文艺演出等十多项文化经贸活动。活动期间,观展人数达25万人次,接待中外游客3.6万人次,平遥古城门票收入约320万元。2013年,全省共接待旅游者2.48亿人次,同比增长26.47%,实现旅游总收入2305.44亿元,同比增长27.16%。

推进国家级晋中文化生态保护实验区建设。文化生态保护实验区是指以保护非物质文化遗产为核心,对历史文化积淀丰厚、存续状态良好,具有重要价值和鲜明特色的文化形态进行整体性保护,并经国家文化部批准设立的特定区域。晋中文化生态保护实验区于2010年经国家文化部批准建设,是目前全国12个国家级文化生态保护实验区之一。该实验区包括晋中市的11个县、区和太原市的清徐县、阳曲县、小店区和晋源区及吕梁市孝义市、汾阳市、交城县和文水县等19个县(市、区),是山西非物质文化遗产项目最集中的重点地区。2012年,该区域的建设正式启动,年底编制完成总体规划。2013年,区域的各项建设进一步推进,一些项目取得重要进展。区域内晋中市以榆次、太谷、祁县、平遥4县为核心,规划并推动文化旅游资源与资本、人才、策划、管理等市场要素的结合,涉及文化传承、节庆习俗、特色职业教育、接待和观光文化旅游等建设项目。6月10~12日,中国吕梁国家级晋中文化生态保护区非物质文化遗产传承展演展示暨文化产业博览会在孝义市华夏非物质文化博览园举办。博览会云集了来自吕梁13个县、市、区的76个非物质文化遗产项目的展演、展示、展销,取得了重要成效。到年末,区域内平遥推光漆器传习中心、孝义市非物质文化遗产传习中心、汾阳市非物质文化遗产传习中心等基本建成。

在改革发展中，2013年山西文化产业持续发展，文化与旅游、科技、体育等产业融合发展步伐加快，文化企业、重点文化产业园区和新型文化业态进一步发展。其中，2013年2月，大型旅游情景演艺项目《又见平遥》在平遥正式公演，实现了文化与旅游水乳交融、高端嫁接和协同发展，成为山西省文化旅游产品中的知名品牌，同时也取得良好的经济和社会效益。

2013年，山西文化产业增加值411.3亿元，增幅22.2%，明显高于全国文化产业和全省GDP的增幅。在2013年度全国省市文化产业发展指数和中国文化消费指数排名中，山西的文化消费满意度居全国第一，创新驱动力指数居全国第五。

6. 对外交流

对外文化交流合作，是提升文化影响力和建设文化强省的重要内容。2013年，山西文化对外交流合作成效显著。

启动实施"山西—乌兰巴托中国文化中心合作项目"。该合作项目是文化部2013年在全国25个省市、海外15个中国文化中心实施的国家级对外文化交流项目之一。2013年6月，"山西—乌兰巴托中国文化中心合作项目"正式启动实施，到9月底先后合作开展了"山西非遗蒙古展""山西书画蒙古展""蒙古国摄影代表团来晋采风活动""山西'晋韵流芳'访蒙交流演出"等活动，取得了交流文化、增进友谊的积极成效。

组织举办"关公祖庙圣像赴台巡游活动"。2013年3月28日，"海峡两岸交流基地授牌暨关公祖庙圣像赴台巡游活动"在运城市解州关帝庙正式启动。此后，从3月30日到4月17日，"两岸关公文化巡礼关公祖庙圣像巡游"活动在台湾持续进行。其间，解州关帝庙的明代关帝圣像、大刀、轿子等珍贵文物巡游了高雄、台南、嘉义、南投、台中、新北、台北、桃园等10多个县（市），先后与凤山文衡殿、高雄文武圣殿、东照山关帝庙、台南祀典武庙、台北松山慈惠堂、台北指南宫、桃园明伦三圣宫等岛内100多座宫庙进行交流。同时，还举办了"忠义千秋"文艺晚会、关公文化论坛、关公文化图片展览、"天下关庙一家亲"等系列文化交流活动。据不完全统计，活动期间约有400万台湾同胞参与巡游、朝拜、祈福等活动。活动开启了海峡两岸共颂关公"忠义信勇"精神、共同弘扬关公文化的新篇章，是一次加强两岸文化交流，增进两岸人民友谊，推进两岸开展务实合作的成功典范。

组织舞剧《粉墨春秋》赴澳大利亚、新加坡进行文化交流演出。舞剧《粉墨春秋》，是近年来山西艺术职业学院成功打造的一部精品舞剧，曾在国内外多次演出，得到广泛赞誉，入选"2011至2012年度国家文化出口重点项目"。2013年6月，舞剧《粉墨春秋》在澳大利亚悉尼歌剧院参加了"中澳建交40周年中国文化年闭幕式"演出，成为我国首部在悉尼歌剧院上演的舞台剧。同年11月，舞剧《粉墨春秋》赴新加坡进行了文化交流演出。这是党的十八大胜利召开之后，我国首批、山西首部进行对外文化交流的舞台剧。

四　社会建设

2013年，山西各级党委、政府及有关部门紧紧围绕更好保障和改善民生、促进社会公平正义，以改革促发展，以发展保民生，深化社会体制改革，社会建设取得新进展。

1. 教育发展

2013年，在改革与建设中，山西教育事业进一步发展。到年末，全省共有各级各类学校1.79万所，在校生达到666.99万人。

继续推进和发展学前教育。2011年，学前教育三年行动计划在全省启动后，通过科学规划布局和集中力量新建、改扩建标准化幼儿园等措施，在构建政府主导、覆盖城乡、多元并举的学前教育体系方面取得重要进展。2013年是实施学前教育三年行动计划的最后一年,全省各级各有关部门继续推进了这项计划的落实。全年新(改、扩)建城镇公办标准化幼儿园216所,完成建筑面积45万平方米,新增学位近5万个;同时投入资金3亿元,在全省改扩建546所农村幼儿园,完成建筑面积37.75万平方米,增设学位7.4万个。至此,全省幼儿园达到5882所,在园幼儿95.14万人,专任教师41317人,学前三年毛入园率达到80.4%,学前教育三年行动计划任务圆满完成。

扎实推进义务教育均衡发展。近年来,全省各级各有关部门不断推进义务教育的均衡发展,取得积极成效。2013年,在改革与发展中,全省义务教育进一步均衡发展。一是出台实施保障进城务工人员随迁子女在流入城市与当地学生公平就学的新政策。2013年1月,《山西省进城务工人员随迁子女接受义务教育后参加升学考试工作的实施方案》颁布实施。该《方案》决定从2013年起,进城务工人员随迁子女可在山西省内就读地参加中考,并享有与当地常住户籍人口子女同等待遇。到年末,全省已有进城务工人员随迁子女26400名参加了当年当地中考。二是明确义务教育学校办学基本标准。新修订的《山西省义务教育学校办学基本标准(试行)》于2013年8月出台实施。按照新的标准要求,2013年全省共投入5.59亿元(其中中央专项资金2.24亿元,省专项资金1.24亿元,项目县配套资金2.11亿元)集中为3070所中小学校配备标准化教学实验仪器、音体美卫器材、图书资料等,并实现多媒体教学设备"班班通"。与此同时,还对全省39个县义务教育学校标准化建设进行了省级检查验收。此外,太原市迎泽区通过了国家"全国义务教育发展基本均衡县(市、区)"的认定,35个县完成对农村义务教育薄弱学校的改造。三是继续开展义务教育学校校长、教师交流工作。2013年,开展交流工作的县(市、区)达到87个,交流人数8500余人。四是继续宽带网络校校通、教学资源班班通、网络学习空间人人通和数字教育资源公共服务平台、教育管理信息系统平台建设。2013年，先后在寿阳县和芮城县召开了全省教研信息化现场会和班班通应用现场会，学习推广了先进经验。五是在晋中市召开的全国义务教育均衡发展现场经验交流和工作推进会，重点推介了晋中市均衡发展义务教育的先进经验。2008年以来，晋中市教育经费投入、校舍安全改造、教师交流、校领导公选交流、消除义务教育阶段重点班和关系班等方面进行了积极探索，逐步在每个县（区、市）都建成了至少有一所相对优质的高中学校，拉动了义务教育的均衡发展。2013年末，全省共有小学8946所，专任教师180548人，在校生229.64万人，学龄儿童净入学率99.82%；初中阶段教育学校1991所，在校生129.14万人，专任教师117434人；特殊教育学校56所，在校生7146人，专任教师1385人。

加快推进高中阶段教育的普及。近年来，全省各地不断加快高中阶段教育的普及进程。2012年，晋城市在全省率先实现了高中阶段教育免费全覆盖。2013年12月，山西省示范高中校长会议暨2013年普通高中课堂教学改革校长研讨会在太原召开。会议总结了全省高中教育改革发展工作，交流推广了尖草坪一中等一批学校在高中课堂教学模式改革方面的典型经验。截止到2013年末，全省共有高中阶段教育学校1011所，在校生135.31万人（普通高中504所，在校生84.85万人；中等职业教育学校507所，在校生50.46万人）。高中阶段毛入学率达到91%。

加强和推进职业教育体系建设。近年来，全省职业教育主动适应市场经济，不断深化办学体制改革，进一步优化教育资源配置，初步建立了初、中、高相互衔接并与其他教育相沟通的职教体系。2013年，全省各级各有关部门进一步加强和推进了职业教育体系建设。一是加强职业教育基础能力建设。全年完成第一批8所中职示范校的省级验收工作；完成第二批11所国家级中职示范校建设中期现场检查交流；完成第三批11所国家级中职示范学校建设的申报，并获批准。二是加强中职学校管理。全年完成第二轮中职学校管理星级评估认定工作，14所学校被评估认定为管理五星级学校，103所学校被评估认定为管理四星级学校，134所学校被评估认定为管理三星级学校，70所学校被评估认定为管理二星级学校，27所学校被评估认定为管理一星级学校。2013年末，全省共有中等职业教育学校507所，在校生50.46万人。

扩大规模和加强高等教育质量建设。一是全省11个设区市本科教育资源实现全覆盖。2013年4月，国家教育部批准山西省在太原大学基础上建立太原学院，在广播电影电视管理干部学院基础上建立山西传媒学院。太原学院的设立，结束了太原市没有市属本科院校的历史，也实现了全省11个设区市本科教育资源的全覆盖。二是进一步加强和推进专业学科建设。全年重点投资建设了38个特色专业，252项教学改革项目，414项大学生创新创业训练项目；新获批15个国家本科专业进行综合改革试点；启动和推进了太原理工大学、山西大同大学、吕梁学院、太原理工大学阳泉学院4所高校的采矿工程等特色专业建设；新增太原师范学院为硕士学位授予单位、长治医学院为培养专业硕士试点单位。三是加大高层次人才培养力度。2013年，全省有13人进入年度享受政府特殊津贴人选，评选出山西省学术技术带头人40人、山西省新兴产业领军人才8人。2011年11月启动"三晋学者"支持计划正式实施，16名教授和专家成为首批"三晋学者"特聘教授（专家）。2013年末，全省共有普通高等学校70所（本科院校21所，高职高专院校49所）；另有独立学院8所（不计校数），民办普通高等学校7所，成人高等学校12所；本专科在校生67.68万人，在校研究生27473人。高等教育毛入学率达34%。

进一步加大投入和提高保障水平。2013年，全省教育经费收入691.82亿元，较2012年增长7.2%。其中，预算内教育经费拨款（不含教育费附加）517.22亿元，各级政府征收用于教育的税费收入52.52亿元，企业办学教育经费1.89亿元，民办学校中举办者投入经费4.83亿元，社会捐、集资办学经费0.45亿元，事业收入104.33亿元。全省地方教育和其他部门教育经费总支出615.98亿元，较2012年增长5.43%；教育部门事业性经费总支出554.24亿元，较2012年增长3.6%。

2. 城乡就业

2013年，全省各级党委和政府及有关部门始终把扩大就业作为"民心工程"和推进社会事业建设的重要内容，采取了一系列重大政策措施，促进了城乡就业。

强化法制保障和加强就业调控。2012年11月26~29日，省十一届人大常委会第三十二次会议审议通过《山西省就业促进条例》，于2013年3月1日起施行。该《条例》针对当前山西存在的就业结构矛盾、政策性安置压力等问题，从扶持政策、就业服务、资金支持，到鼓励创业、就业援助等方面都作了明确规定，为进一步促进全省城乡就业提供了法制保障。2013年，全省各级党委、政府及有关部门加强宏观调控，全面实施积极的就业政策，努力解决城镇失业人员特别是困难人员就业问题，加快推进农村劳动力转移就业和城乡统筹就业步伐，促进全省就业稳步发展。全年全省城镇新增就业51.3万人，完成计划的103%，转移农村富余劳动力37万人，城镇登记失业率3.1%，低于年度控制目标4.2%。

积极促进各类群体多渠道就业。一是出台针对性帮扶政策鼓励劳动密集型小微企业吸纳就业。2013年4月，省政府办公厅印发《进一步支持中小微企业发展的措施（2013年第1批）》，提出了实施鼓励劳动密集型小微企业吸纳就业新政策。该项政策主要是：对当年新招用符合小额担保贷款申请条件的人员且签订一年以上期限劳动合同的，可按人均10万元的额度申请最高不超过200万元的小额担保贷款，并由财政全额贴息；对符合申请小额担保贷款条件并直接向指定金融机构申请到创业扶持贷款的，参照执行。二是出台针对性帮扶政策促进大学生就业创业。2013年6月，省政府办公厅印发《关于做好2013年全国普通高等学校毕业生就业工作的实施意见》，提出了试行农业技术推广服务特岗计划、调整高校毕业生创业培训补贴政策期限、组织开展有针对性的校园招聘活动、对城乡低保家庭应届毕业生每人给予1000元求职补贴、组织1万名高校毕业生就业见习并给予补贴、招录公务员、事业单位人员和选聘大学生村官、农村特岗教师2.3万人等政策。通过落实这些政策，全省17.6万名应届高校毕业生实现就业，就业率91%，超过2012年水平。三是积极开展创业型城市（县）和农村劳动力转移就业示范县（市）"双创建"活动。2012年8月，创业型城市（县）和农村劳动力转移就业示范县（市）"双创建"活动在全省启动。2013年，"双创建"活动进一步推进。全省创业孵化基地覆盖80%的县，新增个体工商户10.3万户，带动就业30余万人，创业就业12.9万人。30个农村劳动力转移就业示范县创建工作扎实有效，转移农村劳动力37万人。四是各级公共就业服务机构组织各类招聘活动1190场次，提供岗位90余万个。五是坚持开展"就业援助月"专项活动，帮助4.1万名就业困难人员实现就业。

全面实施就业再就业培训。培训是提高就业人员就业的重要保障。2013年，全省各级有关部门针对就业结构性矛盾日益突出的问题，立足产业结构调整，采取政府补贴、项目运作、成果购买等办法，持续开展了各类、多种形式就业培训。全年全省创业培训人数4.08万人，城镇失业人员再就业培训18.69万人，技能人才培养（技能鉴定）33.66万人，农村劳动力技能就业培训23.82万人，新成长劳动力培训12.68万人，新增高技能人才6.41万人。

3. 社会保障

2013年，全省各级党委和政府及有关部门以社会保险、社会救助、社会福利为基础，以基本养老、基本医疗、最低生活保障制度为重点，进一步完善了社会保障体系。

进一步扩大社会保险覆盖面。2008年，全省启动实施以扩大非公有制经济组织从业人员、灵活就业人员、农民工的参加社会保险工作以来，围绕"社保全覆盖，服务一卡通"目标，以"非公扩面"为重点，推进了社会保险参保覆盖面不断扩大。2013年，全省社保全覆盖面进一步扩大。全年城镇职工基本养老、城镇基本医疗、失业、工伤、生育、城乡居民社会养老保险参保人数分别达到672.44万人、1086.3万人、400.73万人、548.92万人、445.55万人、93.94万人，分别完成全年任务的101.88%、101.19%、100.18%、102.60%、100.57%、110.05%；五项社会保险（养老、医疗、失业、工伤和生育）参保率分别为99%、98.1%、98.2%、96.2%、95.7%。全省城镇基本养老保险、新型农村社会养老保险、城镇职工基本医疗保险、失业保险、工伤保险、生育保险基金征缴收入分别达到491.21亿元、16.18亿元、157.08亿元、31.23亿元、28.2亿元、7.85亿元，总额比2012年度增长12%。

加强社会保障和提高保障水平。一是上调企业退休人员基本养老金。在连续八年上调企业退休人员基本养老金的基础上，2013年1月起对148.47万名企业退休人员待遇进行第九次调整，兑现调整待遇35.6亿元，企业退休人员基本养老金月人均增加301元，达到2177元。二是上调城乡居民养老保险金。从2013年1月起，在国家原有每月55元基础养老金上，全省新增10元基础养老金，达到每人每月65元，增幅达18%以上，320万人受益。其中，晋城市在省级基础上新农保和城居保基础养老金由每人每月65元提高至80元，惠及人员24.3万名。全年全省新农保、城居保参保人数分别达到1397.65万人、84.48万人，按月领取待遇人数分别达到302.18万人、22万人。三是调整工伤职工伤残津贴、生活护理费及因工死亡职工供养亲属抚恤金。该项政策从2013年1月起施行，各统筹地区平均调整幅度按照不低于上年度平均待遇15%的比例确定，惠及人员42000余名。此外，城镇居民医保财政补贴标准由每人每年240元提高到280元，增长16.7%，失业保险待遇平均增幅也达到15%。

进一步完善新型农村合作医疗制度。近年来,全省新农合筹资标准和保障水平不断提高,新农合支付方式改革也不断深入推进。2013年,全省新型农村合作医疗制度在改革发展中进一步完善。一是提高筹资标准。2013年,全省参合农民人均筹资标准由2012年的290元提高到340元,其中各级政府补助280元,参合农民个人出资60元,住院最高支付限额达到15万元的标准(国家要求达到农民年人均纯收入8倍以上,山西达25倍),各项指标均达到或超过国家要求。二是将重大疾病纳入新农合保障范围。2013年开始,儿童先天性心脏病和白血病、结肠癌、直肠癌、肺癌、终末期肾病等20类重大疾病纳入了新农合保障范围,住院实际补偿比例达到70%。全年共有9025人次享受大病补偿,报销金额达1.08亿元。此外,在阳泉、运城两市开展了重特大疾病新农合保障试点工作,利用新农合基金为参合农民统一购买大病保险,最高保障额度可达40万元。2013年,全省应参合农民2217万,实际参合2202万,参合率达99.33%,超过国家要求的95%以上的标准。

启动推进城乡居民社保并轨。2013年,全省启动实施"新农保"(新型农村社会养老保险)和"城居保"(城镇居民社会养老保险)的并轨工作。年末,全省46个市(县)实行了统一的城乡居民养老保险制度;太原、大同、朔州、忻州、晋中、晋城、临汾、运城等8个市实现了医保异地就医和即时结算;社保卡应用工作全面展开,省市两级数据中心和覆盖城乡的社保信息专网启动运行,制发社保卡达到2100万张,服务终端覆盖了80%的县。

进一步提高社会救助水平。一是提高城乡低保标准。2013年,全省城市和农村低保标准分别提高30元、24元。全年全省共下拨城乡低保资金408979万元,其中城市低保资金232710万元(中央185850万元,省级46860万元),农村低保资金176269万元(中央125463万元,省级50806万元),保障城市低保对象42.1万户、85万人,人均月补助水平239元;

保障农村低保对象118万户、149.8万人，人均月补助水平124元。二是加强对农村五保（吃、穿、住、医、葬）对象的供养。2013年，全省共下拨农村五保供养补助资金23871万元，保障农村五保对象16.5万人，其中集中供养2.8万人、分散供养13.7万人，集中供养率为17%。分散供养和集中供养平均标准，分别为每人每年2504元和3850元。三是加强对城乡困难群众的医疗救助。2013年，全省共下拨城乡医疗救助资金46787万元，其中城市医疗救助资金21702万元（中央14980万元，省级6722万元），农村医疗救助资金25085万元（中央19945万元，省级5140万元），对城乡困难群众进行了226.5万人次不同形式的医疗救助。其中，城市医疗救助72.6万人次（含资助62.8万名困难群众参加城镇居民基本医疗保险），农村医疗救助153.9万人次（含资助136.9万名农村困难群众参加新型农村合作医疗）。

4. 医疗卫生

2013年，全省各级党委、政府及有关部门积极推进医药卫生体制改革，加强医疗服务体系和公共卫生预防体系建设，推动了医疗卫生事业的发展和医疗卫生服务水平的提高。

建立健全医疗卫生服务体系。一是继续加大基础设施建设。2013年，全省共投入14亿元，新建和改扩建医疗卫生机构259个。二是积极鼓励和扶持社会力量办医。2013年起，全省民营医院纳入了医院等级评审范围，加强了对民营医院的规范与管理。全年还培训民营医疗机构管理和专业人员2千人次。三是加强省内外的医疗合作。2013年8月，签署了"北京—山西医疗卫生机构战略合作协议"。首批合作协议主要内容涉及重大疾病联防联控、疑难重症患者转诊、高层卫生人才培养、特色医学专科建设、高端医疗技术引进、重大科研项目合作、卫生信息平台建设、卫生管理经验交流等。全年启动实施了16项京晋地区医疗卫生领域合作项目。与此同时，继续开展高级别医院对口支援基层医院的医疗合作。全年有38所三级医院对口支援了95个县级医院，有630名二级以上医疗卫生机构主治医师对口支援了210个乡镇卫生院。三是加强重大医疗科研。2013年，全省有4个专科被评为国家临床重点专科建设项目；申报获批国家级和省级卫生科技攻关研究项目192项，其中资助额度千万元以上的国家级重大项目2项。2013年末，全省卫生机构固定资产达到254.49亿元，比2012年增长8.6%；房屋建筑面积达到162.84万平方米，比2012年增长2.04%；万元以上设备达到95826台（件），比2012年增长15.26%；卫生技术人员达到203385人，比2012年增长1.9%；医院床位增加总数达到128294张，比2012年增长7.04%。全省医疗卫生机构诊疗人次数、出院人数、住院病人手术人次分别达到1.24亿、368.12万和80.42万，分别比2012年同比增长4.45%、5.61%和7.69%。

加强公共卫生服务体系建设。一是加强对公共卫生服务的经费支持。全年全省人均基本公共卫生服务经费由25元提高到30元。二加强和推进国家基本公共卫生和重大公共卫生服务项目的落实。2013年，全省疫苗报告接种率达98%以上；50余万名妇女得到宫颈癌、乳腺癌免费检查；全省孕产妇住院分娩率达99.86%，孕产妇死亡率、婴儿死亡率分别为15.97/10万、7.57‰，提前实现省"十二五"规划目标。三是加快推进无害化卫生厕所的建设和改造。全年建设和改造无害化卫生厕所16.68万户。四是进一步开展卫生县城（镇）的创建活动。全年有11个县城和6个乡镇荣获国家卫生县城（镇）称号，是近年来创建成功最多的一年。五是设立山西省出生缺陷干预救助基金会。2013年1月，山西省出生缺陷干预救助基金会正式成立，基金会原始基金数额为400万元。山西是我国首个地方成立出生缺陷干预救助基金会的省份。

扩大和推进医疗卫生体制改革。一是启动城市公立医院改革试点。2013年，山西省人民医院、山西省眼科医院、长治市第二人民医院等三所医院被确定为全省城市公立医院改革试点单位。改革主要任务是：从破除"以药补医"、创新体制机制、调动医务人员积极性三方面进行改革，为2015年全面推开城市公立医院改革探索出基本路径。二是扩大县级公立医院综合改革范围。2013年，在总结34个试点县综合改革经验的基础上，将县级公立医院综合改革范围由34个县（市、区）扩大到83个，占全省总县数的70%，超过国家50%的要求。

加强推进中医药事业的发展。一是颁布实施《山西省发展中医药条例》。《条例》于2013年9月由省十二届人大常委会第五次会议审议通过，于2013年10月11日起实施。《条例》是在2001年颁布实施的《山西省发展中医条例》的基础上，根据国家有关要求和山西中医药事业发展现状重新制定的。《条例》突出了中医药自身发展规律，在人才培养方面，规定了师承教育制度，支持开展师承教育这一中医药知识的特色传承方式；在中药制剂方面，规定医疗机构中药制剂经省政府食品药品监督管理部门批准，可以在医疗机构之间调剂使用，有利于医疗机构在临床服务中积极应用中药制剂。此外，为推动中医药服务群众的功能，《条例》鼓励社会资本举办各类中医医疗机构，社会资本举办的中医医疗机构在医保定点、科研立项等方面与政府举办的中医医疗机构享受同等待遇。二是出台《关于扶持和促进中医药事业发展的意见》。2013年12月，省政府印发《关于扶持和促进中医药事业发展的意见》，提出了做大中医药"晋"字品牌、推进中医药强省建设的战略任务。《意见》就完善公立中医院服务体系，提出了市级以上中医院全部达到三级中医院水平、70%以上的县级中医院达到二级甲等中医院水平的具体目标任务。三是继续推进中医药服务能力提升工程。全年全省创建了12个省级基层中医药工作先进单位、39个省级中医药特色社区卫生服务中心、126个省级中医药特色乡镇卫生院，3所医院被评为全国综合医院中医药工作示范单位，7个专科被评为中医专业国家临床重点专科。

5. 基层治理

2013年,全省各级党委和政府及有关部门进一步推进基层社会管理体制改革,加强基层社会治理,取得新成效。

建立健全基层社会服务管理体系。2013年,全省以建立三级社会服务管理中心为基础,以推进信息化建设为前提,以实施网格精细化管理为着力点,以体制机制创新为核心,以加强组织保障建设为关键,进一步加强和创新社会管理。到2013年7月,初步建成119个县(市、区)、1198个乡镇、2.8万个农村、199个街道、1906个社区的基层社会服务管理综合平台,形成县、乡、村、网格"四级"联动,组织架构、运行管理、信息支撑、组织保障"四大体系"完善的基层社会服务管理模式。

创新流动人口和特殊人群服务管理。2013年9月,省政府办公厅印发《关于积极稳妥推进我省户籍管理制度改革的通知》,提出了以实现农业转移人口市民化为方向,以城镇基本公共服务常住人口全覆盖为保障,稳妥有序推进户籍制度改革的目标任务。2013年4月,《山西省流动人口服务管理办法》颁布实施,完善"以房管人、以证管人、以业管人"等措施,建立起以流入地为主、流出地与流入地协调配合的流动人口服务管理机制。与此同时,全省还不断完善对特殊人群服务管理的措施。对刑释解教人员、社区矫正对象、"法轮功"等邪教痴迷者、具有肇事肇祸倾向的精神病人、易感染艾滋病病毒危险行为人群等各类特殊人群,有针对性地落实教育、帮扶、矫治、管理以及综合干预等措施,取得良好成效。

加强和推进社会基层组织建设。在基层组织建设方面,全省全面推进社区"网格化""三有一化"建设,并且将网格划分、网格员配置服务全部落实到位;通过举办农村社区观摩式现场会及专题培训,培训社区工作人员2000人次;清徐县、盐湖区、河津市、平陆县4县(市、区)成功入选全国农村社区实验"全覆盖"示范单位。在农村基层组织管理方面,完善了村务公开目录,开展"村务公开日"活动,村务监督委员会实现全覆盖。在社会组织管理方面，2013年5月制定出台了《创新社会组织登记管理的意见》，完善并落实了社会组织登记审批、日常监管等制度，促进了社会组织健康有序发展。全年全省行业协会商会类、科技类、公益慈善类、城乡社区服务类四类社会组织直接登记176家，社区社会组织备案登记1332家。

6. 公共安全

2013年，全省各级党委和政府及有关部门以"平安山西"建设为载体，积极凝聚各方力量，认真排查化解安全隐患，全面落实维护稳定的各项措施，为全省经济社会又好又快发展创造了和谐稳定的社会环境。

强力推进平安山西建设。2013年，全省深入开展了"六六创安"工程，推进平安山西建设。"六六创安"工程，即：打黑除恶、打击"两抢一盗"、治爆缉枪、打击电信诈骗、打击传销、破案追逃的"六场硬仗"；整治城乡接合部、"城中村"、工矿区、出租房屋、"九小场所"、校园及其周边的"六项整治"；以街面防控网、社区防控网、单位内部防控网、视频监控网、区域警务协作网、虚拟社会防控网为内容的"六网覆盖"工程；化解征地拆迁、村矿村企矛盾等"六类纠纷"；对刑释解教、社区矫正人员等"六类特殊人群"的管控帮教；以"平安社区""平安县市"创建等为主要内容的"六安联创"活动。通过努力，2013年，全省刑事案件发案形势总体平稳，恶性刑事案件、重大公共安全事故、重大群体性事件得到有效控制，人民群众安全感稳定在90%左右。

加强监管和保障生产安全。2013年，全省深入扎实开展安全生产大检查和"知责履责"安全生产竞赛等活动，安全生产呈现"四个双下降"和"一个良好"的态势。一是各类生产经营事故总起数、总死亡人数同比继续呈现双下降，分别下降7.29%、9.05%。二是一次死亡3人以上事故起数、死亡人数同比继续呈现双下降，分别下降16.36%、30.28%。三是一次死亡10人以上事故起数、死亡人数同比呈现双下降，分别下降

66.67%、75.00%。四是部分重点行业领域事故起数、死亡人数同比呈现双下降。道路交通事故起数、死亡人数同比分别下降5.08%、7.02%;冶金等工贸行业事故起数、死亡人数同比分别下降36.36%、46.67%;特种设备事故起数、死亡人数同比分别都下降50%;工商贸其他行业事故起数、死亡人数同比分别下降41.18%、55.56%。五是安全生产指标控制情况良好。全年各类生产经营性事故共死亡1156人,占国家下达年度控制指标的87.44%,比进度控制目标少166人;全省煤炭百万吨死亡率0.077、下降15.4%。

加强监管和保障食品药品安全。一是构建省市县乡四级食源性疾病监测网络。年末,全省食品中污染物和有害因素监测网络覆盖60%以上的县,高于国家50%的指标;食源性疾病事件监测实现了县级全覆盖。二是加强对食品、药品、保健食品、医疗器械的监管。在全省11个市、119个县开通了"12331"举报投诉电话,建立了无休日、全天候投诉举报受理平台。三是严厉打击违法行为。2013年,全省共查处各类案件11331起,罚没款3129万元,捣毁各类制假窝点106个,移送公安涉刑案件145起。四是加强品牌效应建设。经过大范围征集百姓意见,并结合专家评审意见,51个品牌和48家企业被评"2013年百姓最放心食品品牌及道德诚信食品企业"。

五 生态建设

生态文明建设关系人民生活,关乎山西经济社会的永续发展。2013年,山西各级党委、政府及有关部门进一步推进资源节约、生态保护和环境治理,将生态文明建设融入经济社会发展的各个方面,不断推进美丽山西建设,取得积极成效。

1. 资源节约

节约资源是生态文明建设的主要内容之一。2013年，全省各级党委、政府及有关部门和企业进一步加强资源节约、利用和管理，取得重要进展。

颁布实施《山西省节约用水条例》。山西是我国水资源严重短缺的省份之一。为了进一步加强水资源管理和规范全社会的用水行为，2012年11月，省人大常委会第三十二次会议审议通过了《山西省节约用水条例》，并于2013年3月1日起施行。该《条例》以法规的形式明确了政府、用水行政主管部门、用水单位和个人节约用水的责任和义务，明确各级政府有责任统筹城乡节约用水工作，并将其纳入国民经济和社会发展规划，建设节水型社会。《条例》明确规定了节约用水的各项具体措施，主要是：在经济发展布局中限制高耗水工业项目建设、限制高耗水服务业发展、限制农业粗放用水；工业企业用水要采取循环利用、综合利用等措施，提高水的重复利用率；采矿企业要配套建设矿井水综合利用设施，并优先使用矿井水；城镇生活污水集中排放和处理设施建设，要统筹规划、配套建设覆盖区域内的工业企业再生水输配管网，并优先使用符合用水水质要求的再生水；新建城镇（含城市新区）、工业园区和旧城改造项目，要同时建设自来水、再生水输配管网，实行分网、分质供水。为了发挥价格杠杆在节约用水中的作用，《条例》还明确规定了实行分类分质定价和阶梯式水价的办法。《条例》的颁布实施，对于全省各级各部门和企业及全社会强化节约用水，进一步解决日益复杂的水资源问题具有重要意义。

进一步推进节约集约用地和严守耕地红线。一是推进单位GDP建设用地下降。省与市签订了单位国内生产总值建设用地下降目标年度工作任务和目标，并严格考评。继续深入开展闲置和低效用地的清理，制止了全省批而未供、开发利用违约等问题，促进了闲置土地的开发利用。二是大力开发造地严守耕地红线。省、市、县、乡、村层层签订了耕地保护目标责任状，全面分解落实耕地保护责任，并对各市政府耕地保护责任履职情况进行了督导检查。同时，规范运行30亿元耕地开发专项资金，大力开发造地。全年省级新立造地项目85个，市级占补平衡项目立项886个，新增耕地入库21.2万亩，全面落实了30万亩造地任务，守住了6075万亩耕地红线。

加快推进煤电产业融合集约。山西是煤炭能源产业大省，也是煤炭火力发电大省，但长期以来，煤炭产业与电力产业之间各自为政，形成了煤炭与电力企业之间的供需矛盾和资源难以集约节约的问题。为了改变这种局面，近年来，山西省委、省政府按照以煤为基、多元发展的战略，大力推进煤电产业融合和煤电的一体化发展。2013年，全省进一步推进了煤电产业融合和煤电一体化发展的进程。其中，同煤集团并购重组了中国电力投资集团控股的山西漳泽电力股份有限公司，在原山西煤炭运销集团有限公司与山西国际电力集团有限公司的基础上合并重组成立晋能有限责任公司；潞安集团与格盟国际能源有限公司签署了全方位合作煤电联营的协议，山西焦煤集团与中国大唐集团签署了煤电联营合作框架协议。这些煤炭大集团企业与电力大集团企业之间整合重组及相互签署煤电合作协议，有力地推动了全省煤电融合的一体化进程。到年末，全省主力火电企业2/3以上实现煤电联营，一半以上与煤企签订电煤供应长期协作合同，形成了"煤控电""煤参电""电参煤""组建新公司"和"煤电互参"五种联营模式。其中，26户主力发电企业实现煤电联营，占主力火电企业装机容量的73%；18户主力火电企业与煤炭企业签订了电煤供应长协合同，占主力火电企业总容量的57.4%。

进一步加强和推进节能降耗。一是继续在六大高耗能行业（钢铁、有色金属、建材、石化、化工、电力）和千家企业实施节能低碳行动重点工程。该项工程从2011年到2013年末，1024项节能改造项目已完工913个，形成年节能能力1800万吨标准煤。二是对90多个高耗能项目进行了节能评估和审查,从源头上控制能耗增长。三是在33户水泥企业开展能效对标活动,推进了合同能源管理。四是在忻州市启动节能量交易试点,通过能耗交易的市场化平台,为区域经济发展提供能耗空间。四是在晋中市启动实施甲醇汽车试点工作,并推动太原、晋城成功列入国家第一批新能源汽车推广应用城市。五是出台《山西省开展绿色建筑行动实施意见》,明确了推进建筑节能的目标任务和具体措施。其中,目标任务是:从2013年起全省政府投资类公益性工程全面执行绿色建筑标准;2014年起单体建筑面积超过2万平方米的机场、车站、宾馆、饭店、商场、写字楼等大型公共建筑以及太原市新建保障性住房全面执行绿色建筑标准,其他地区新建保障性住房执行绿色建筑标准比例不低于20%;到2015年末,20%的城镇新建建筑达到绿色建筑标准要求,各设区市建设2个以上10万平方米以上的绿色建筑集中示范区。六是出台《山西省加快发展节能环保产业实施方案》,明确了加快发展节能环保产业的目标任务和具体措施。其中,目标任务是:节能环保产业产值年均增长20%以上;到2015年,全省节能环保产业总产值达到1600亿元,培育20家左右年产值超过10亿元的节能环保企业,形成10家左右年产值超过1亿元的节能环保服务企业。通过努力,2013年全省万元GDP能耗下降3.74%,高出全年目标0.24个百分点。

继续推进淘汰落后产能和强化工业固废物综合利用。生产技术落后工业产能和工矿产业形成的大量固废物,是资源浪费重要源头。2013年,山西各级各有关方面继续推进了对落后产能的淘汰和工业固废物的综合利用。在淘汰落后产能方面,全年累计关停淘汰落后焦化756万吨、水泥350万吨、钢铁204万吨、电力21.2万千瓦、电石30.9万吨、铁合金12.29万吨、造纸9.1万吨、印染6745万米,全面或超额完成了国家下达山西省的目标任务。在工业固废综合利用方面,朔州市"全国工业固废综合利用示范基地"的试点建设进一步推进,举办了亚洲粉煤灰及副产石膏处理与利用技术国际交流大会；推进晋能集团年产400万平方米粉煤灰硅酸钙板生产线等57个重点项目建设。全年全省煤矸石、粉煤灰、钢铁冶炼渣、脱硫石膏四类大宗工业固废利用量为1.3亿吨，利用率为61%，比2012年提高了4个多百分点。

2. 生态保护

保护和修复生态环境，是生态文明建设的重要内容。2013年，全省各级党委、政府及有关部门进一步加强和推进了对自然生态的保护和修复。

加强和推进林业"六大工程"建设。"十二五"规划，到2015年全省森林覆盖率要达到23%。为进一步推进造林绿化，2012年，省委、省政府提出了突出抓好林业"六大工程"建设的任务，即太行山和吕梁山"两山"造林工程、绿色路网和绿色水网"两网"绿化工程、干果经济林和速生丰产林"两林"富民工程、大城市郊区和矿区"两区"增绿工程、新造乔木林100万亩和改造灌木林100万亩的"双百"示范工程、天然林保护和森林资源综合保护"双保"管护工程。2013年，全省进一步加强和推进了林业"六大工程"建设。全年完成营造林30.27万公顷，其中太行山和吕梁山"两山"造林工程完成13.2万公顷，绿色路网和绿色水网"两网"绿化工程完成6.13万公顷，干果经济林和速生丰产林"两林"富民工程完成6.67万公顷，大城市郊区和矿区"两区"增绿工程完成2.27万公顷，新造乔木林100万亩、改造灌木林100万亩的"双百"精品工程完成2万公顷。

启动实施吕梁山生态脆弱区林业生态建设工程。吕梁山区域既是经济欠发达的国家级集中连片贫困地区，也是缺林少绿、生态较为脆弱的地区，还是全国土壤侵蚀最严重的区域之一。为了彻底改善吕梁山生态环境状况，省委、省政府决策部署启动了吕梁山生态脆弱区林业生态建设工程。该工程于2013年4月13日在吕梁市岚县正式启动实施。按照规划，工程范围涉及忻州、吕梁、临汾3市23个县和省直管涔、黑茶、关帝、吕梁4个林局44个林场，区域面积达到5516万亩，人口374万人，分别占到全省的24%和10%。工程区宜林地面积1181万亩，约占全省的32%，水土流失面积4389万亩。工程规划的目标任务是：从2013年到2020年，在忻州、吕梁、临汾3市的23县和省直管涔、黑茶、关帝、吕梁4个林局全面铺开规模达736万亩的造林绿化和林业产业富民工程。实施步骤是：2013~2015年，平均每年完成120万亩，3年完成任务总量的50%；2020年工程全部完工后，吕梁山区宜林荒山绿化率达到62%，森林覆盖率达到26.5%。规划提出的主要措施是：整合国家、省级和地方造林绿化工程，通过逐路推进、逐村绿化、逐沟治理的方式，有效遏制水土流失，全面改善生态环境。

颁布实施《山西省森林公园条例》。为了保护培育森林风景资源、自然文化资源和重点生物多样性区域，截止到2013年，山西先后开辟和建设了省级以上55处森林公园，其中国家级森林公园19处，省级森林公园36处，此外县级森林公园56处，面积54.1万公顷（812万亩），占全省国土面积3.47%。为了加强对全省各级各类森林公园的管理，2013年8月1日，省第十二届人民代表大会常务委员会第四次会议审议通过了《山西省森林公园条例》，并于10月1日起施行。该《条例》对森林公园的建设、管理、保护及违规的相关法律责任作出明确规定。《条例》的颁布实施，对于依法建设、管理和保护开发森林公园具有重要意义。

继续推进实施"绿色生态工程"。在"十一五"期间实施"蓝天碧水工程"的基础上，从2011年"十二五"开始，全省实施"蓝天碧水工程"扩容提质的"绿色生态工程"。"绿色生态工程"是指在全省11个重点城市、45个县（市）和主要河流源头、汾河流域、高速公路沿线的21个县，实施包括功能区划定、产业结构优化、行业准入与淘汰等"绿色"工程，实施包括环境治理、生态建设和恢复等"生态"工程。该工程具体操作上细分为"减排""净空""净水""清洁""提质""创建"六大工程。

2013年，全省继续推进实施"绿色生态工程"，取得新进展。到年末，全省"绿色生态工程"已完成总体规划进度的60%以上，比2012年提高了10个百分点。其中，11个重点城市、11个县级市、55个县建成区生活污水处理率平均分别达到88.6%、86.0%、84.9%，回用率平均分别达到28.2%、22.0%、6.4%，生活垃圾无害化处理率平均分别达到85.1%、59.6%、44.3%，绿化覆盖率平均分别达到39.7%、37.6%、37.3%，集中供热普及率平均分别达到89.5%、79.8%、70.0%，燃气普及率平均分别达到96.5%、91.0%、72.9%，工业固废综合利用率平均分别达到79.3%、69.0%、77.8%。

深入推进全省"矿山复绿"行动。2012年8月，全国"矿山复绿"行动正式启动。2013年，山西"矿山复绿"行动深入推进，取得积极成效。一是编制完成《山西省"矿山复绿"行动实施方案》，通过了国土资源部的技术评审。二是加强对矿山企业履行矿山地质环境保护与恢复治理义务的督查检查。到年末，全省煤矿应编制"治理方案"905个，完成编制903个，完成率99.8%，已备案901个，完成率99.6%；全省煤炭矿区生态环境恢复完成造林3.3万亩。同时，全省非煤矿山完成了"矿山地质环境保护与治理恢复方案"审查备案203个。

3. 环境治理

2013年，全省各级党委、政府及有关部门以污染物总量减排为主线，不断加强和推进对污染环境行为的治理，取得新的进展。

进一步改造传统火力发电能源与加强清洁能源开发供应。传统燃煤火力发电能源，是造成环境污染的重要源头。近年来，山西不断推进对传统燃煤火力发电能源的改造和新能源的开发供应，取得了重要成效。2013年，对传统燃煤能源的改造和新能源的开发供应进一步推进。在改造传统燃煤能源方面，2013年新建火电厂脱硝机组装机容量比2012年增长1.1倍，脱硝机组装机容量占全省火电总装机容量72%；燃煤电厂脱硫系统烟气旁路拆除比2012年增长2.04倍。在加强清洁能源开发供应方面，煤层气、风能、太阳能等清洁能源产业取得了较大发展。2013年8月，省政府出台了《关于加快推进煤层气产业发展的若干意见》（通称"煤层气20条"）提出的目标任务是：到"十二五"末，全省实现地面煤层气总产能195亿立方米，煤矿瓦斯抽采量52亿立方米，全省管线总里程突破1万公里，管网实现四个全覆盖，即：119个县（市、区）全覆盖、重点工业用户全覆盖、重点旅游区全覆盖、重点镇全覆盖，气化人口2000万。为了鼓励煤层气开发利用，省政府决策部署建立煤层气发电产业专项基金，用于山西煤层气发电厂的建设和省内煤层气发电装备制造技术研发项目补贴。到年末，全省煤层气发电装机容量已经占到全国煤层气发电现役装机容量的42%。与此同时，全省风电、太阳能等新能源发电量保持快速增长。到2013年底，全省风力发电装机容量达315.95万千瓦，太阳能发电装机容量3.50万千瓦；全年全省风力发电58.16亿千瓦时，同比增长60.9%；太阳能发电0.49亿千瓦时，同比增长130.27%。风电成为仅次于火电的全省第二大发电能源。传统能源的改造和清洁能源的快速增长，在支持主要污染物排放总量持续下降方面发挥了重要作用。

大力加强和深入推进大气污染防治。一是出台防治大气污染的重大举措。2013年2月，省政府办公厅发布《山西省2013～2020年大气污染治理措施》，从优化能源利用结构与布局、严格工业布局与污染治理要求、积极发展绿色公共交通、加强生态建设、进一步提高城市扬尘污染控制水平、完善监测体系和信息发布制度、推动全民监督控污等方面，提出具体措施和目标任务。通过《山西省落实大气污染防治行动计划实施方案和2013年行动计划》。2013年10月，省政府印发《山西省落实大气污染防治行动计划实施方案》，提出了强化污染物协同减排、防治机动车污染、优化区域经济布局、推动能源利用清洁化、加快企业技术改造等方面的重点任务和具体措施。目标是：到2017年，全省空气质量明显好转，重污染天气较大幅度减少，优良天数逐年提高；11个设区市可吸入颗粒物浓度比2012年下降10%以上，全省细颗粒物浓度比2012年下降20%左右。二是深入推进年度计划任务的落实。其中：淘汰建成区10蒸吨以下燃煤锅炉、茶浴炉1757台，完成年度任务的220%；1321.4万千瓦脱硫设施改造、1657万千瓦脱硝设施建设、2105万千瓦除尘设施改造，分别完成年度任务的102%、133%、152%；3958平方米烧结机脱硫设施建设，完成年度任务的197%；7.8万吨/日规模的新型干法水泥窑脱硝设施建设，完成年度任务的179%；4568.7蒸吨/小时规模脱硫设施建设，完成年度任务的250%；淘汰黄标车及老旧车8.0223万辆，完成年度任务的243%；电力、钢铁、水泥、焦炭、铁合金等行业分别淘汰落后产能21.2万千瓦、425万吨、646万吨、21.29万吨、30.9万吨，分别完成年度任务的106%、170%、108%、177%、103%；完成原煤入洗率达到50%以上。

通过各方面努力，2013年全省主要污染物排放量明显下降，城市空气质量也得到明显改善。2013年，全省化学需氧量、氨氮、二氧化硫、氮氧化物排放量分别同比下降3.24%、2.77%、3.56%、6.93%，烟尘、工业粉尘排放量同比下降4.15%和4.46%。全省11个地级市环境空气质量达标天数平均为183天，占全年有效监测天数的50.3%。11个地级市重污染天数平均为32天，占全年有效监测天数的8.8%。吕梁、大同、朔州、阳泉4市达标天数比例高于全省平均水平；太原市环境空气质量在全国74个城市中由重到轻排名第13位，好于周边省会城市。全省11个地级市环境空气质量综合指数由大到小排序依次为：晋中、晋城、太原、忻州、运城、长治、临汾、朔州、阳泉、大同、吕梁。

出台实施《山西省地下水污染防治实施方案（2011~2020年）》。2013年1月，省政府印发《山西省地下水污染防治实施方案（2011~2020年）》，该《方案》规划的目标是：到2015年，通过地下水污染现状的全面系统调查与环境评估，基本掌握地下水污染特征；通过启动地下水污染修复试点，为全面完成国家规划项目与治理工程提供经验；通过能力建设，全面建立地下水污染监测与监管体系；完成示范工程，控制地表污水入渗，初步遏制省域内地下水Ⅳ类、Ⅴ类水质恶化趋势，重点城镇地下水集中式饮用水水源的水质得到明显改善。到2020年，实现对地下水污染源的全面监控，有效控制影响地下水环境安全的污染河流与污染场地、渗坑及渗漏带；建立系统的地下水污染防治体系，地下水污染风险得到有效防范，地下水环境监管能力得到全面提升。2013年，9个地级市共监测53眼井，按《地下水质量标准》（GB/T14848-93）进行评价，地下水总体水质为良好。其中，吕梁、太原、朔州、晋中4市水质优良，长治、晋城、大同3市水质良好，临汾水质较好，阳泉水质较差。全省地下水质基本保持稳定。

六　居民生活

保障和改善民生，不断提高人民群众的生活水平，是经济社会发展的根本出发点和落脚点，也是实现中国梦的重要内容和重要保障。2013年，山西省委、省政府进一步加强和推进改善民生的各项工作，促进了全省居民生活状况的改善和生活水平的提高。

1. 就业状况

就业乃民生之本，是人民群众改善生活的基本前提和基本途径。2013年，山西各级党委和政府及有关部门大力推进就业创业工程，支持和促进城乡居民就业，就业形势保持了稳中趋好。全年全省有17.6万名应届高校毕业生实现就业，就业率达91%，超过2012年水平；全省城镇新增就业51.5万人，比2012年增加0.4万人；农村转移劳动力37万人，比2012年减少6.2万人。年末城镇登记失业率3.1%，低于4.2%的年度控制目标，比2012年下降了0.2个百分点。

2013年，全省就业形势稳中趋好，主要因素是：

一是颁布实施《山西省就业促进条例》，强化了法制保障。2012年11月26~29日，省十一届人大常委会第三十二次会议审议通过《山西省就业促进条例》，并于2013年3月1日起施行。该《条例》对当前山西存在的就业结构矛盾、政策性安置压力等问题，从扶持政策、就业服务、资金支持，到鼓励创业、就业援助等方面都作了明确规定，为进一步促进全省城乡就业提供了法制保障。

二是出台针对性帮扶政策鼓励劳动密集型小微企业吸纳就业。2013年4月，省政府办公厅印发《关于进一步支持中小微企业发展的措施（2013年第1批）》，提出了实施鼓励劳动密集型小微企业吸纳就业新政策。该项政策主要是：对当年新招用符合小额担保贷款申请条件的人员且签订一年以上期限劳动合同的，可按人均10万元的额度申请最高不超过200万元的小额担保贷款，并由财政全额贴息；对符合申请小额担保贷款条件并直接向指定金融机构申请到创业扶持贷款的，可参照执行。这项政策促进了劳动密集型小微企业吸纳就业的积极性。

三是出台针对性帮扶政策促进大学生就业创业。2013年6月，省政府办公厅印发《关于做好2013年全国普通高等学校毕业生就业工作的实施意见》，提出了试行农业技术推广服务特岗计划、调整高校毕业生创业培训补贴政策期限、组织开展有针对性的校园招聘活动、对城乡低保家庭应届毕业生每人给予1000元求职补贴、组织1万名高校毕业生就业见习并给予补贴、招录公务员、事业单位人员和选聘大学生村官、农村特岗教师2.3万人等政策。这些政策的落实，支持和促进了全省应届高校毕业生的充分就业。

四是积极开展创业型城市（县）和农村劳动力转移就业示范县（市）"双创建"活动。2012年8月，创业型城市（县）和农村劳动力转移就业示范县（市）"双创建"活动在全省启动。2013年，"双创建"活动进一步推进。其中，推广晋城创建经验，全省创业孵化基地覆盖80%的县，新增个体工商户10.3万户，带动就业30余万人，创业就业12.9万人。30个农村劳动力转移就业示范县创建工作扎实有效，转移农村劳动力37万人。

2. 收入状况

居民收入水平的高低直接关系着居民的生活水平。2013年，山西城镇居民人均可支配收入为22455.6元，增长10%，农民人均纯收入达到7154元，增长12.5%。农村占人口20%的低收入者收入2283元，增长15.6%。

2013年，全省城乡居民收入增长呈现出结构变化的五大特点。

一是工资性收入有较高增幅。2013年全省城镇居民人均可支配收入为22455.6元，同比增加2043.9元，其中人均工资性收入16216.4元，同比增加1242.8元。这表明，2013年增加的收入中有近三分之二来自于工资性收入，工资增长成为拉动城镇居民收入增加的主要因素。2013年，全省增资政策涉及取暖补贴、带薪休假、调整最低工资标准、提高城乡低保标准、落实市县机关公务员第三次津补贴、提高事业单位绩效工资等多个方面。一系列政策促进了全省城镇居民工资性收入的平稳增长。2013年，全省农民人均纯收入中工资性收入为3725元，比2012年增加549.5元，增长17.3%，其占农民人均纯收入的比重达52.1%。农民人均纯收入中工资性收入的增长得益于近年来全省大规模开展的农村劳动力阳光培训工程。经过技能培训的农民数量不断增加，农民由纯粹的体力劳动者转向有一定技术含量的技术工人，成为生产一线的主力军，从而提高了农民工资性收入水平。

二是家庭经营收入有较高增幅。2013年，全省城镇居民人均经营净收入为1221元，同比增长达17.2%。这主要得益于投资环境的优化。2013年，省政府采取多种手段，扩宽多重渠道，制定一系列优惠政策，在优化投资环境的同时创造了投资空间,促使城镇居民经营净收入较快增长。2013年,全省农民人均纯收入中,家庭经营纯收入达到2504元,比2012增加169.6元,增长7.3%。农民家庭经营纯收入的增长主要因素是:近几年来,农民由过去粗放、单一的农业经营向高效益、多元化经营模式转变的步伐加快,牛、羊等畜产品产能不断加大,养殖收效较高;设施农业迅速发展,大棚蔬菜成为众多农民发家致富的好途径;农村合作社开展"农企对接""农超对接"农产品直销活动等。农民经营方式的这种变化,有效提高了农民经营性收入。

三是财产性收入有较高增幅。2013年,全省城镇居民人均财产性收入为359元,比2012年增长19.0%;农民人均财产性纯收入为155元,比2012年增长10.0%。其中,购买理财产品和出租房屋是城镇居民人均财产性收入增加的主要来源。相对富裕的农民个人投资或入股农村合作社、集体企业,以及农民从集体财产入股得到的红利收入、转让承包土地经营权租金收入等,是农民人均财产性收入增加的主要来源。

四是政府加大转移支付力度促进收入增长。2013年,全省城镇居民人均转移性收入达到6217元,比2012年增长7.5%。从总量上看,2013年城镇居民人均转移性收入占总收入比重为27.7%,转移性收入成为城镇居民收入的重要组成部分。这方面的因素主要是,政府提高了企业退休人员基本养老金、养老保险、失业保险等标准。2013年,全省农民人均转移性收入达到770元,比2012年增加64.1元。这方面的因素主要是一系列强农惠农富农政策的落实。如,种粮直补,生产资料综合补贴资金额的增加和范围的扩大,对农户"一吨煤"补贴政策的实行,新农保标准、最低生活保障标准和五保供养标准的提高等各项政策有效落实。

五是贫困地区农民人均纯收入快速增长。2013年,国家统计局山西调查总队对山西省贫困地区的36个县农民人均纯收入进行的抽样调查显示:

这36个贫困地区县的农民人均纯收入达4378.15元，比2012年增长18.8%，增速高于全省农民平均水平6.3个百分点。这方面的因素主要是百企千村产业扶贫开发工程的实施以及干部下乡住村包村增收活动的开展。其中，2013年百企千村产业扶贫开发工程启动实施，58个贫困县实施项目209个，总投资达690亿元。2013年，通过各个方面扶贫开发，全省47万贫困人口实现脱贫。

3. 消费状况

居民消费水平的高低直接反映和体现着居民生活水平。2013年，山西社会消费品零售总额实现4988.3亿元，同比增长14%。

全年全省城镇居民人均消费性支出13166元，增长7.8%；城镇居民人均消费性支出占可支配收入的58.6%。城镇居民消费主要方向集中在食品、衣着、居住、家庭设备用品及服务、医疗保健、交通通讯和文教娱乐用品及服务，分别占消费总支出的27.9%、12.36%、12.24%、6.6%、7.47%、13.49%、15.68%。其中，食品、衣着、家庭设备用品及服务、交通通讯消费占比比2012年有所下降，食品消费占比下降了3.7个百分点，衣着消费占比下降了0.17个百分点，家庭设备用品及服务消费占比下降了0.22个百分点，交通通讯消费占比下降了0.2个百分点；居住、医疗保健、文教娱乐用品及服务消费占比比2012年有所增加，居住消费占比增加了0.46个百分点，医疗保健消费占比增加了0.05个百分点，文教娱乐用品及服务消费占比增加了3.34个百分点。城镇居民食品消费支出占总支出比的下降和居住、医疗保健、文教娱乐用品及服务消费支出占总支出比的增加，反映了居民生活进一步向享受型发展。

全年全省农民人均生活消费支出6017元，增长8.1%；农民人均生活消费支出占人均纯收入的84.1%。农民消费主要方向集中在食品、衣着、居住、家庭设备用品及服务、医疗保健、交通通讯和文教娱乐用品及服务，分别占消费总支出的33%、0.91%、20%、5.5%、11.55%、9.23%、8.78%。其中，食品、衣着、居住、文教娱乐用品及服务消费占比比2012年有所下降，食品消费占比下降了0.4个百分点，衣着消费占比下降了0.1个百分点，居住消费占比下降了0.52个百分点，交通通讯消费占比下降了2.0个百分点，文教娱乐用品及服务消费占比下降了0.17个百分点；家庭设备用品及服务、医疗保健占比比2012年有所增加，家庭设备用品及服务消费占比增加了0.14个百分点，医疗保健消费占比增加了2.75个百分点。农民食品消费支出占总支出比的下降和家庭设备用品及服务、医疗保健、交通通讯消费占比的增加，反映了居民生活质量的提高。

  2013年，全省城乡居民消费结构的变化，与省委、省政府促进消费的一系列政策有很大关联。其中，城镇居民居住消费的增长，与开展"幸福暖家"促销活动有关联。2013年，全省50家品牌家具建材生产企业和84家家具销售企业参与"幸福暖家"促销活动，对全省保障性住房家庭购买地产家具、建材产品，在2012年平均实际成交价的基础上再优惠5%，共为全省1万余户保障房家庭和低保户让利4000多万元，并向20多户保障性住房家庭和低保户家庭进行了爱心捐赠，促进了消费。城镇居民文教娱乐用品及服务消费的增长，与开展"美丽山西休闲游"有关联。2013年5月，省政府出台《关于推动"美丽山西休闲游"若干措施》，其核心条款是全省国有及国有控股的49个A级景区实行头道门票打折优惠，并不设期限，其优惠幅度旺季为20%，淡季为40%。城镇居民食品消费下降，与开展"晋人晋菜晋味道"促销活动有关联。2013年，全省"晋人晋菜晋味道"促销活动，以"告别奢华、回归大众"为主题，有3万家餐饮企业参加"千企万店让利百姓"活动，34家餐饮企业开展了"晋菜美食进社区"活动，19家连锁企业开展了"中央厨房开放日"活动。城乡居民医疗保健消费的增长，与政府提高医疗保障和服务水平有关联。

4. 物价状况

物价是直接影响人民群众生活水平的重要因素。2013年，由于农产品价格、服务价格的上涨，推动了山西全省物价总水平上涨。全年居民消费价格总水平上涨3.1%，上涨幅度比2012年高出0.6个百分点。其中，食品价格上涨6.2%，上涨幅度比2012年高出2.0个百分点；商品零售价格上涨1.8%，上涨幅度与2012持平。

2013年，山西居民消费价格的上涨，给人民群众生活带来一定的影响。为了抑制物价上涨，全省各级党委、政府及有关部门按照稳中求进的宏观调控总基调，加强价格监管、深化价格改革、疏导价格矛盾、规范价格秩序，促使居民消费物价走势不断趋于平稳。全省全年居民消费价格总水平高于全国平均水平0.5个百分点，但控制在年度目标3.5%以内，从总体上看全年价格走势平稳。

2013年，全省各级各部门控制和稳定居民消费价格上涨的重要举措是：一是稳定蔬菜价格。2013年下半年由于蔬菜等价格上涨，带动全省居民消费价格指数（CPI）上涨，影响到居民群众的生活。为此，全省启动推出了"两稳一平"（稳定关键时段蔬菜价格、稳定关键环节蔬菜价格）的稳价措施，在11个地级市政府所在地的城区以及清徐县、平遥县等12个县（市）推行以"定价格、定品种、定时段、定销点"的"四定"办法，试点销售平价蔬菜，稳定蔬菜价格。二是积极发挥价格调节基金作用。全省征收价格调节基金16.37亿元，其中省本级收入3.99亿元。全省各级各地积极发挥基金调节作用，安排近5亿元价格调节基金，用于支持副食品基地建设、政府重要商品储备、稳定重大节日市场价格、平价商店建设等，为稳定市场物价发挥了重要作用。三是加快推进各地市平价商店的建设。2012年上半年在太原、晋中等市试点的基础上，同年11月在全省全面启动平价商店的建设。2013年，全省各地平价商店的建设加快推进。到年末，全省各地在低收入群体相对集中的地区建立了500多家平价商店，以低于市场均价销售蔬菜、粮油等农副产品，稳定了"菜篮子"价格。与此同时，通过搭建街办社区与农副产品生产企业合作平台，建立产销对接，减少流通环节，降低成本费用，确保了平价蔬菜价格低于当地同类市场均价15%以上，平价粮油肉蛋类价格低于当地同类市场均价5%以上。如，太原市小店区平价蔬菜均价低于市场价格20%，免费为社区困难群众提供一定数量的蔬菜，销售蔬菜1100余万斤，销售粮油、鸡蛋等农副产品130余万斤，让利500余万元，充分发挥了稳价惠民的积极作用，保障了群众的基本生活。四是降低部分药品价格。其中，调整和降低呼吸系统疾病、解热镇痛和专科特殊用药等药品价格，涉及400多个品种，1460个剂型规格，平均降价幅度约15%。调整降低奥美拉唑等4种单独定价药品最高零售限价，平均降幅约20%。五是规范教育收费。其中，规范了全省各级各类幼儿园的收费项目、标准和定价权限；明确财政补贴比例，规定各级政府对学前教育的生均财政拨款标准不低于生均保育教育成本的50%，保教费标准不高于保育教育成本的50%。六是实施部分旅游景点门票优惠价格措施。全省国有及国有控股的49个A级景区实行头道门票打折优惠，并不设期限，其优惠幅度旺季为20%，淡季为40%。

5. 居住状况

住房状况与居住环境，是体现和反映人民群众生活水平的重要因素。2013年，山西城乡镇居民家庭居住环境进一步改善，住房面积持续增加。城镇居民人均住房建筑面积达31.9平方米，比2012年提高了1.26平方米；农村家庭人均住房建筑面积达33.5平方米，比2012年提高了1.11平方米。

2013年，全省城乡居民人均住房面积的扩大与居住环境的改善，主要因素是：

一是城镇保障性住房建设的加快与管理水平的提高。2013年，国家下达山西城镇保障性住房建设任务为新开工18万套，建成17万套。到年末，全省实际新开工24.2万套，建成22.1万套，分别超出国家下达任务的34.5个百分点和30个百分点；完成投资542.85亿元，超出年度计划38.5个百分点。在加快推进城镇保障性住房建设的同时，为加强和规范保障性住房的管理，2012年11月，制定出台了《山西省保障性住房建设管理办法》《山西省保障性住房运营管理办法》《山西省廉租住房配租与退出管理办法》《山西省公共租赁住房配租与退出管理办法》《山西省经济适用住房供应与退出管理办法》《山西省限价普通商品住房供应管理办法》六大保障性住房管理办法，2013年1月，又制定出台了《山西省保障性住房物业管理办法》。这些关于保障性住房建设、运营、物业管理等办法的出台，进一步加强和规范了保障性住房的建设和管理。

二是加快推进城市棚户区和工矿棚户区的改造。2013年全省各地新开工城市棚户区改造10.53万户、工矿棚户区改造1.99万套。截至2013年底，全省已累计开工建设城市棚户区安置房38.42万套、工矿棚户区安置房7.69万套，分别为"十二五"规划目标任务的152.9%和123.2%。

三是调控商品住宅开发业发展和稳定价格。2013年，全省房地产开发企业住宅投资完成958.8亿元，同比增长30.3%。全年全省房地产开发项目住宅施工面积10754.9万平方米，同比增长15.6%；住宅竣工面积1848.0万平方米，同比增长28.7%；住宅销售面积1484.4万平方米，同比增长6.8%。在调控商品住宅开发业发展的同时，积极控制和稳定商品住宅价格。全年全省11个设区城市新建商品住宅价格同比涨幅控制在10%以内。与此同时，创建了4项国家康居示范工程、7个国家级物业示范项目，充分发挥了示范效应，住房品质和物业管理水平进一步提升。

四是推进农村危房改造和启动乡村清洁工程。全省农村危房改造始于2008年,到2012年末全省各级财政已经累计投入26.98亿元,约60万农村困难群众喜迁新居。2013年,全省农村危房改造进一步推进,完成10万户农村危房改造任务。同时启动并完成了1万户农村住房抗震改建试点任务。全省2.82万个行政村全部启动乡村清洁工程,共落实资金11.57亿元,配备清扫保洁和监管人员7.8万名、垃圾收运车辆3.59万台,初步建立起较为完备的清运保洁体系,农村环境面貌发生明显变化。

第三篇 发展比较

山西是国家全局中一员,与全国和周边省区、中部地区省份的发展变化紧密关联。从与全国发展变化、周边省区发展变化和中部省发展变化的比较角度,研究和认识2013年山西发展变化的状况,有利于认清山西在全国发展变化全局中的方位,也有利于认清山西在周边省区、中部省份的大区域发展变化格局中的方位。

一 全国比较

1. 生产总值

2013年,山西地区生产总值为12602.2亿元,增长8.9%。其中,第一产业增加值773.8亿元,增长4.5%,占生产总值的比重为6.1%;第二产业增加值6792.7亿元,增长10.2%,占生产总值的比重为53.9%;第三产业增加值5035.8亿元,增长7.5%,占生产总值的比重为40.0%。人均地区生产总值为34813元。

2013年,全国国内生产总值568845亿元,比上年增长7.7%。其中,第一产业增加值56957亿元,增长4.0%,占生产总值的比重为10.0%;

第二产业增加值249684亿元，增长7.8%，占生产总值的比重为43.9%；第三产业增加值262204亿元，增长8.3%，占生产总值的比重为46.1%，第三产业增加值占比首次超过第二产业。人均国内生产总值为41908元。

与全国相比，山西地区生产总值增幅较全国高1.2个百分点；山西地区生产总值占全国的比重为2.22%，比2012年减少了0.11个百分点；山西第一、二产业增加值增幅高于全国，第三产业增加值低于全国；山西第一、三产业增加值占总产值的比重分别低全国3.9、6.1个百分点，第二产业增加值占总产值的比重高10个百分点。山西人均地区生产总值与全国相差7095元。

在全国31个省区市中，山西地区生产总值排第23位，介于重庆与云南之间；山西人均地区生产总值排第19位，介于内蒙古与重庆之间。

2. 公共财政

2013年，山西公共财政收入1700.2亿元，增长12.1%；其中税收收入1135.5亿元，增长8.6%。全国公共财政收入129143亿元，增长10.1%；其中税收收入110497亿元，增长9.8%。

与全国相比，山西公共财政收入增幅较全国高2个百分点，税收收入低1.2个百分点。

在全国31个省区市中，山西公共财政收入总额排第19位，介于内蒙古与重庆之间；山西公共财政收入增幅排第21位。

3. 工业农业

2013年，山西规模以上工业增加值增长10.5%，其中国有及国有控股企业增长6.1%，集体企业增长5.9%；规模以上工业企业实现利润547.9亿元，下降31.4%。建筑业实现增加值759.7亿元，增长6.4%；具有建筑业资质等级的总承包和专业承包建筑业企业实现利润80.1亿元，增长15.6%。粮食产量1312.8万吨，增加38.7万吨，增产3.0%。

全国规模以上工业增加值增长9.7%，其中国有及国有控股企业增长

6.9%,集体企业比上年增长4.3%;规模以上工业企业实现利润62831亿元,增长12.2%。建筑业增加值38995亿元,增长9.5%;具有资质等级的总承包和专业承包建筑业企业实现利润5575亿元,增长16.7%。粮食产量60194万吨,增加1236万吨,增产2.1%。

与全国相比,山西规模以上工业增加值增幅高全国0.8个百分点,其中国有及国有控股企业增幅低全国0.8个百分点,集体企业增幅高全国1.6个百分点;山西规模以上工业企业实现利润低全国43.6个百分点。山西建筑业实现增加值增幅低全国3.1个百分点;具有建筑业资质等级的总承包和专业承包建筑业企业实现利润增幅低全国1.1个百分点。山西粮食总产量增幅高全国0.9个百分点,占全国的比重为2.18%。

在全国31个省区市中,山西规模以上工业企业实现利润排23位,介于云南和贵州之间;山西建筑业实现增加值排20位,介于天津与贵州之间;山西粮食总产量排第17位,介于广东和陕西之间。

4. 固定投资

2013年,山西固定资产投资11200.2亿元,增长22.1%。其中,第一产业投资705.1亿元,增长92.6%;第二产业投资4685.1亿元,增长13.3%;第三产业投资5810.1亿元,增长24.3%。房地产开发投资1308.6亿元,增长29.5%;其中住宅投资958.8亿元,增长30.3%,商业营业用房投资182.6亿元,增长31.1%。

2013年,全国固定资产投资(不含农户)436528亿元,增长19.6%。第一产业投资9241亿元,增长32.5%;第二产业投资184804亿元,增长17.4%;第三产业投资242482亿元,增长21.0%。房地产开发投资86013亿元,增长19.8%;其中住宅投资58951亿元,增长19.4%,商业营业用房投资11945亿元,增长28.3%。

与全国相比,山西固定资产投资增幅高全国2.5个百分点,其中第一产业投资增幅高全国60.1个百分点,第二产业投资增幅低全国4.1个百分点，第三产业投资增幅高全国3.3个百分点。山西房地产开发投资增幅高全国9.7个百分点，其中住宅投资增幅高全国10.9个百分点，商业营业用房投资增幅高全国2.8个百分点。山西固定资产投资额占全国的2.5%，房地产开发投资额占全国的1.5%。

在全国31个省区市中，山西固定资产投资额排第18位，介于广西和重庆之间；山西固定资产投资增幅排第10位，与安徽并列，介于湖北和湖南之间。山西房地产开发投资额排第23位，介于天津和吉林之间。

5. 内外贸易

2013年，山西社会消费品零售总额4988.3亿元，增长14.0%。按经营地统计，城镇消费品零售额4138.5亿元，增长13.9%；乡村消费品零售额849.8亿元，增长14.3%。按消费形态统计，商品零售额4518.6亿元，增长14.1%；餐饮收入额469.7亿元，增长13.3%。山西进出口总额为158.0亿美元，增长5.0%；其中出口额为80.0亿美元，增长14.0%，进口额为78.0亿美元，下降2.8%。

2013年，全国社会消费品零售总额237810亿元，增长13.1%。按经营地统计，城镇消费品零售额205858亿元，增长12.9%；乡村消费品零售额31952亿元，增长14.6%。按消费形态统计，商品零售额212241亿元，增长13.6%；餐饮收入额25569亿元，增长9.0%。全国进出口总额为41600亿美元，增长7.6%；其中出口额为22096亿美元，增长7.9%，进口额为19504亿美元，增长7.3%。

与全国相比，山西社会消费品零售总额增幅高全国0.9个百分点。其中，城镇消费品零售额增幅高全国1个百分点，乡村消费品零售额增幅低全国0.3个百分点；商品零售额增幅高全国0.5个百分点，餐饮收入额增幅高全国4.3个百分点。山西社会消费品零售总额占全国的比重为2.1%，山西进出口总额占全国的比重为0.38%。

与全国相比，山西进出口总额增幅低于全国2.6个百分点，出口额增幅高于全国6.1个百分点；山西进口额降幅达2.8%，全国进口额增幅7.3%，二者相差10.1个百分点。

在全国31个省区市中，山西社会消费品零售总额排第18位，介于吉林和广西之间；山西进出口总额排第24位。

6. 民生社会

2013年，山西年末城镇登记失业率3.1%，全国年末城镇登记失业率为4.05%。山西年末城镇登记失业率低全国0.95个百分点，就业形势好于全国。在全国31个省区市中，山西年末城镇登记失业率排第六位，与河南并列。

2013年，山西城镇居民人均可支配收入22456元，增长10.0%；农村居民人均纯收入7154元，增长12.5%。山西城镇居民人均消费性支出13166元，增长7.8%；农村居民人均生活消费支出6017元，增长8.1%。山西城镇居民家庭恩格尔系数（即居民家庭食品消费支出占家庭消费支出的比重）27.9%，农村居民家庭恩格尔系数33.0%。全国城镇居民人均可支配收入26955元，增长9.7%；农村居民人均纯收入8896元，增长12.4%。全国城镇居民人均消费性支出18022.6元，增长8.0%；农村居民人均生活消费支出6625.2元，增长12.1%。全国城镇居民家庭恩格尔系数为35.0%，农村居民家庭恩格尔系数37.7%。与全国相比，山西城镇居民人均可支配收入与全国相差4499元，农村居民人均纯收入与全国相差1742元；山西城镇居民人均消费性支出与全国相差4856.6元，农村居民人均生活消费支出与全国相差608.2元；山西城镇居民家庭恩格尔系数低全国7.1个百分点，农村居民家庭恩格尔系数低全国4.7个百分点。在全国31个省区市中，山西城镇居民人均可支配收入排第20位，介于河北与河南之间；山西农村居民人均纯收入排第23位，介于新疆与宁夏之间。山西城镇居民人均消费性支出排第30位，仅高于西藏；山西农村居民人均生活消费支出排第20位，介于新疆与安徽之间。

2013年，山西居民消费价格上涨3.1%，其中食品价格上涨6.2%，商品零售价格上涨1.8%。全国居民消费价格上涨2.6%，其中食品价格上涨4.7%，商品零售价格上涨1.4%。与全国相比，山西居民消费价格上涨高全国0.5个百分点，其中食品价格上涨高全国1.5个百分点，商品零售价格上涨高全国0.4个百分点在全国31个省市区中，山西居民消费价格指数（CPI）和商品零售价格指数（RPI）排前10位。

2013年，山西城镇化率为52.56%，全国城镇化率为53.73%。与全国相比，山西城镇化率低全国1.17个百分点。在全国31个省市区中，山西城镇化率排第14位，介于吉林与山东之间。

二 周边比较

1. 生产总值

2013年，山西地区生产总值12602.2亿元，增长8.9%。其中，第一产业增加值773.8亿元，增长4.5%，占生产总值的比重为6.1%；第二产业增加值6792.7亿元，增长10.2%，占生产总值的比重为53.9%；第三产业增加值5035.8亿元，增长7.5%，占生产总值的比重为40.0%。人均地区生产总值为34813元，增长3.5%。

2013年，内蒙古地区生产总值16832.38亿元，增长5.3%。其中，第一产业增加值1599.41亿元，增长10.5%，占生产总值的比重为9.5%；第二产业增加值9084.19亿元，增长0.57%，占生产总值的比重为54.0%；第三产业增加值6148.78亿元，增长11.6%，占生产总值的比重为36.5%。人均地区生产总值达到67498元，增长4.9%。

2013年，河北地区生产总值28301.4亿元，增长8.2%。其中，第一产业增加值3500.4亿元，增长3.5%，占生产总值的比重为12.4%；第二产业增加值14762.1亿元，增长9.0%，占生产总值的比重为52.1%；第三产业增加值10038.9亿元，增长8.4%，占生产总值的比重为35.5%。人均地区生产总值为38716元，增长5.8%。

2013年，陕西地区生产总值16045.21亿元，增长11%。其中，第一产业增加值1526.05亿元，增长4.7%，占生产总值的比重为9.5%；第二产业增加值8911.64亿元，增长12.6%，占55.5%；第三产业增加值5607.52亿元，增长9.9%，占35%。人均生产总值42692元，增长10.6%。

2013年，河南地区生产总值32155.86亿元，增长9.0%。其中，第一产业增加值4058.98亿元，增长4.3%，占生产总值的比重为12.6%；第二产业增加值17806.39亿元，增长10.0%，占生产总值的比重为55.4%；第三产业增加值10290.49亿元，增长8.8%，占生产总值的比重为32.0%。人均地区生产总值为34174元，增长8.5%。

与周边内蒙古、河北、陕西、河南4省区相比，山西地区生产总值总量最小，但增幅高于内蒙古、河北，排5省区第3位。山西第一产业增加值总量最小，但增幅高于内蒙古、河南，排5省区第3位；第二产业增加值总量最小，但增幅高于内蒙古、河北、河南，排5省区第2位；第三产业增加值总量最小，增幅最少。山西第一产业增加值占生产总值的比重最小；第二产业增加值占生产总值的比重高于河北，排5省区第4位；第三产业增加值占生产总值的比重最大，居5省区首位。山西人均地区生产总值高于河南，排5省区第4位；山西人均地区生产总值增幅最小，排5省区末位。

2. 财政收支

2013年，山西公共财政收入1700.2亿元，增长12.1%；公共财政支出3030.5亿元，增长9.7%。公共财政支出为收入的比为1.78倍。

2013年，内蒙古公共财政收入1719.54亿元，增长10.7%；公共财政支出3682.15亿元，增长7.5%。公共财政支出为收入的比为2.14倍。

2013年，河北公共财政收入2293.5亿元，增长10.0%；公共财政支出4353.8亿元，增长6.7%。公共财政支出为收入的比为1.9倍。

2013年，陕西公共财政收入1748.33亿元，增长9.2%；公共财政支出3665.0亿元，增长10.3%。公共财政支出为收入的比为2.1倍。

2013年，河南公共财政收入2413.06亿元，增长18.3%；公共财政支出5578.23亿元，增长11.4%。公共财政支出为收入的比为2.31倍。

与周边内蒙古、河北、陕西、河南4省区相比，山西公共财政收入总量最小，但增幅仅低于河南，排5省区第2位；山西公共财政支出总量最小，但增幅高于内蒙古、河北排5省区第3位；山西公共财政支出与收入之比最小。

3. 工业农业

2013年，山西规模以上工业增加值增长10.5%。规模以上工业企业主营业务收入18404.7亿元，增长2.0%。规模以上工业企业实现利润547.9亿元，下降31.4%。建筑业增加值759.7亿元，增长6.4%。粮食产量1312.8万吨，增长3.0%。

2013年，内蒙古规模以上工业企业增加值增长12%。规模以上工业企业主营业务收入19550.83亿元，增长9.5%。规模以上工业企业实现利润1682.55亿元，下降3.6%。建筑业增加值1139.79亿元，增长6.6%。粮食总产量2773万吨，增长9.7%。

2013年，河北规模以上工业增加值增长10.0%。规模以上工业企业主营业务收入45766.25亿元，增长4.9%。规模以上工业企业实现利润2560.9亿元，增长9.8%。建筑业增加值1567.3亿元，增长5.1%。粮食总产量3365.0万吨，增长3.6%。

2013年，陕西规模以上工业增加值增长13.1%。规模以上工业企业主营业务收入17763亿元，增长8.8%。规模以上工业企业实现利润1973.32亿元，下降0.5%。建筑业增加值1404.3亿元，增长11.9%。粮食总产量

1215.8万吨,下降2.4%。

2013年,河南规模以上工业增加值增长11.8%。规模以上工业企业主营业务收入59454.79亿元,增长14.1%;利润总额4410.82亿元,增长12.8%。建筑业增加值1845.79亿元,增长11.8%。粮食产量5713.69万吨,增长1.3%。

与周边内蒙古、河北、陕西、河南4省区相比,山西规模以上工业增加值增幅仅高于河北,排5省区第4位;山西规模以上工业企业主营业务收入高于陕西,排5省区第4位,但增幅最小;山西规模以上工业企业实现利润总量最小,下降幅度也最大。山西建筑业增加值总量最小,但增幅高于河北,排5省区第4位。山西粮食产量高于陕西,排5省区第4位,增幅低于内蒙古、河北,排5省区第3位。

4. 固定投资

2013年,山西固定资产投资11200.2亿元,增长22.1%。其中,第一产业投资705.1亿元,增长92.6%;第二产业投资4685.1亿元,增长13.3%;第三产业投资5810.1亿元,增长24.3%。

2013年,内蒙古固定资产投资14282.84亿元,增长18.4%。其中,第一产业投资963.08亿元,增长33.1%;第二产业投资7930.14亿元,增长21.5%;第三产业投资5389.62亿元,增长14.9%。

2013年,河北固定资产投资(不含农户)22629.8亿元,增长18.5%。其中,第一产业投资712.0亿元,增长24.7%;第二产业投资11038.7亿元,增长18.1%;第三产业投资10879.1亿元,增长18.5%。

2013年,陕西固定资产投资(不含农户)15583.57亿元,增长24.7%。其中,第一产业投资524.09亿元,增长47.2%;第二产业投资5639.82亿元,增长17.3%;第三产业投资9419.66亿元,增长28.4%。

2013年,河南固定资产投资(不含农户)25321.52亿元,增长23.2%。其中,第一产业投资895.91亿元,增长20.0%;第二产业投资

13186.27亿元，增长19.5%；第三产业投资11239.34亿元，增长28.0%。

与周边内蒙古、河北、陕西、河南4省区相比，山西固定资产投资额最小，但增幅高于内蒙古、河北，排5省区第3位。山西第一产业投资额仅高于陕西，排5省区第4位，增幅最大，排5省区首位。山西第二产业投资额最小，增幅也最小。山西第三产业投资额仅高于内蒙古，排5省区第4位，增幅低于陕西、河南，排5省区第3位。

5. 内外贸易

2013年，山西社会消费品零售总额4988.3亿元，增长14.0%。其中，城镇消费品零售额4138.5亿元，增长13.9%；乡村消费品零售额849.8亿元，增长14.3%。山西进出口总额为158.0亿美元，增长5.0%；其中出口额为80.0亿美元，增长14.0%，进口额为78.0亿美元，下降2.8%。

2013年，内蒙古社会消费品零售总额5075.2亿元，增长11.8%。其中，城镇社会消费品零售额4461.3亿元，增长12%；乡村社会消费品零售额613.9亿元，增长10.5%。内蒙古进出口总额119.93亿美元，增长6.5%，其中，出口总额40.95亿美元，增长3.1%；进口总额78.98亿美元，增长8.4%。

2013年，河北社会消费品零售总额10516.7亿元，增长13.6%。其中，城镇消费品零售额8081.3亿元，增长13.8%；乡村消费品零售额2435.4亿元，增长13.1%。河北进出口总额548.8亿美元，增长8.5%。其中，出口总额309.6亿美元，增长4.6%；进口总额239.2亿美元，增长14.1%。

2013年，陕西社会消费品零售总额4938.54亿元，增长14.0%。其中，城镇消费品零售额4376.49亿元，增长14.9%；乡村消费品零售额562.05亿元，增长7.9%。陕西进出口总额201.27亿美元，增长36%。其中，出口总额102.24亿美元，增长18.2%；进口总额99.03亿美元，增长61.1%。

2013年,河南社会消费品零售总额12426.61亿元,增长13.8%。其中,城镇消费品零售额10236.77亿元,增长13.5%;乡村消费品零售额2189.84亿元,增长15.6%。河南进出口总额599.51亿美元,增长15.9%。其中,出口总额359.92亿美元,增长21.3%;进口总额239.59亿美元,增长8.6%。

与周边内蒙古、河北、陕西、河南4省区相比,山西社会消费品零售总额最小;增幅高于内蒙古、河北、河南,与陕西并列。山西城镇消费品零售额最小;增幅高于内蒙古、河北、河南,排5省区第2位。山西乡村消费品零售额高于内蒙古、陕西,排5省区第3位;增幅高于内蒙古、河北、陕西,排5省区第2位。山西进出口总额仅高于内蒙古,排5省区第4位,增幅也最小;山西出口额仅高于内蒙古,排5省区第4位,增幅低于河南、陕西,排5省区第3位;山西进口额最小,也是唯一下降的省份。

6. 民生社会

2013年,山西年末城镇登记失业率3.1%,内蒙古年末城镇登记失业率为3.7%,河北年末城镇登记失业率3.7%,陕西年末城镇登记失业率为3.3%,河南年末城镇登记失业率为3.1%。与周边省区相比,山西年末城镇登记失业率与河南相同,低于其他省区,就业形势好于内蒙古、河北、陕西。

2013年,山西城镇居民人均可支配收入22456元,增长10.0%;农村居民人均纯收入7154元,增长12.5%。山西城镇居民人均消费性支出13166元,增长7.8%;农村居民人均生活消费支出6017元,增长8.1%。山西城镇居民家庭恩格尔系数27.9%,农村居民家庭恩格尔系数33.0%。

2013年,内蒙古城镇居民人均可支配收入25497元,增长10.1%;农牧民人均纯收入8596元,增长12.9%。内蒙古城镇居民人均消费性支出19249元,增长8.7%;农牧民人均生活消费支出7268元,增长13.9%。

内蒙古城镇居民家庭恩格尔系数为31.7%，农村牧区居民家庭恩格尔系数为35.6%。

2013年，河北城镇居民人均可支配收入22580元，增长9.9%；农民人均纯收入9102元，增长12.6%。河北城镇居民人均消费性支出13641元，增长8.9%；农民人均生活消费支出6134元，增长14.4%。河北城镇居民家庭恩格尔系数为32.3%，农村居民家庭恩格尔系数为32.0%。

2013年，陕西城镇居民人均可支配收入22858元，增长10.2%；农民人均纯收入6503元，增长12.8%。陕西城镇居民人均生活消费支出16680元，增长8.8%；农村居民人均生活消费支出5724元，增长11.9%。陕西城镇居民家庭恩格尔系数为36.4%，农村居民家庭恩格尔系数为31.8%。

2013年，河南城镇居民人均可支配收入22398.03元，增长9.6%；农民人均纯收入8475.34元，增长12.6%。河南城镇居民人均消费性支出14821.98元，增长7.9%；农村居民人均年生活消费支出5627.7元，增长11.8%。河南城镇居民恩格尔系数为33.6%，农村居民恩格尔系数为33.8%。

与周边内蒙古、河北、陕西、河南4省区相比，山西城镇居民人均可支配收入仅高于河南，排5省区第4位；农村居民人均纯收入仅高于陕西，排5省区第4位。山西城镇居民人均消费性支出最低；农村居民人均生活消费支出高于陕西、河南，排5省区第3位。山西城镇居民家庭恩格尔系数低于周边省区，农村居民家庭恩格尔系数高于河北、陕西，低于其他省区。

2013年，山西居民消费价格上涨3.1%，其中食品价格上涨6.2%，商品零售价格上涨1.8%。内蒙古居民消费价格上涨3.2%，其中食品类价格上涨6.3%，商品零售价格上涨2.6%。河北居民消费价格上涨3.0%，其中食品价格上涨5.9%，商品零售价格上涨2.2%。陕西居民消费价格上涨3.0%，其中食品价格上涨5.6%，商品零售价格上涨1.8%。河南居民消费价格上涨2.9%,其中食品类价格上涨5.6%,商品零售价格上涨1.9%。与周边内蒙古、河北、陕西、河南4省区相比,山西居民消费价格、食品价格上涨幅度均低于内蒙古,高于其他省份;商品零售价格上涨幅度与陕西相同,低于其他省区。

2013年,山西城镇化率52.56%,内蒙古城镇化率58.71%,河北城镇化率46.51%,陕西城镇化率51.31%,河南城镇化率42.40%。与周边内蒙古、河北、陕西、河南4省区相比,山西城镇化率低于内蒙古,高于其他省。

三 中部比较

1. 生产总值

2013年,山西地区生产总值12602.2亿元,增长8.9%。其中,第一产业增加值773.8亿元,增长4.5%,占生产总值的比重为6.1%;第二产业增加值6792.7亿元,增长10.2%,占生产总值的比重为53.9%;第三产业增加值5035.8亿元,增长7.5%,占生产总值的比重为40.0%。人均地区生产总值为34813元,增长3.5%。

2013年,河南地区生产总值32155.86亿元,增长9.0%。其中,第一产业增加值4058.98亿元,增长4.3%,占生产总值的比重为12.6%;第二产业增加值17806.39亿元,增长10.0%,占生产总值的比重为55.4%;第三产业增加值10290.49亿元,增长8.8%,占生产总值的比重为32.0%。人均地区生产总值为34174元,增长8.5%。

2013年,安徽地区生产总值19038.9亿元,增长10.6%。其中,第一产业增加值2348.1亿元,增长7.8%,占生产总值的比重为12.3%;第二产业增加值10404亿元,增长10.6%,占生产总值的比重为54.6%;第三产业增加值6286.8亿元,增长11.7%,占生产总值的比重为33.1%。人均地区生产总值为31684元，增长10%。

2013年，湖南地区生产总值24501.7亿元，增长10.1%。其中，第一产业增加值3099.2亿元，增长2.8%，占生产总值的比重为12.7%；第二产业增加值11517.4亿元，增长10.9%，占生产总值的比重为47.0%；第三产业增加值9885.1亿元，增长11.4%，占生产总值的比重为40.3%。人均地区生产总值36763元，增长9.3%。

2013年，湖北地区生产总值24668.49亿元，增长10.9%。其中：第一产业增加值3098.16亿元，增长8.8%，占生产总值的比重为12.6%；第二产业增加值12171.56亿元，增长8.8%，占生产总值的比重为49.3%；第三产业增加值9398.77亿元，增长14.5%，占生产总值的比重为38.1%。人均地区生产总值为42613元，增长10.5%。

2013年，江西地区生产总值14338.5亿元，增长10.1%。其中，第一产业增加值1636.5亿元，增长4.6%，占生产总值的比重为11.4%；第二产业增加值7671.4亿元，增长11.7%，占生产总值的比重为53.5%；第三产业增加值5030.6亿元，增长9.1%，占生产总值的比重为35.1%。人均地区生产总值31771元，增长9.7%。

与中部河南、安徽、湖南、湖北、江西5省相比，山西地区生产总值总量最小，增幅也最小。山西第一产业增加值总量最小，但增幅高于河南，排6省第5位；第二产业增加值总量最小，但增幅高于河南、湖北，排6省第4位；第三产业增加值总量略高于江西，排6省第5位，增幅最小。山西第一产业增加值占生产总值的比重最小；第二产业增加值占生产总值的比重高于湖南、湖北、江西，排6省区第3位；第三产业增加值占生产总值的比重略低于湖南，排6省区第2位。山西人均地区生产总值高于河南、安徽、江西，排6省区第3位；山西人均地区生产总值增幅最小，排6省末位。

2. 财政收支

2013年，山西公共财政收入1700.2亿元，增长12.1%；公共财政支出3030.5亿元，增长9.7%。公共财政支出为收入的比为1.78倍。

2013年，河南公共财政收入2413.06亿元，增长18.3%；公共财政支出5578.23亿元，增长11.4%。公共财政支出为收入的比为2.31倍。

2013年，安徽公共财政收入2075.08亿元，增长15.7%；公共财政支出4349.69亿元，增长9.8%。公共财政支出为收入的2.1倍。

2013年，湖南公共财政收入2030.88亿元，增长13.9%；公共财政支出4690.89亿元，增长13.9%。公共财政支出为收入的2.31倍。

2013年，湖北公共财政收入2191.22亿元，增长20%；公共财政支出4371.65亿元，增长16.3%。公共财政支出为收入的2.0倍。

2013年，江西公共财政收入1621.24亿元，增长18.2%；公共财政支出3470.3亿元，增长14.9%。公共财政支出为收入的2.14倍。

与中部河南、安徽、湖南、湖北、江西5省相比，山西公共财政收入总量高于江西，排6省第5位，但增幅最小；山西公共财政支出总量最小，增幅也最小；山西公共财政支出与收入之比最小。

3. 工业农业

2013年，山西规模以上工业增加值增长10.5%。规模以上工业企业主营业务收入18404.7亿元，增长2.0%。规模以上工业企业实现利润547.9亿元，下降31.4%。建筑业增加值759.7亿元，增长6.4%。粮食总产量1312.8万吨，增长3.0%。

2013年，河南规模以上工业增加值增长11.8%。规模以上工业企业主营业务收入59454.79亿元，增长14.1%；利润总额4410.82亿元，增长12.8%。建筑业增加值1845.79亿元，增长11.8%。粮食总产量5713.69万吨，增长1.3%；

2013年，安徽规模以上工业增加值增长16.2%。规模以上工业企业主营业务收入27911.2亿元,增长18.1%。规模以上工业企业实现利润1470.2亿元,增长11.3%。建筑业增加值1378.2亿元,增长9.1%。粮食总产量3289.1万吨,增长4.9%。

2013年,湖南规模以上工业增加值增长11.6%。规模以上工业企业主营业务收入31616.6亿元,增长14.65%。规模以上工业企业实现利润1585.1亿元,增长19.2%。建筑业增加值1516.4亿元,增长9.1%。粮食总产量2925.8万吨,减产2.7%。

2013年,湖北规模工业增加值增长16.8%。规模以上工业企业主营业务收入37864.5亿元,增长20.69%。规模以上工业企业实现利润1603亿元,增长10.6%。建筑业增加值1672亿元,增长35.5%。粮食总产量2501.3万吨,增长2.4%。

2013年,江西规模以上工业增加值增长12.4%。规模以上工业企业主营业务收入26526.2亿元,增长16.4%。规模以上工业企业实现利润1756.7亿元,增长33.8%。建筑业增加值1237.0亿元,增长11.0%。粮食总产量2116.1万吨,增长1.5%。

与中部河南、安徽、湖南、湖北、江西5省相比,山西规模以上工业增加值增幅最小;山西规模以上工业企业主营业务收入最少,增幅也最小;山西规模以上工业企业实现利润最少,也是唯一下降的省份。山西建筑业增加值最小,增幅也最小。山西粮食产量最少,增幅高于河南、湖南、湖北、江西,排6省区第2位。

4. 固定投资

2013年,山西社会固定资产投资11200.2亿元,增长22.1%。其中,第一产业投资705.1亿元,增长92.6%;第二产业投资4685.1亿元,增长13.3%;第三产业投资5810.1亿元,增长24.3%。

2013年,河南固定资产投资（不含农户）25321.52亿元,增长22.2%。其中,第一产业投资895.91亿元,增长20.0%;第二产业投

13186.27亿元，增长19.5%；第三产业投资11239.34亿元，增长28.0%。

2013年，安徽固定资产投资18251亿元，增长21.2%。其中，第一产业投资389.5亿元，增长28.9%，第二产业投资8264.86亿元，增长18.9%，第三产业投资9596.34亿元，增长23%。

2013年，湖南固定资产投资（不含农户）18381.4亿元，增长26.1%。其中，第一产业投资633.9亿元，增长35.4%，第二产业投资8080.8亿元，增长27.6%，第三产业投资9666.8亿元，增长24.3%。

2013年，湖北固定资产投资（不含农户）20177.45亿元，增长25.8%。其中，第一产业投资404.63亿元，增长3.5%；第二产业投资9187.25亿元，增长26.2%；第三产业投资10585.57亿元，增长26.4%。

2013年，江西固定资产投资（不含农户）12450.8亿元，增长20.0%其中，第一产业投资271.7亿元，增长6.4%；第二产业投资7205.0亿元，增长20.0%，其中工业投资7144.2亿元，增长20.5%；第三产业投资4974.1亿元，增长20.8%。

与中部河南、安徽、湖南、湖北、江西5省相比，山西固定资产投资额仅高于江西，排6省第5位，但增幅高于安徽、江西，排6省第4位。山西第一产业投资额高于安徽、湖南、湖北、江西，排6省第2位，增幅最大，排6省首位。山西第二产业投资额最小，增幅也最小。山西第三产业投资额仅高于江西，排6省第5位，增幅高于安徽、江西，低于河南、湖北，与湖南并列。

5. 内外贸易

2013年，山西社会消费品零售总额4988.3亿元，增长14.0%。其中，城镇消费品零售额4138.5亿元，增长13.9%；乡村消费品零售额849.8亿元，增长14.3%。山西进出口总额为158.0亿美元，增长5.0%；其中出口额为80.0亿美元，增长14.0%，进口额为78.0亿美元,下降 2.8%。

2013 年,河南社会消费品零售总额 12426.61 亿元,增长 13.8%。其中,城镇消费品零售额 10236.77 亿元,增长 13.5%;乡村消费品零售额 2189.84 亿元,增长 15.6%。河南进出口总额 599.51 亿美元,增长 15.9%。其中,出口总额 359.92 亿美元,增长 21.3%;进口总额 239.59 亿美元,增长 8.6%。

2013 年,安徽社会消费品零售总额 6481.4 亿元,增长 14.0%。其中,城镇消费品零售额 5283.3 亿元,增长 13.9%;乡村消费品零售额 1198.1 亿元,增长 14.2%。安徽进出口总额 456.3 亿美元,增长 16.2%。其中,出口额为 282.5 亿美元,增长 5.6%;进口额为 173.8 亿美元,增长 38.6%。

2013 年,湖南社会消费品零售总额 8940.6 亿元,增长 13.8%。其中,城镇消费品零售额 8033.5 亿元,增长 13.9%;乡村消费品零售额 907.1 亿元,增长 13.3%。湖南进出口总额 251.6 亿美元,增长 14.7%。其中,出口额为 148.2 亿美元,增长 17.6%;进口额为 103.4 亿美元,增长 10.7%。

2013 年,湖北社会消费品零售总额 10465.94 亿元,增长 13.8%。其中,城镇消费品零售额 8851.85 亿元,增长 13.5%;乡村消费品零售额 1614.10 亿元,增长 15.2%。湖北进出口总额 363.90 亿美元,增长 13.8%。其中,出口额为 228.38 亿美元,增长 17.7%;进口额为 135.52 亿美元,增长 7.9%。

2013 年,江西社会消费品零售总额 4551.1 亿元,增长 13.6%。其中,城镇消费品零售额 3785.6 亿元,增长 13.6%;乡村消费品零售额 765.5 亿元,增长 13.4%。江西进出口总额 367.38 亿美元,增长 10.0%。其中,出口额为 281.70 亿美元,增长 12.2%;进口额为 85.69 亿美元,增长 3.2%。

与中部河南、安徽、湖南、湖北、江西5省相比，山西社会消费品零售总额仅高于江西，排6省第5位；增幅高于河南、湖南、湖北、江西，与安徽并列。山西城镇消费品零售额仅高于江西，排6省第5位；增幅高于河南、湖北、江西，与安徽、湖南并列。山西乡村消费品零售额仅高于江西，排6省第5位；增幅高于安徽、湖南、江西，排6省第3位。山西进出口总额最小，增幅也最小；山西出口额最小，增幅高于安徽、江西，排6省区第4位；山西进口额最小，也是唯一下降的省份。

6. 民生社会

2013年，山西年末城镇登记失业率3.1%，河南年末城镇登记失业率为3.1%，安徽年末城镇登记失业率为3.4%，湖南年末城镇登记失业率4.2%，湖北年末城镇登记失业率为3.5%，江西年末城镇登记失业率3.2%。与中部省相比，山西年末城镇登记失业率与河南相同，低于其他省区，就业形势好于安徽、湖南、湖北、江西。

2013年，山西城镇居民人均可支配收入22456元，增长10.0%；农村居民人均纯收入7154元，增长12.5%。山西城镇居民人均消费性支出13166元，增长7.8%；农村居民人均生活消费支出6017元，增长8.1%。山西城镇居民家庭恩格尔系数27.9%，农村居民家庭恩格尔系数33.0%。

2013年，河南城镇居民人均可支配收入22398.03元，增长9.6%；农民人均纯收入8475.34元，增长12.6%。河南城镇居民人均消费性支出14821.98元，增长7.9%；农村居民人均生活消费支出5627.7元，增长11.8%。河南城镇居民恩格尔系数为33.6%，农村居民恩格尔系数为33.8%。

2013年，安徽城镇居民人均可支配收入23114元，增长9.9%；农村居民人均纯收入8098元，增长13.1%。安徽城镇居民人均消费性支出16285元，增长8.5%；农村居民人均生活消费支出5725元，增长3%。安徽城镇居民家庭恩格尔系数为39.1%，农村居民家庭恩格尔系数为39.6%。

2013年,湖南城镇居民人均可支配收入23414元,增长9.8%;农村居民人均纯收入8372元,增长12.5%。湖南城镇居民人均消费性支出15887元,增长8.7%;农村居民人均生活消费支出6609元,增长12.6%。湖南城镇居民家庭恩格尔系数为35.1%,农村居民家庭恩格尔系数为38.4%。

2013年,湖北城镇居民人均可支配收入22906元,增长9.9%;农村居民人均纯收入8867元,增长12.9%。湖北城镇居民人均消费性支出15749.5元,增长8.6%;农村居民人均生活消费支出6279.5元,增长9.6%。湖北城镇居民家庭恩格尔系数为39.7%,农村居民家庭恩格尔系数为36.7%。

2013年,江西城镇居民人均可支配收入21873元,增长10.1%;农村居民人均纯收入8781元,增长12.2%。江西城镇居民人均消费性支出13850.5元,增长8.4%;农村居民人均生活消费支出6553.6元,增长10.2%。江西城镇居民家庭恩格尔系数为37.7%,农村居民家庭恩格尔系数为42.3%。

与中部河南、安徽、湖南、湖北、江西5省相比,山西城镇居民人均可支配收入高于河南、江西,排6省第4位;农村居民人均纯收入最少。山西城镇居民人均消费性支出最少,增幅也最小;农村居民人均生活消费支出高于河南、安徽,排6省区第4位。山西城镇居民家庭恩格尔系数、农村居民家庭恩格尔系数均低于其他省区。

2013年,山西居民消费价格上涨3.1%,其中食品类价格上涨6.2%,商品零售价格上涨1.8%。河南居民消费价格上涨2.9%,其中食品类价格上涨5.6%,商品零售价格上涨1.9%。安徽居民消费价格上涨2.4%,其中食品类价格上涨4.7%,商品零售价格上涨1.3%。湖南居民消费价格上涨2.9%,其中食品类价格上涨5.6%,商品零售价格上涨1.9%。湖北居民消费价格上涨2.8%,其中食品类价格上涨4.9%,商品零售价格上涨1.8%。江西居民消费价格上涨2.5%,其中食品类价格上涨4.5%,商品零售价格上涨1.4%。与中部其他5省相比,山西居民消费价格、食品类价格上涨幅度均高于其他省份;商品零售价格上涨幅度高于安徽、江西,低于河南、湖南,与湖北相同。

2013年,山西城镇化率52.56%,河南城镇化率42.40%,安徽城镇化率47.86%,湖南城镇化率47.96%,湖北城镇化率54.51%,江西城镇化率48.87%。与中部其他5省相比,山西城镇化率仅低于湖北,高于其他4省。

第四篇
区域发展

山西省辖太原、大同、朔州、忻州、阳泉、吕梁、晋中、长治、晋城、临汾、运城11个地级市。这11个地级市2013年区域经济社会发展变化的状况，是2013年山西经济社会发展变化的重要内容。研究和认识这些区域经济社会的发展变化状况，有利于更加全面地把握和认识山西全省发展变化的省情。

一　太原市

太原市辖1市（古交市）6区（小店区、迎泽区、杏花岭区、尖草坪区、万柏林区、晋源区）3县（清徐县、阳曲县、娄烦县）。境内有2个国家级开发区（太原市经济技术开发区、太原市高新技术开发区）和3个省级开发区（太原工业园区、太原不锈钢生态工业园区、清徐经济开发区）。辖区总面积0.699万平方公里，占全省的4.5%。2013年末常住人口427.77万人，占全省11.78%。

1. 发展思路

2013年，太原市以建设转型综改试验先导区为统领，坚持稳中求进，积极应对挑战，奋力克难攻坚，全面加强经济、政治、文化、社会和生态文明建设，深入推进工业新型化、农业现代化、市域城镇化、城乡生态化，为率先转型跨越发展、建设一流省会城市努力奋斗。

2. 经济增长

2013年，太原市实现地区生产总值2412.87亿元，增长8.1%，增幅低全省0.8个百分点。地区生产总值占全省的比重为8.1%，地区生产总值在全省11个市中居第1位。人均地区生产总值56547元，增长7.6%。人均地区生产总值在全省11个市中居第2位，人均地区生产总值比全省多21734元。

全年财政总收入达495.82亿元，增长9.1%。公共财政收入247.33亿元，增长14.7%。公共财政收入在全省11个市中居第1位。公共财政预算支出319.11亿元，增长15.0%。其中，教育、医疗卫生、社会保障和就业、住房保障、交通运输、节能环保、城乡社区事务等民生支出264.55亿元，增长16.2%，占公共财政预算支出的82.9%。公共财政预算支出在全省11个市中居第1位。

全年固定资产投资完成1670.74亿元，增长26.5%。其中，中央项目投资111.57亿元，下降10.3%；省属项目投资349.03亿元，增长20.2%；市属及以下项目投资1210.14亿元，增长33.6%。按产业分类，第一产业投资25.31亿元，增长44.5%；第二产业投资531.52亿元，增长21.9%，其中，工业投资525.78亿元，增长22.4%；第三产业投资1113.91亿元，增长28.4%。三次产业投资比重为1.5%、31.8%和66.7%。工业投资中，非煤产业投资428.24亿元，增长26.7%，占工业投资的比重达到81.4%。新兴接替产业投资279.86亿元，增长25.7%，占工业投资的比重达到53.2%。按经济类型分类，国有投资932.30亿元，增长44.9%；非国有投资738.44亿元，增长9.0%；民间投资713.90亿元，增长12.5%。全年在建固定资产投资项目1335个。其中，5亿元以上项目137个，计划总投资2500.93亿元，完成投资631.93亿元，占固定资产投资的比重为37.8%；10亿元以上项目67个，计划总投资2020.43亿元，完成投资496.82亿元，占固定资产投资的比重为29.7%。固定资产投资在全省11个市中居第1位。

年末规模以上工业企业460户，比2012年增加20户。规模以上工业增加值770.94亿元，增长10.1%，增幅低全省0.4个百分点。

全年社会消费品零售总额1281.46亿元，增长13.5%；外贸进出口总额91.63亿美元，增长8.2%。

3. 产业发展

2013年，太原市第一产业增加值38.73亿元，增长3.2%；第二产业增加值1052.08亿元，增长10.6%；第三产业增加值1322.06亿元，增长6.1%。三次产业比重由2012年的1.6∶44.8∶53.6调整变化为1.6∶43.6∶54.8。

第一产业中，蔬菜、养殖等现代都市农业较为发达，粮食作物主要有玉米、小麦、水稻等，水果有葡萄、苹果等。2013年，农林牧渔业总产值72.30亿元，增长3.1%。全年粮食产量达32.78万吨，增长2.6%；肉类产量达5.02万吨，禽蛋产量2.73万吨，牛奶产量9.54万吨，水产品产量2787吨。产业结构呈现"三升两降"态势，农业、林业和农林牧渔服务业产值比重分别提高0.05、1.07和0.23个百分点，畜牧业、渔业产值比重分别下降1.19、0.16个百分点。

第二产业中，装备制造、钢铁、煤炭、炼焦、电力及材料、能源、电子信息和食品加工等为支柱产业，其中装备制造、钢铁、煤炭、电子信息产业在全省及全国有较大影响。近年来，太原市不断推进对传统产业的改造升级和新兴产业的培育发展。2013年，工业在换档升级中稳步发展。规模以上工业增加值770.94亿元，增长10.1%。工业第一大产业装备制造业增加值289.73亿元，占规模以上工业的37.6%，增长14.9%，成为拉动工业增长的主要引擎。高端装备制造、计算机信息、新材料、新能源等新兴接替产业增加值418.52亿元,增长12.4%,占规模以上工业增加值的54.3%。新兴接替产业增加值占规模以上工业增加值的比重首次超过传统产业。煤炭、钢铁、炼焦、电力等传统行业增加值352.42亿元,增长7.8%,占规模以上工业增加值的45.7%。规模以上工业高新技术产业增加值264.07亿元,增长6.3%,占地区生产总值的比重为10.9%。不锈钢材、机电产品及煤炭、焦炭、金属镁等是太原市的主要工业出口产品。其中,2013年不锈钢材、机电产品出口额分别为8.86亿美元、35.89亿美元,占出口额的84.5%;煤炭、焦炭、金属镁出口额分别为1.58亿美元、1.01亿美元、0.90亿美元,占出口额的6.6%。

第三产业中,主要行业为金融、物流、信息技术、物联网、旅游、会展以及汽车、建材、家具、农副产品、服装等批发零售。2013年,物流、旅游、会展等现代服务业进一步发展。其中,国内首个反映产地煤炭市场价格的"太原指数"正式上线,武宿综合保税区建成封关运行,山西国际物联网产业园区基本建成物联网云计算中心。2013年5月23日,中国太原煤炭交易价格指数正式发布。该指数由中国(太原)煤炭交易中心和新华社所属的新华金融信息交易所合作发布,是国内首个煤炭主产地价格指数。其发布方式为每周一通过交易中心门户网站、新华08网等定期发布。太原指数的编制和发布对于建立主导国际市场煤炭价格的煤炭定价机制,规避由国际价格变动带来的风险,推进中国煤炭市场化进程、促进国内与国际煤炭市场的接轨、加强政府的宏观调控能力、确保国家能源安全,具有十分重要的意义。太原武宿综合保税区,于2010年8月经国务院批准设立,2013年12月一期工程建成开始封关运营。太原武宿综合保税区的启用,结束了山西没有海关特殊监管区域的历史。山西国际物联网产业园区物联网云计算中心,是国内最大的面向物联网应用的云计算信息平台,主要为全国的煤矿物联网、环保物联网、智慧城市、信息农业、在线节能、现代物流以及省内重点金融机构等单位、行业提供信息服务。2013年，太原市旅游业也快速发展，全年接待海内外游客3691.33万人次，增长23.7%；旅游总收入达430.90亿元，增长21.2%。2013年，太原市服务业增加值占GDP比重达到54.8%，比2012年提高1.2个百分点。

4. 城乡建设

2013年，太原市城市基础设施建设突飞猛进。全年城市基础设施投资357.27亿元，增长143.7%。

在城市交通基础设施建设方面，新建改造府东府西街、并州路、太茅路、西渠路等道路105条，总长196公里，道路面积总计637万平方米；轨道交通2号线一期工程首开段正式开工；城市中环路建成使用，主线全长48.46公里，全程架设高架桥20.29公里，下穿通道16座，上跨道路、河道桥梁17座，大型互通立交桥8座，跨汾河特大异型桥1座，总计建设里程104.61公里。这些建设成就，标志着太原步入立体交通时代。

在城市环境治理和改善方面，拆除分散燃煤锅炉543台，集中供热扩网2148万平方米；228台常年运行燃煤锅炉实施了"煤改气"；50个城中村启动实施改造，其中11个城中村整村拆除，拔掉黑烟囱11663根；太化氯碱、晋阳选煤厂等232家污染企业实施关停、淘汰和搬迁。城南污水处理厂建成投运。加大对汽车尾气排放的治理，淘汰3.6万辆老旧车辆。城市新增绿化面积253万平方米，建成区绿化覆盖面积达到12761.6公顷，绿地面积11190.4公顷。建成区绿化覆盖率39.88%，绿地率34.97%，分别提高0.81和0.79个百分点。人均公园绿地面积10.96平方米。全年PM2.5达标率54.5%，优良天数162天，实现省城环境质量改善明显见效的目标。

智慧城市建设迈出新步伐。2013年，太原市被确定为国家"智慧城市"技术和标准试点城市，成为全国首批9个"智慧城市"试点城市之一。在2013年巴塞罗那全球智慧城市展览会上，太原和无锡斩获两项世界智慧城市奖项。在智慧城市大奖类别中,由中国通信工业协会物联网应用分会组织并以团体形式参与展览会的中国区代表团山西太原市以方案《智慧太原的公共交通系统》获智慧城市决赛奖。

2013年,太原市市域城镇化率达84.12%,比2012年提高0.36个百分点。公路通车里程达7317公里,其中高速公路288公里。公路密度为104.7公里/百平方公里。

5. 民生社会

2013年,太原市出台破产改制国有企业职工安置政策,推进了职工养老、医疗保险问题的解决。全年城镇社会保险参保率达到97.85%。保障性住房完成投资89亿元,基本建成2.96万套,分别增长49.43%和214%。农村危房改造完成5000户,2.3万贫困人口脱贫。城镇新增就业10.70万人,其中创业带动就业2.49万人;4.77万名下岗失业人员实现再就业,其中就业困难人员再就业1.23万人。年末城镇登记失业率3.35%。城乡公共文化基础设施建设进一步加强,"三馆一站"全部免费开放,太原美术馆建成投入使用;"文化精品惠民基层行"活动深入开展,农村公益电影放映实现全覆盖。有线电视入户率96.2%。广播人口覆盖率99.9%,电视人口覆盖率100%。教育、卫生保障水平不断提高。学前三年毛入园率达95.1%。小学学龄儿童入学率,初中生入学率、巩固率均达到国家标准。新型农村合作医疗参合率99.6%。新农合"先住院、后付费"改革经验在全国推广。基本药物制度覆盖到政府办的所有基层医疗卫生机构。公共自行车服务点覆盖四分之三以上建成区。全年生产经营性事故起数下降3.81%,死亡人数下降6.61%。

2013年,太原市城镇居民人均可支配收入24000元,增长11.0%;城镇居民人均生活消费支出14338元。农民人均纯收入11288元,增长12.0%;农民人均生活消费支出7407元。城乡居民收入比为2.13:1,比2012年缩小0.02个百分点。

6. 区县经济

太原市共辖小店区、迎泽区、杏花岭区、尖草坪区、万柏林区、晋源区和清徐县、阳曲县、娄烦县、古交市10个区（县、市）。

2013年，小店区、迎泽区和杏花岭区第三产业占比很大，城市化程度较高，服务业已成为拉动经济发展的主要动力。迎泽区服务业占经济的比重最高，2000年以来一直稳定在85%左右。杏花岭区第三产业占比从21世纪初的66%增长到80%左右，第三产业呈现出快速发展的态势。小店区在21世纪初第三产业占比65%左右，后来随着园区经济比重不断提升，尤其是富士康智能手机产值不断增大，第三产业占比小幅下滑，稳定在55%左右。尖草坪区、万柏林区、清徐县等工业经济发达，第二产业尤其工业是拉动经济发展的主要力量。清徐县、古交市能源经济发达。2013年统计数据显示，小店区、迎泽区、杏花岭区和万柏林区分列GDP前四位；小店区、万柏林区和尖草坪区列工业经济前三甲；小店区（85亿元）、杏花岭区（29.35亿元）和迎泽区（28.97亿元）稳居财政总收入前三。

二　大同市

大同市辖4区（城区、南郊区、矿区、新荣区）7县（大同县、阳高县、天镇县、浑源县、广灵县、灵丘县、左云县）。境内有1个国家级开发区（大同经济技术开发区）。辖区总面积1.4万平方公里，占全省的8.97%。2013年末常住人口337.49万人，占全省9.30%。

1. 发展思路

2013年，大同市紧紧围绕"转型发展、绿色崛起"发展战略，按照"争先进位、负重赶超"总体要求，以转型综改试验区建设为统领，以抓好"三件大事"（增强经济实力、提高城乡居民收入、办好国际太阳能赛事)、打好"四大硬仗"(产业转型、项目攻坚、县域经济、城市建设)和实施"十大工程"(名城复兴、百企强市、百园立农、百校兴教、城镇提质、城乡安居、收入倍增、生态建设、城乡清洁、平安创建)为举措,统筹兼顾,对标一流,推动经济社会持续健康发展。

2. 经济增长

2013年,大同市实现地区生产总值967.5亿元,增长8.3%,增幅低全省0.6个百分点。地区生产总值占全省的比重为7.7%,地区生产总值在全省11个市中居第9位。人均地区生产总值28744元,增长3.35%。人均地区生产总值在全省11个市中居第8位,人均地区生产总值比全省少6066元。

全年财政总收入达200.67亿元,增长5.21%。公共财政收入94.57亿元,增长17.77%。公共财政收入在全省11个市中居第8位。公共财政预算支出232.85亿元,增长24.65%。其中,农林水事务支出增长41.6%;科学技术支出增长23.2%;城乡社区事务支出增长76.1%;节能环保支出增长24.4%;文化体育与传媒支出增长7.7%;社会保障与就业支出增长27.1%;医疗卫生支出增长15.2%。公共财政预算支出在全省11个市中居第5位。

全年固定资产投资完成1036.3亿元,增长24.6%。其中,国有经济单位投资完成466.8亿元,增长3.0%;民间投资完成569.5亿元,增长50.3%。固定资产投资中,第一产业投资120.5亿元,增长140.3%;第二产业投资279.7亿元,下降13.3%;第三产业投资636.1亿元,增长38.6%。固定资产投资中,非煤产业投资704.1亿元,增长28.1%;传统产业投资145.4亿元,下降32.9%。固定资产投资在全省11个市中居第2位。

全年规模以上工业企业实现主营业务收入1712.5亿元,增长5.9%;实现利税77.7亿元,下降28.3%。

全年社会消费品零售总额达471.2亿元,增长14.0%;外贸进出口总额47815万美元,下降5.1%。

3. 产业发展

2013年,大同市第一产业增加值54.8亿元,增长4.9%;第二产业增加值455.6亿元,增长8.8%;第三产业增加值457.1亿元,增长8.1%。三次产业比重由2012年的5.3:50.7:44.0调整变化为5.7:47.1:47.2。三产占比首次超过二产0.1个百分点,服务业在中心城市的作用日益凸显。

第一产业,启动实施了建设以土地集中、资本集聚、资源集约、技术集成、空间叠加为主要特征的100个左右现代农业园区的"百园立农"工程,加强巩固了农业基础地位。2013年,建成重点农业园区69个,新增设施农业3.64万亩。农林牧渔业现价总产值101.71亿元,增长10.12%。全年粮食总产量达102.55万吨,增长8.06%,创历史新高;肉、蛋、奶产量分别达19.1万吨、5.6万吨和19.3万吨,分别增长11.6%、2%和2%。

第二产业中,启动实施了以园区为载体、以企业为主体、以项目为实体、以煤炭为本体的"百企强市"工程,推动了现代优势产业加快发展。2013年,规模以上非煤产业占规模以上工业的比重为26.1%,提高1.3个百分点;新型工业占比13.3%,提高0.7个百分点。全年工业增加值完成399.64亿元,增长10.0%。其中,煤炭、电力、冶金、建材、医药、机械六大行业工业增加值,对工业的贡献率达99%。这其中,煤炭行业完成增加值295.46亿元,增长13.6%,占工业增加总值的比重为73.9%;机械行业完成增加值21.09亿元,增长4.5%,占工业增加总值的比重为5.3%;医药行业完成增加值9.99亿元,增长3.2%,占工业增加总值的比重为2.5%;电力行业完成增加值33.13亿元,增长2.9%,占工业增加总值的比重为8.3%;冶金行业完成增加值17.61亿元,下降10.3%,占工业增加总值的比重为4.4%;建材行业完成增加值12.93亿元,下降

8.2%，占工业增加总值的比重为3.2%。全年新增火电装机66万千瓦、风电40万千瓦、光电20万千瓦，总装机达到870万千瓦，保持全省第一。工业发展中，轻重工业发展不均衡，轻工业完成增加值19.37亿元，增长2.5%，占比为4.8%；重工业完成增加值380.27亿元，增长10.4%，占比为95.2%。

第三产业中，文化旅游、物流等发展较快。推进和新建了一批文化旅游产业重大建设项目，主要有云冈石窟五华洞岩体加固、恒山岳门湾改造、大同火山群、内外长城古堡、晋华宫国家矿山地质公园、御东文化科技产业基地、煤气厂工业遗址文化产业创意园等。与此同时，商贸物流业基础设施建设也取得突破性进展。新云中商贸物流园区、百盛购物广场、东信购物广场、温州商贸城建成投运，新发地物流园局部试运营，万昌物流仓储基地建成，东小城一期、王府井百货大同店等主体完工，亿丰世贸中心、雁北广场等商贸项目进展顺利。全年接待国内外旅游者2355.83万人次，旅游总收入200.33亿元，分别增长22.8%和23%。2013年，大同市第三产业增加值占比首超第二产业。

4. 重点工程

2013年，大同市围绕"产业转型、生态修复、城乡统筹、民生改善"四大领域，重点推进省、市级项目40项，总投资1306亿元。全年计划投资133.73亿元，实际完成投资160亿元，超额完成投资任务。

其中，华润雪花啤酒大同工厂20万吨啤酒（一期）工程、陕汽大同专用车（一期）工程、同煤60万吨甲醇工程、国药威奇达（含维敏）、玄武岩一期等项目达产达效；同煤10万吨活性炭、中海油煤制天然气、太阳能光伏电站、同煤60万吨烯烃、阳高TDI和ADI化工、灵丘300万吨建材钢、北京国润天能300MW风电供热等项目，加快建设。

华润雪花啤酒大同工厂20万吨啤酒（一期）工程，是由华润雪花啤酒（中国）投资有限公司在大同投资30128.7万元新建，啤酒生产能力达到 20 万千升/年。该项目于 2010 年开始筹建，2012 年 9 月建成投产。

陕汽大同专用车（一期）工程，是陕汽集团在兼并重组大同汽车制造厂基础上，设立陕汽大同新能源专用车有限公司而新建的重大工业项目。该项目总投资 13 亿元，建成后将形成年产 5 万辆新能源汽车的生产能力。其中一期工程于 2012 年 7 月建成开始试生产，年生产能力达 2 万辆。

同煤集团年产 60 万吨甲醇工程，从 2004 年 8 月开始筹建，总投资约 36 亿元，年可消耗原料煤 80 万吨，是目前山西最大的在建煤化工项目。该项目 2013 年 6 月建成开始试生产。

5. 城乡建设

2013 年，大同市实施"名城复兴""城镇提质"工程，新型城镇化建设全面提速。

"名城复兴"工程进展顺利。四牌楼、魁星楼、纯阳宫广场等工程完工。御东新区建设有序推进。太阳宫建成投用，博物馆开始陈列布展，图书馆、大剧院、美术馆、体育中心等标志性建筑进展顺利。和阳街、清远街改造完成，古城内环路全线贯通。城区启动国家智慧城市建设试点。城市建成区绿化覆盖率、绿地率、人均公共绿地分别达到 43.3%、38.5% 和 14.03 平方米/人，分别比 2012 年增加了 1.64 个百分点、1.6 个百分点和 0.91 平方米/人，创建成国家园林城市。市区污水处理率达 89.2%，城市生活垃圾无害化处理率 90.4%。

推动大县城、中心城镇建设。浑源县城为全省大县城建设试点，市级重点推进了左云县和灵丘县两个县城建设。同时，推进了各县（区）街道整治提升、社区综合治理、农民工技能培训机构、公共活动中心、产业集聚区、城中村改造等建设，提高了用水普及率、集中供热率、燃气普及率、污水处理率。全年大县城建设实际投资额 147.84 亿元，超额完成计划投资任务。中心镇建设 90 项工程全面开工，完成投资 58753.8 万元。其中，重点完成了阳高县罗文皂镇、天镇县新平堡镇、左云县鹊儿山镇、灵丘县东河南镇等省级重点中心镇的近期规划编制，完成了省下达的百镇建设投资任务，完成了市政公用设施建设、公共服务设施建设、公园绿地建设、中心街市建设、居住社区建设等"五项建设"工程投资计划。

2013年，大同市市域城镇化率达到59.03%，比2012年提高1.08个百分点。

2013年，广灵—浑源、王庄堡—大营（大同段）高速公路建成通车，高速公路里程达550.5公里，实现了高速公路县县通。年末公路通车里程达12537.7公里，公路密度88.9公里/百平方公里。

6. 民生社会

2013年，大同市财政民生支出192.8亿元，增长25.3%，占公共财政预算支出达到82.4%，民生状况得到进一步改善。各类保险参保人数、保费征缴额进一步提高，城乡低保实现应保尽保。新型农村合作医疗参合率达到98.7%。城镇新增就业人员5.63万人，登记失业率2.8%。城乡安居工程统筹推进，开工城镇保障房2.06万套，农村危房改造2.08万户，农村住房抗震改建4000户。安装农村路灯2.3万盏，120万农民告别了摸黑走路的历史。推进"城乡清洁"工程，对城乡重点领域进行了全面清理和整治，共评选出达标村（社区）1160个，占村庄（社区）总数的52.6%，农村卫生状况明显改观。年末城镇登记失业率为2.80%。"百校兴教"工程深入推进，改造完成108所示范学校，建成30所标准化幼儿园和42所村级改造幼儿园，各项续建基建项目也全部完工。广播人口覆盖率达97.1%，电视人口覆盖率达95.4%。各类生产经营性事故低于省控制目标，煤矿百万吨死亡率0.177。

2013年，大同市城镇居民人均可支配收入达21430元，增长10.1%；农民人均纯收入达6365元，增长12.8%。城镇居民人均生活消费支出13526元，增长0.6%；农村居民人均生活消费支出4657元，增长10.5%。

大同市城镇居民人均可支配收入与全省相差1026元,城镇居民人均生活消费支出与全省相差2815元;农民人均纯收入与全省相差789元,农村居民人均生活消费支出与全省相差2819元。

7. 县域经济

大同市共辖大同县、阳高县、天镇县、浑源县、广灵县、灵丘县、左云县和城区、南郊区、矿区、新荣区11个县(区)。

2013年,地区生产总值在100亿元以上的有南郊区、城区,分别居全省生产总值100亿县区第5位、第9位;财政总收入30亿以上的有浑源县、左云县、灵丘县。阳高县建成国家养生(养老)示范基地。

三 朔州市

朔州市辖2区(朔城区、平鲁区)4县(山阴县、怀仁县、应县、右玉县)。境内有1个省级开发区(朔州经济开发区)。辖区总面积1.07万平方公里,占全省的6.8%。2013年末常住人口174.41万人,占全省的4.80%。

1. 发展思路

2013年,朔州市紧紧围绕"优化经济结构,提升发展质量"两大任务,以转型综改区建设为统领,积极应对经济下行压力,深化改革开放,强化创新驱动,全面推进经济、政治、文化、社会和精神文明建设,着力夯实安全生产基础,着力保持经济持续健康发展,着力发展循环经济,着力保障和改善民生,努力建设新型能源基地和生态畜牧基地,积极探索资源型地区转型跨越发展的新路子。

2. 经济增长

2013年,朔州市实现地区生产总值1026.4亿元,增长9%,增幅高全省0.1个百分点。地区生产总值占全省的比重为8.14%,地区生产总值在全省11个市中居第7位。人均地区生产总值59003元，增长1.4%。人均地区生产总值在全省11个市中居第1位，人均地区生产总值比全省多24193元。

全年财政总收入216.1亿元，增长2.9%。公共财政收入95.3亿元，增长13.1%。公共财政收入在全省11个市中居第6位。公共财政预算支出154.5亿元，增长11.2%。其中，农林水事务支出20.0亿元，增长31.0%；教育支出27.1亿元，下降8.9%；科学技术支出1.4亿元，增长13.1；社会保障和就业支出12.3亿元，增长15.7%；医疗卫生支出9.2亿元，增长10.5%；节能环保支出6.8亿元，增长33.7%；文化体育与传媒支出3.2亿元，增长7.0%；城乡社区事务支出13.3亿元，增长54.8%；公共安全支出7.6亿元，增长13.1%。公共财政预算支出在全省11个市中居第10位。

全年固定资产投资完成774.7亿元，增长26.9%。按产业分类，第一产业投资64.2亿元，增长155.2%；第二产业投资345.2亿元，增长20.4%；第三产业投资365.3亿元，增长22.3%。按经济类型分类，国有投资438.4亿元，增长6.5%；非国有投资336.3亿元，增长69%。固定资产投资在全省11个市中居第10位。

年末规模以上工业企业267家，比2012年增加6家。规模以上工业增加值554.9亿元，增长11.5%，增幅高全省2.6个百分点。

全年社会消费品零售总额完成218.8亿元，增长14.5%。外贸进出口总额11698万美元，下降54.5%。其中，进口额9624万美元，下降60.1%；出口额2074万美元，增长34.3%。

3. 产业发展

2013年，朔州市第一产业增加值61.7亿元，增长5.0%；第二产业增加值575.1亿元，增长11.0%；第三产业增加值389.6亿元，增长6.1%。三次产业比重由2012年的5.0∶59.2∶35.8调整变化为

6.0∶56.0∶38.0。

第一产业中，农作物主要有玉米、瓜菜、马铃薯、小杂粮、胡麻、甜菜等，生态畜牧业较为发达，是山西主要畜牧业基地。2013年，加快发展特色农业发展，新增110个"一村一品"专业村，省级示范村达到317个，6县（区）全部进入全省30个牛羊产业重点县行列。全年农林牧渔业总产值127.9亿元，增长22.2%。粮食总产量117.6万吨，增长9.9%。肉类总产量6.2万吨，增长6.3%。其中，猪肉产量2.4万吨，增长6.4%；羊肉产量2.7万吨，增长8.2%。牛奶产量51.4万吨，增长9%。禽蛋产量1.72万吨，增长4.9%。

第二产业中，煤炭、乳制品、电力、陶瓷等为传统支柱工业，在全省及全国占有很大份额。2013年，朔州市进一步加大推进对传统产业的改造升级和新兴产业的培育发展。在改造提升传统产业方面，加快建设现代化矿井，标准化矿井达到35座，原煤产量达到2.2亿吨；壮大电力产业，电力装机容量达到754.95万千瓦，发电278.7亿千瓦时，其中风力发电、太阳能发电、生物质能发电等新能源电力装机规模达到121.5万千瓦，居全省第一；促进陶瓷产业提档升级，日用瓷产量达到16.2亿件，居全省第一；稳定发展乳品产业，乳制品产量完成28.1万吨，居全省第一；加快发展循环经济，积极扶持循环经济企业和高端项目，粉煤灰综合利用企业达到50家，年消化粉煤灰330万吨，居全省第一。在培育壮大新兴产业方面，铺开装备制造、新型材料、医药、化工、特色食品加工等新兴产业项目99项，总投资达726.4亿元，其中22个投资5亿元以上项目完成投资118亿元。非煤电工业完成投资145.5亿元，增长56.3%。

第三产业中，近年来，朔州市依托丰富的历史文化资源和独特的自然生态风光，文化旅游业加快发展。2013年，旅游基础设施建设大规模推进，旅游文化活动开展深入、丰富多样。旅游基础设施建设，主要有怀仁县金沙滩民俗文化生态美食娱乐城、应县释迦塔申遗保护及环境整治项目、朔州杀虎口旅游景区建设项目、朔州老城改造一期工程、环城生态新区大型游乐园建设项目等。全年旅游业投入占固定资产投入的4.8%，占第三产业投入的10%。围绕"边塞文化""避暑休闲"两大品牌，举办了以"十百千万"为主要内容的朔州边塞旅游文化节暨避暑休闲季活动，并开展了十大商帮走西口、百家旅企大联盟、千辆自驾游朔州、万民游客登长城旅游推广系列活动，在周边省市及环渤海地区引起了强烈反响，起到了集聚宣传的效应。全年，接待入境游客7.0万人次，接待国内游客886.5万人次，分别增长11.8%和31.3%；旅游总收入84.1亿元，增长29.8%。

4. 城乡建设

2013年，朔州市进一步加大力度，推进中心城市建设和大县城、重点镇建设。其中，中心城市按照"规划引领、完善功能、提升品位、文化塑造、生态支撑"的理念，深化"五城联创"，全面推进国家园林城市、国家卫生城市、国家环保模范城市、国家双拥模范城市、全国文明城市创建活动。改扩建马邑北路、北关路、民福东街、开发路、张辽路、长宁街、民福小区等7条城市道路；新增绿地面积21.56万平方米，建成区绿化覆盖率达到42.02%，创建成国家园林城市；拆除小锅炉20座，增加集中供热面积3.04万平方米；市区（不包括平鲁区）污水处理率达到98.5%，生活垃圾无害化处理率达到100%，集中供热普及率达到90%。启动实施七里河综合治理工程。七里河是朔州市的一条母亲河，从市中心穿城而过。该治理工程的启动实施，对于美化市容市貌，提升城市品位，改善城市人居环境意义深远。与此同时，朔州各县积极推进大县城和重点镇建设。年末，朔州市市域城镇化率达到51.09%，比2012年提高1.1个百分点。

2013年，朔州市建成朔州环城高速西南段、荣乌高速公路山阴至平鲁段以及贯穿平川四县区的旅游生态观光路，公路通车里程突破1万公里，达10151公里，其中高速公路里程达388公里。

扎实推进"五件实事"，改造农村困难家庭危房14800户，易地搬迁特困群众1596户，改扩建村级幼儿园20所，乡村清洁工程全面启动，行政村街道亮化任务在全省率先完成。

5. 重点工程

2013年，朔州市重点工程"六位一体"整体推进，项目落地投资完成额1971.04亿元。其中，省级重点工程建设投资完成额453.14亿元，项目签约2544.5亿元，项目储备投资额完成16893.98亿元。

东露天煤矿及配套建设的洗煤厂和铁路专用线已建成投产，神一电2×60万千瓦电厂并网发电，平朔2×66万千瓦低热值煤发电、华电2×30万千瓦热电联供项目加紧建设，中煤安太堡、中煤山阴、同煤朔南三个2×35万千瓦低热值煤发电厂和中煤2×66万千瓦、神电2×100万千瓦发电厂共5个电力项目取得"路条"。平鲁大山台、败虎堡二期风电年内投产发电，综合能源基地实力增强。中源伟业一期、丰泰铝型材项目建成投产，赛特垂直升降电梯成功下线，劣质煤、钒电池、新能源电动汽车项目积极推进，山能集团煤机综合制造即将开工，产业新型化步伐加快。荣乌高速公路、西南环高速公路建成通车，民航机场、大西高铁改线设站、东北环高速公路、大医院、科技馆等重大城市基础设施工程有序推进。

6. 民生社会

2013年，朔州市公共财政民生领域投入124.65亿元，占一般预算支出的80.7%。新增城镇就业人数2.4万人，完成省下达任务的111%。提高了城乡居民低保标准、新农合财政补助标准、企业退休人员基本养老金、城乡居民基础养老金以及20种重大疾病补偿比例，制定实施城乡居民临时救助办法和农村五保户供养办法。提高了企业工资指导线、最低工资标准、机关事业单位人员津补贴和取暖补贴标准。新改扩建32所公办幼儿园。中北大学朔州校区招生规模进一步扩大，朔州师专正式挂牌。县乡村三级医疗卫生机构达标率达到100%。实施送戏下乡等文化惠民工程，启动创建第二批国家公共文化服务体系示范区建设。广播人口覆盖率96.09%，电视人口覆盖率98.64%。新开工城镇保障性住房19125套，完成农村住房抗震改建3000户。生产经营性事故死亡人数下降36.5%，占省定控制指标的69.64%，煤矿百万吨死亡率为零。

2013年，朔州市城镇居民人均可支配收入为24013元，增长9.9%；城镇居民人均消费性支出12264元，下降19.8%。农村居民人均纯收入9040元，增长13.0%；农村居民人均生活消费支出6779元，增长25%。城镇占调查总户数20%的低收入家庭人均可支配收入12031元；农村占人口20%的低收入者人均纯收入3455元。

7. 县域经济

朔州市辖山阴县、怀仁县、应县、右玉县和朔城区、平鲁区6县（区）。2013年，地区生产总值在250亿元以上的有朔城区、平鲁区，在150亿元至200亿元之间有怀仁县、山阴县。财政总收入在35亿元以上的有平鲁区，在25亿元至30亿元之间有朔城区、山阴县、怀仁县。

2013年，朔州市"一区两县"荣获2013年度县域经济发展先进县（区）称号。其中，怀仁县居22个A类县第4位、右玉县居36个C类县第3位、朔城区居23个市辖区第4位，位次分别比2012前进一位。另外，山阴县居22个A类县第7位，位次比2012年前进三位；应县居38个B类县第16位，位次比2012年前进三位；平鲁区居23个市辖区第15位。

四 忻州市

忻州市辖1市（原平市）1区（忻府区）12县（定襄县、五台县、代县、繁峙县、宁武县、静乐县、神池县、五寨县、岢岚县、河曲县、保德县、偏关县）。境内有1个省级开发区（忻州经济开发区）。辖区总面积

2.5万平方公里，占全省的16%。2013年末常住人口311.44万人，占全省的8.58%。

1. 发展思路

2013年，忻州市坚持主题主线，坚持综改统领，坚持稳中求进，大力实施"3581"发展战略（"35"即扭住"五个发展"、走好"五条路子"、打好"五个攻坚战"；"8"即振兴煤炭、电力、新型材料、新型煤化工、装备制造、绿色农牧产品加工、旅游文化服务、现代物流八大产业；"1"即在"十二五"末实现主要经济指标翻一番以上），深入开展"大干城建年"活动，努力为推进科学发展、转型跨越、赶队前行、进位争先的目标而奋斗。

2. 经济增长

2013年，忻州市地区生产总值645.7亿元，增长9.1%，增幅高全省0.1个百分点。地区生产总值占全省的比重为5%，地区生产总值在全省11个市中居第10位。人均地区生产总值21074元，增长4.9%。人均地区生产总值在全省11个市中居第10位，人均地区生产总值比全省少13739元。

全年财政总收144.1亿元，与2012年基本持平，同比下降0.1%。公共财政收入73.7亿元，增长13.1%。公共财政收入在全省11个市中居第9位。公共财政预算支出213.2亿元，增长17.4%。其中，农林水事务支出增长32.1%，教育支出增长4.1%，社会保障和就业支出增长18.2%，医疗卫生支出增长16.6%，文化体育与传媒支出增长42.1%，节能环保支出增长38.4%。公共财政预算支出在全省11个市中居第8位。

全年固定资产投资完成815.2亿元，增长24.8%。其中，第一产业投资85.5亿元，增长211.1%；第二产业投资357.1亿元，增长1.9%；第三产业投资372.3亿元，增长35.3%。在第二产业中，工业投资357.1亿元，增长1.9%。其中，煤炭工业投资94.5亿元，下降22.9%；非煤产业投资262.6亿元，增长15.3%。固定资产投资在全省11个市中居第9位。

年末规模以上工业企业有332户，比2012年增加17户。规模以上工业增加值340.8亿元，增长13%，增幅高全省2.5个百分点。

全年社会消费品零售总额246亿元，增长14.2%；外贸进出口总额19751万美元，下降9.4%。

3. 产业发展

2013年，忻州市第一产业增加值63.6亿元，增长4.1%；第二产业增加值327.4亿元，增长12.3%；第三产业增加值263.7亿元，增长6.1%。三次产业比重由2012年的9.4∶51.4∶39.2调整变化为9.7∶50.0∶40.3。

第一产业中，农作物主要有玉米、谷子、豆类、薯类、油料、瓜菜等，小杂粮、畜牧为特色优势农业。忻州市素有"杂粮王国"的美誉。近年来，不断推进现代农业试验区、雁门关生态畜牧经济区、优质杂粮经济区建设，努力打造全省特色农业大市。2013年，新发展温室大棚1.1万亩，建设特色现代农业示范园区111个，新发展"一村一品"示范村273个，提升了省级"一县一业"县建设水平。全年粮食产量达169.57万吨，增加6.15万吨，增产3.76%；蔬菜产量达278.9万吨，增产11.2%；肉、蛋、奶产量分别为9.38万吨、5.47万吨、5.52万吨；农产品加工企业销售收入突破50亿元，增长30%以上。

第二产业中，煤炭、电力、冶金、化工、装备制造等为支柱产业。近年来，忻州大力推进传统产业的改造提升和新型产业的培育发展，加快经济发展方式的转变。2013年，煤炭企业复工复产、达产达效加快，全年煤炭产量达到6200万吨，增长10.4%；引进华能、龙源、国电等9家风电企业，千万千瓦级风电基地开始建设；生物质能、太阳能发电等11个项目以及新材料、新型煤化工、装备制造业等24个重点项目加快建设。同德氧化铝一期项目可望2014年联动试车。山西蓝天集团2.2万蒸吨新能源锅炉项目全面开工。全年非煤产业占规模以上工业增加值比重达59%；发电量 270 亿千瓦时，增长 4.1%。

第三产业中，忻州文化旅游业较为发达。2013 年，在深圳文博会和山西文博会上，忻州推出招商项目 17 个，招商总额 19 亿元，签约项目 13 个，签约总额 17 亿元。拍摄戏曲电影《黄河管子声》、数字电影《徐向前》，遗山墓园重修开园，有 20 多个种类的文化产业开发，木雕、石刻、剪纸、刺绣等一批文化产品走向海内外市场。五台山风景名胜区改造提升工程加快推进，芦芽山、雁门关争创 5A 级景区，凤凰山、天牙山、老牛湾争创 4A、3A 级景区；偏关县"乾坤湾"景区、保德县康熙枣园、河曲县娘娘滩、定襄凤凰山温泉养生园等景区加紧建设。全年文化产业增加值达 15 亿元，同比增长 7.3%；接待国内游客 1951.6 万人次、海外游客 23.1 万人，旅游总收入达到 207.7 亿元，分别比 2012 年增长 28.5%、10.9%、27.7%。接待国内外旅游者人次、旅游总收入在全省 11 个市中分别居第 10 位、第 4 位。

4. 城乡建设

2013 年，忻州市大力实施第二个"大干城建年"活动。城区总投资 22.9 亿元的 29 条城市道路全部竣工通车，忻顿路桥建成通车，云中河景区工程和 9 条主干道绿化基本完成，"五馆一院"加快建设，中心城市承载能力和服务功能大幅提升。108 国道城区过境改线竣工通车，形成城市东环线。中心城市推进全国环保模范城市、省级园林城市、国家可再生能源应用示范城市"三城同建"，新增绿化面积 208 万平方米，绿化覆盖率提高 6.5 个百分点，超省目标任务 3.2 个百分点。各县（市）扩容提质步伐加快，实施和完成了一大批城市基础设施和保障民生的重大工程。16 座污水处理厂达标运行，新建 6 座垃圾处理场全部完工；新增集中供热面积 150 万平方米，普及率增加 1.16 个百分点。继 2010 年繁峙县和 2012 年河曲县、定襄县、忻府区奇村镇、宁武县东寨镇之后，2013 年又有五台县、宁武县、保德县和繁峙县砂河镇、五台县台怀镇、定襄县河边镇荣获"国家卫生县城（乡镇）"称号。忻州市6县5镇成为"国家卫生县城（乡镇）"，数量居全国地级市首位。

2013年，忻州市市域城镇化率达43.04%，比2012年提高1.61个百分点。

2013年，忻州市新增公路通车里程38公里，公路通车总里程达到17318公里，其中高速公路730公里，基本实现县县通。公路通车里程、高速公路里程在全省11个市中分别居第2位、第1位。

5. 民生社会

2013年，忻州市城镇新增就业3.75万人，应届毕业生就业率91.7%左右，转移农村劳动力3.87万人。年末城镇登记失业率3.17%。加强社会保障，提高了城乡居民低保标准、城镇居民和新农合财政补助标准、企业退休人员基本养老金、城乡居民基础养老金。新型农村合作医疗参合率达到99.8%。提高城乡居民收入，第三次提高公务员津贴补贴标准，全部兑现事业单位人员绩效工资；认真执行全省最低工资标准，切实提高低收入职工收入；提高机关、企事业单位及离退休人员取暖补贴标准，提前发放完成96万吨农户取暖煤；全面推行农民工工资支付登记卡管理办法，推动了农民工工资拖欠问题的解决。新开工各类保障性住房17754套，基本建成12106套；农村家庭住房抗震改建3000户，农村困难家庭危房改造1720户。推进义务教育学校标准化建设，实施普通高中"四化一改"工程，扩大中等职业教育覆盖面，新建、改扩建公办幼儿园36所。实施"十大文化工程"，县级"三馆一院"加快推进。全年安全生产死亡人数控制在省定指标的65.2%，煤矿百万吨死亡率0.026。

2013年，忻州市城镇居民人均可支配收入20324元，增长9.9%；农村居民人均纯收入5426元，增长13.6%。城镇占调查总户数20%的低收入家庭人均可支配收入11656元，增长20.9%；农村居民占调查总户数20%的低收入家庭人均纯收入2096元，增长13.4%。城镇居民人均消费性支出10454元,增长3.4%;农村居民人均生活消费支出4727元,增长10.1%。城镇居民家庭恩格尔系数(即居民家庭食品消费支出占家庭消费支出的比重)30.8%;农村居民家庭恩格尔系数36.4%。

6. 县域经济

忻州市共辖定襄县、五台县、代县、繁峙县、宁武县、静乐县、神池县、五寨县、岢岚县、河曲县、保德县、偏关县和原平市、忻府区14个县(市、区)。

2013年,地区生产总值在100亿元以上的有忻府区、原平市2个县(市、区),其中忻府区113.8亿元、原平市118.1亿元。公共财政收入在5亿以上的有代县、宁武县、河曲县、保德县、原平市5个县(市、区)。在省政府对全省119个县(市、区)县域经济考评中,原平市在全省22个A类县中排第13位;定襄县在38个B类县中排第24位;河曲县、繁峙县、代县、保德县、岢岚县、五寨县、宁武县、偏关县、静乐县、五台县、神池县在36个C类县中分别排第2位、第6位、第7位、第8位、第9位、第10位、第12位、第13位、第14位、第16位、第25位。

五　阳泉市

阳泉市辖3区(城区、矿区、郊区)2县(盂县、平定县)。境内有1个省级开发区(阳泉经济开发区)。辖区总面积4452平方公里,占全省的2.9%。2013年末常住人口138.60万人,占全省3.82%。

1. 发展思路

2013年,阳泉市紧紧围绕"千亿阳泉、百万新城"奋斗目标,抢抓用好转型综改试验区建设机遇,深入实施"工业强市、文化兴市、扩城阔市、生态靓市"四大战略,奋力实现项目建设、改革开放、民生改善"三个突破",全面加强经济、政治、文化、社会、生态文明建设,加快转型跨越发展，为全面建成小康社会努力奋斗。

2. 经济增长

2013年，阳泉市实现地区生产总值611.8亿元，增长7.0%，增幅低全省1.9个百分点。地区生产总值占全省的比重为4.85%，地区生产总值在全省11个市中居第11位。人均地区生产总值44251元，增长1.3%。人均地区生产总值在全省11个市中居第4位，人均地区生产总值比全省多9405元。

全年财政总收入111.3亿元，下降21.1%。公共财政收入47.9亿元，下降15.7%。公共财政收入在全省11个市中居第10位。公共财政预算支出86.4亿元，下降2.5%。其中，农林水事务支出下降3.4%，教育支出下降13.7%，社会保障和就业支出增长12.8%，医疗卫生支出增长13.9%，文化体育与传媒支出增长3.6%，节能环保支出增长101.7%。公共财政预算支出在全省11个市中居末位。

全年固定资产投资完成485.5亿元，增长24.1%。按经济类型分类，国有及国有控股投资228.5亿元，增长24.5%；民间投资248.2亿元，增长21.3%。按产业分类，第一产业投资17.7亿元，增长12.9%；第二产业投资210.8亿元，增长13.1%；第三产业投资257.0亿元，增长35.8%。在第二产业中，工业投资210.0亿元，增长14.4%。其中，煤炭工业投资87.1亿元，增长11.1%，非煤工业投资122.9亿元，增长16.9%；传统产业（煤炭、焦炭、冶金、电力）投资合计125.5亿元，上升12.6%，非传统产业投资合计84.5亿元，增长17.4%。全年在建固定资产投资项目706个。其中，计划投资5亿元以上项目45个，计划总投资648.4亿元，完成投资172.1亿元。固定资产投资增长速度在全省11个市中居末位。

全年社会消费品零售总额246.7亿元，增长13.4%；外贸进出口总额2.1亿美元，下降12.4%。

年末规模以上工业企业有161户,比2012年增加25户。规模以上工业增加值完成290.3亿元,增长7.5%,增幅低全省3个百分点。

3. 产业发展

2013年,阳泉市第一产业增加值10.5亿元,增长4.2%;第二产业增加值352.9亿元,增长8.2%,第三产业增加值248.4亿元,增长5.0%。三次产业比重由2012年的1.5∶58.9∶39.6调整变化为1.7∶57.7∶40.6。

第一产业中,以种植业和养殖业为主,农作物主要有玉米、谷子、豆类、薯类、蔬菜等,林果主要有核桃等。阳泉市是山西重要的小杂粮基地和核桃基地。近年来,特色农业和农业产业化发展较快。2013年,新发展"一村一品"专业村160个,累计达到247个;新增设施蔬菜1060亩,栽植干果经济林4.4万亩,种植中药材1.3万亩;华北奕丰生态园等一批特色现代农业示范园区建设取得重要进展。全年粮食总产量达到2.91亿公斤,再创历史新高;蔬菜及食用菌产量达9.1万吨,增产0.8%;水果1.1万吨,减产19.8%;肉类总产量1.89万吨,增长17.7%;禽蛋产量2.58万吨,增长3.3%;水产品产量0.08万吨,增长11.0%。农产品加工龙头企业实现销售收入17.6亿元,增长43%。

第二产业中,煤炭、电力为支柱产业,冶金、机械、化工、新型材料为主导产业。近年来加快推进传统产业改造升级和新兴产业培育步伐,2013年认真贯彻落实省"煤炭20条",并制定实施阳泉市"煤炭13条"改造提升矿井水平;出台电力项目建设考核办法,河坡发电公司2×35万千瓦项目地面以下土建工程基本完工,中广核风电公司风力发电项目开工,盂县鑫磊2×35万千瓦和阳煤远盛电厂2×35万千瓦项目取得"路条",正在积极推进山西国际能源裕光煤电2×100万千瓦和南煤集团西上庄2×60万千瓦项目。阳煤集团盂县"24·40"尿素项目试车成功,阳煤集团平定年产60万吨乙二醇项目加紧前期工作。兆丰铝业氧化铝二期70万吨项目投产,20万吨高精铝板带一期12.5万吨项目试运行。同时,做强装备制造业、重组耐火材料产业等工作有条不紊推进。新兴产业发展提速，百度云计算中心主体完工，进入设备安装阶段；中科激光器项目有序推进。全年原煤产量6456.9万吨，下降5.5%；发电量114.0亿千瓦时，下降5.8%；焦炭产量42.5万吨，下降9.1%。规模以上工业企业实现主营业务收入830.1亿元，增长2.3%。其中，煤炭、焦炭、冶金和电力工业分别实现主营业务收入563.3亿元、9.8亿元、64.9亿元和48.6亿元，煤炭工业增长3.8%，焦炭、冶金、电力工业分别下降2.1%、9.4%、0.2%；化学、建材工业分别实现主营业务收入20.7亿元、37.0亿元，分别下降24.0%、13.2%；装备制造、食品工业共实现主营业务收入90.0亿元，分别增长14.3%、8.8%。

第三产业中，以饮食业、旅店业、商业等传统产业为主，旅游业发展较快。近年来，积极推进产业转型，招商引资导向集中于非煤产业和服务业。2013年，梁家寨大汖温泉度假景区酒店建成试运营，藏山风景区生态景观大道建成通车，娘子关、水神山等重点景区建设加快推进。全年接待海外旅游者4.2万人次，接待国内旅游者1483万人次，分别增长10.5%和25.8%；旅游外汇收入1177.6万美元，国内旅游收入119.9亿元，旅游总收入120.6亿元，分别增长16.6%、26.3%和26.2%。

4. 城乡建设

近年来，阳泉市强力推进生态靓市战略，强化节能减排、环境治理和生态保护，取得重要进展。2013年，阳泉市进一步加大力度，推进市区、各县（市）城区和中心城镇的建设。

市区建设围绕市政重点工程、城市路网改造、扩容提质、环境改善展开，不断推进。道路交通建设，加快推进阳五、阳左高速、西环高速、207复线等一批公路建设工程，实施洪城路拓宽和南大东街、桃南中街、南山南路大修等道路工程，保晋路、桃北东路、平坦立交桥续建等工程，建成政府广场和新一中地下通道、过街天桥；撤并公交站点、优化线路、建设公交港湾，交通拥堵的状况得到初步缓解。新城大道供热、供水管网等工程基本完成。到年末，市区建成面积达53.73平方公里，建成区绿化覆盖率达为40.85%，绿地率为36.72%，人均公共绿地面积为9.51平方米；城市污水集中处理率83.93%，生活垃圾无害化处理率100%。

大县城和中心镇建设深入推进。盂县高城山路二期、盂上线道路拓宽改造和孙交线交口至土塔段改造工程相继建成并投入使用，刘家村至鹿峪村运煤专线开工建设。太旧高速公路平定出入口、七亘隧道等改造工程竣工；阳左高速和国道207复线水峪至娘子关一级公路等主体完工；王家庄产业园区路、阳五高速平定北互通连接线等按序推进；阳泉汽车客运南站平定总站完成"三通一平"，自强路（南关段）、新北大街主体完成。郊区着力打造荫营城区，坚持环境集中整治和高速公路两侧生态修复，荫营城区"五网"全部入地，供水、供热管网改造顺利完工。

积极创建国家森林城市，全年完成各类造林14.14万亩，占省下达任务的126%，森林覆盖率提高到25.94%；城市建成区绿化覆盖率达到40.85%，绿地率达到36.72%，人均公共绿地面积达到9.51平方米。阳泉市成功荣获"全国绿化模范城市"称号，是继长治、晋城之后山西第三个获此殊荣的城市。

依托百度云计算中心及智能城市建设等软硬件条件，阳泉市成功入选国家"智慧城市"试点。"智慧阳泉"加快建设，完成28个部门单位的信息化系统整合接入工作，市区和县城主要公共场所实现了无线互联网免费全覆盖。

2013年，阳泉市市域城镇化率达64%，比2012年提高0.96个百分点。城镇化率在全省11市中居第2位。

2013年，阳泉新增公路通车里程20公里，达到5621.1公里，其中高速公路277.1公里。

5. 民生社会

2013年，阳泉市民生继续改善。在公共财政预算收入下降15.7%的形势下，民生领域投入力度不减反增，民生支出占公共财政支出比重达到76.5%。新增就业2.54万人，城镇登记失业率控制在3.08%。基本社会保险覆盖率达到97.79%。启动城乡居民医疗大病保险试点。3个农业县（区）全部开展新型农村合作医疗试点，有57.4万农民参加合作医疗。新建保障性住房7035套，基本建成10092套。落实高温津贴、带薪休假制度，提高取暖补贴、最低工资标准和企业工资基准线，促进居民增收。县区最低工资标准均迈入千元大关，其中城区、矿区、郊区最低工资标准为1290元，平定县、盂县为1090元。广播、电视100%全覆盖，有线电视入户率达64%，其中市辖区达到93%。全年共发生各类安全事故158起，下降2.47%；死亡68人，下降19.0%。全年煤炭百万吨死亡率0.3。

2013年，阳泉市城镇居民人均可支配收入23238元，增长9.7%；城镇居民人均生活消费支出13184元，增长5.4%；全年农村居民人均纯收入9742元，增长12.2%；城镇占调查总户数20%的低收入居民人均可支配收入9046元，增长27.8%；农村居民人均生活消费支出7713元，增长29.2%；农村占人口20%的低收入居民收入4170元，增长12.3%。

6. 县域经济

阳泉市共辖盂县、平定县和城区、矿区、郊区5县（区）。盂县、平定县和郊区3个农业县（区）均为省级综改试点县（区）。

2013年，郊区、平定县、盂县分别完成地区生产总值78.34亿元、81.95亿元和137.04亿元，在全省27个扩权县中分别排第23位、第22位和第16位。郊区、平定、盂县3县（区）农村居民人均纯收入均在全省平均水平之上，盂县城镇居民人均可支配收入在全省平均水平之上。

六 吕梁市

吕梁市辖2市（孝义市、汾阳市）1区（离石区）10县（交城县、文水县、中阳县、交口县、石楼县、柳林县、临县、兴县、岚县、方山县）。境内有3个省级开发区（孝义经济开发区、文水经济开发区、交城经济开发区）。辖区总面积2.1万平方公里，其中山区半山区占91.8%，占全省的13.46%。2013年末常住人口379.29万人，占全省的10.45%。

1. 发展思路

2013年，吕梁市按照牢牢把握"打基础、利长远、惠民生"的总体要求，大力推进"四化"协调发展，突出抓好资源转化和扶贫攻坚，着力保持经济持续健康发展，着力加快产业转型升级，着力推进城乡发展一体化，着力保障和改善民生，为实现吕梁发展新飞跃而奋斗。

2. 经济增长

2013年，吕梁市实现地区生产总值1228.6亿元，增长9.5%，增幅高全省0.6个百分点。地区生产总值占全省的比重为10.2%，地区生产总值在全省11个市中居第3位。人均地区生产总值32484元，下降0.69%。人均地区生产总值在全省11个市中居第6位，人均地区生产总值比全省少2326元。

全年公共财政收入164亿元，增长15.5%。公共财政收入在全省11个市中居第2位。公共财政预算支出291.7亿元，增长18.3%。其中，一般公共服务支出28.1亿元，增长3.2%；教育支出61.2亿元，增长0.6%；社会保障和就业支出24.4亿元，增长19.2%；医疗卫生支出21.5亿元，增长14%；节能环保支出8.2亿元，增长8.3%；住房保障支出9亿元，增长1.2倍。公共财政预算支出在全省11个市中居第2位

全年固定资产投资完成872.9亿元，增长26.4%。按经济类型分类，

国有及国有控股投资 315.2 亿元，增长 30%；民间投资 557.7 亿元，增长 24.5%。按产业分类，第一产业投资 13.9 亿元，增长 1 倍；第二产业投资 559.6 亿元，增长 19.6%；第三产业投资 299.5 亿元，增长 38.9%。在第二产业中，工业投资 559.6 亿元，增长 19.6%。其中，煤炭工业投资 126.2 亿元，下降 32.5%，非煤产业投资 433.4 亿元，增长 54.3%；传统产业（煤炭、焦炭、冶金、电力）投资合计 320.2 亿元，增长 13.7%，非传统产业投资合计 239.4 亿元，增长 28.5%。固定资产投资在全省 11 个市中居第 7 位。

全年社会消费品零售总额 344 亿元，增长 14.2%；外贸出口总额 74846 万美元，增长 30.1%。其中，出口 16393 万美元，增长 47.3%；进口 58452 万美元，增长 26%。

年末规模以上工业企业 592 户，比 2012 年增加 14 户。规模以上工业增加值完成 875.6 亿元，增长 12%，增幅高全省 1.5 百分点。规模以上工业企业实现主营业务收入 1853.8 亿元，增长 2.2%；实现营业利润为 40.6 亿元，下降 58.2%。

3. 产业发展

2013 年，第一产业增加值 65.6 亿元，同比增长 4%；第二产业增加值 866.5 亿元，同比增长 10.9%；第三产业增加值 296.5 亿元，同比增长 6.6%。三次产业比重由 2012 年的 4.5∶73.2∶22.3 调整为 5.3∶70.5∶24.2。

农业基础地位不断提高。粮食总产量达 11.6 亿公斤，实现"九连增"。"三农"支出达到 113.96 亿元，同比增长 12.38%。"8＋2"农业产业振兴工程（"8"即核桃、红枣、杂粮、畜牧、蔬菜、马铃薯、林下中药材、食用菌八大产业，"2"即市场建设和龙头企业建设）顺利起步，建成核桃和红枣标准化管理示范园区 3.5 万亩、绿色谷子生产基地 2.3 万亩，新发展林下中药材 1.3 万亩、设施蔬菜 2.52 万亩，建成一级种薯和绿色商品薯基地各1万亩,发展窑洞食用菌6015孔、574.5万棒。启动"百企千村"产业扶贫工程,50家省市企业与10个贫困县、1000个贫困村结对开发,组建开发公司20家,实施各类项目63个。易地扶贫搬迁、片区开发、整村推进等扶贫开发项目顺利推进,实现12.7万低收入贫困人口稳定脱贫。造林绿化深入推进,全年共造林77.4万亩,栽植核桃林50.9万亩。汾阳市成功举办了第七届世界核桃大会。

工业生产总体良好。从轻重工业看,轻工业完成工业增加值79.6亿元,同比增长4.8%;重工业完成工业增加值796亿元,同比增长12.7%。从行业分类看,煤炭开采和洗选业累计实现工业增加值564.7亿元,同比增长10.7%;化学原料和化学制品制造业实现增加值71.1亿元,同比增长17.7%;黑色金属冶炼和压延业实现增加值55.5亿元,同比增长13.4%;酒类制造业实现工业增加值46.9亿元,同比下降6.1%;炼焦业实现增加值46.6亿元,同比增长2.1%;农副食品加工业实现增加值27亿元,同比增长27.7%;非金属矿物制品业实现工业增加值20.9亿元,同比增长17.2%。

第三产业健康发展,孝义义乌商品交易国际博览城基本建成,沃尔玛、红星美凯龙、居然之家等现代物流企业进驻吕梁,商贸流通现代化水平进一步提高。第三产业占GDP比重较2012年增长1.9个百分点。

4. 城乡建设

城镇化建设稳步推进。《吕梁城市总体规划》(2013—2030)得到省政府批复,吕梁新区主干路网、河道整治以及供水、供气、供热管网建设全面铺开,回迁安置房及部分配套设施相继开工。实施大县城建设项目211项,完成投资44.75亿元。保障性安居工程开工30335套,建成24648套。城区集中供热普及率达到67.91%,燃气普及率达到76%,污水处理率达到75.6%,生活垃圾处理率达到51.3%。城镇化率达到43.11%,较2012年提高1.5个百分点。

基础设施不断完善。吕梁机场正式通航，中南、太兴及吕临支线铁路加快推进，西纵、环城两条高速基本具备通车条件；新建农村公路338公里；中部引黄工程进展顺利，龙门供水取水枢纽主体工程完工，千年水库主要工程建设任务基本完成，坪底供水工程大坝主体全面封顶；新打机井200眼，增加灌溉面积5万亩。煤层气勘探开发利用迈出重大步伐，地面抽采量达到15亿立方米，输气管网架构基本形成。

5. 重点工程

2013年，吕梁市铺开重点项目173个，总投资8813亿元，年度完成投资1445.3亿元。"六位一体"中的项目储备额、签约率、落地率、开工率四项指标均位列全省第一。

截至2013年底，临县霍煤1000万吨煤矿、兴县肖家洼1000万吨煤矿、兴县中铝100万吨氧化铝、孝义信发180万吨氧化铝、汾阳杏花村酒业集中发展区、交城国锦2×30万千瓦电厂等项目基本建成或正式投产；孝义信发铝系二期、汾阳国峰2×30万千瓦电厂等项目全面开工建设；中阳中澳生态铝循环经济一体化等项目落地奠基；高新技术产业取得重大突破，吕梁高科技城和离石、柳林、岚县高科技产业园"一城三园"高科技产业基地横空出世，军民融合协同创新研究院在应用微小卫星、无人系统、能源互联网及新材料工业等领域取得较大进展，"天河二号"落户吕梁。

6. 民生社会

2013年，吕梁市社会事业同步推进，城乡统筹取得新进展。义务教育全面发展，交城、文水、方山、岚县完成薄弱学校改造任务，石楼、兴县、临县在城镇学校扩容改造和农村寄宿制学校附属生活设施建设方面取得实质性进展。全年新改扩建城区幼儿园21所、农村幼儿园75所，高中阶段毛入学率达到93.5%。高考二本B类以上达线人数首次突破万人大关。科技创新成果斐然，申请专利963件，全社会研究与试验发展经费达到4亿元，增长18%。医药改革继续深化，13个县级综合医院全部达到二级甲等标准，圆满完成县级公立医院改革试点任务。新农合参合人数达到276.3万人，参合率达到98.46%，筹资标准提高到每人340元。新农保参保人数达到170.9万人，领取待遇人数达到36万人。文化事业不断繁荣，10个省级非遗项目通过评审，晋剧《刘胡兰》获全国舞台艺术最高奖"文华剧目奖"。吕梁慈善总会正式成立。安全生产形势持续明显好转，事故起数和死亡人数同比分别下降2.62%、18.85%。落实增收措施，上调最低工资标准，发布企业工资指导线，落实带薪休假制度；培育富民产业，加大补贴力度，积极培训和转移劳动力，鼓励以工补农、以城带乡，推进机关定点扶贫、干部包村下乡。城乡居民收入较快增长，其中城镇居民人均可支配收入达20145元，增长9.9%；农民人均纯收入达6067元，增长13.1%。完善社会保障。城乡居民基础养老金每人每月增加10元；企业退休人员基本养老金提高10%；城镇居民医保财政补助标准提高40元；城乡低保补助标准每人每月分别提高30元、24元；失业人员失业保险金标准提高15%以上；财政筹资570万元，将市属48户国有特困企业的3043名职工纳入医疗保险和大病保险。改善生态环境。12个县（市）和吕梁市区平均优良天数比例达到91.8%，市区PM2.5日均浓度达标率为78.9%，全省排名第二。

2013年，吕梁市城镇居民人均可支配收入20145元，增长9.9%；城镇居民人均消费性支出11012元。农村居民人均纯收入6067元，增长13.1%；农村居民人均生活消费支出4837元。城镇占调查总户数20%的低收入家庭人均可支配收入10240元；农村占人口20%的低收入者收入1911元。

7. 县域经济

吕梁市共辖交城县、文水县、中阳县、交口县、石楼县、柳林县、临县、兴县、岚县、方山县和孝义市、汾阳市、离石区13县（市、区）。

2013年,中阳、孝义、岚县、交口、方山、临县、文水7县(市)整体经济运行较好,其余7县(市、区)工业经济低位运行。

在山西2013年县域经济发展考核中,孝义市、柳林县、汾阳市、中阳县荣获"2013年度县域经济发展先进县(市、区)"称号。孝义市在全省22个A类县(市)考核中综合排名第一。在第十三届全国县域经济与县域基本竞争力百强县市排名中,孝义市排第65位,是山西唯一稳居"全国百强县(市)"的县级市。

七 晋中市

晋中市辖1市(介休市)1区(榆次区)9县(太谷县、祁县、平遥县、灵石县、寿阳县、昔阳县、和顺县、左权县、榆社县)。境内有1个国家级开发区(晋中经济技术开发区)和2个省级开发区(榆次工业园区、祁县经济开发区)。辖区总面积1.64万平方公里,占全省的10.5%。2013年末常住人口330.49万人,占全省的9.10%。

1. 发展思路

2013年,晋中市围绕建设全省"四化"(工业新型化、农业现代化、市域城镇化和城乡生态化)率先发展区总目标,把握稳中求进总基调,紧紧抓住转型综改试验和同城化建设两大机遇,坚持开放引领、项目支撑、同城发展、综改推动"四化一体"发展路径,努力为建设转型发展先行区、晋商文化复兴地、现代宜居生态市而奋斗。

2. 经济增长

2013年,晋中市地区生产总值首次突破千亿元大关,达到1020.4亿元,增长9.1%,增幅高全省0.2个百分点。地区生产总值占全省的比重为8%,地区生产总值在全省11个市中居第8位。人均地区生产总值30960元,增长2.9%。人均地区生产总值比省少3853元。

全年财政总收入220.77亿元,增长4.94%。公共财政收入115.1亿元,增长16.0%。公共财政收入在全省11个市中居第5位。公共财政预算支出209.5亿元,增长17.2%。其中,文化体育与传媒支出增长56.7%,节能环保支出增长25.5%,农林水事务支出增长25.4%,医疗卫生支出增长23.9%,教育支出增长4.7%。公共财政预算支出在全省11个市中居第7位。

全年固定资产投资完成945.9亿元,增长27.1%。按经济类型分类,国有投资327.1亿元,增长14.2%;非国有投资618.8亿元,增长35.2%。按产业分类,第一产业投资74.3亿元,增长188.2%;第二产业投资456.8亿元,增长21.2%;第三产业投资414.8亿元,增长21.6%。在第二产业中,工业投资453.7亿元,增长20.7%。其中,煤炭工业投资158.7亿元,下降1.8%;非煤产业投资294.9亿元,增长37.6%。固定资产投资在全省11个市中居第6位。

年末规模以上工业企业有517户,比2012年增加38户。规模以上工业增加值472.7亿元,增长13%,增幅高全省2.5个百分点。

3. 产业发展

2013年,晋中市第一产业增加值95.7亿元,增长4.4%;第二产业增加值535.8亿元,增长12.4%;第三产业增加值388.9亿元,增长5.3%。三次产业比重由2012年的8.4:54.7:36.9调整变化为9.4:52.5:38.1。

晋中市第一产业中,种植业、林业、畜牧业和渔业都比较发达。2013年,粮食产量达182.4万吨,增产7.6%,创历史新高;蔬菜产量达278.9万吨,增产11.2%;肉、蛋、奶产量分别为17.4万吨、14.1万吨、11.4万吨。

晋中市第二产业中,煤炭、焦炭、冶金、电力、机械、化工、轻工、医药、食品等为支柱产业,其中煤焦、纺机、液压元件、艺术玻璃、玛钢等产品在全省乃至全国占有较大份额。近年来,晋中市不断推进对传统产业的改造升级和新兴产业的培育发展。2013年，煤炭行业新增25个现代化矿井、新增产能1950万吨，焦化企业兼并重组数量由27户减少至12户；直升机、新能源汽车、液压元件、煤化光学等装备制造业、新型材料工业发展快速。全年全社会原煤产量8455.9万吨，增长10.4%；发电量213.4亿千瓦时，增长7.2%。规模以上工业企业焦炭产量1112万吨，增长3.2%；粗钢产量214.7万吨，增长25%。规模以上工业实现主营业务收入1368.1亿元，增长5.5%；其中传统煤炭、焦炭、冶金和电力工业主营业务收入占总收入的79.6%，新兴非金属矿制品业、化学行业、装备制造业、医药行业和食品行业主营业务收入占总收入的19.1%。焦炭、玛钢、钢材、碳素、玻璃器皿、机电产品等是晋中市主要出口产品。2013年，出口产品量除焦炭、玻璃器皿有所下降外，其他产品量均有较大增长。

晋中市第三产业中，文化旅游业较为发达，商贸物流业成长迅速。2011年以来，晋中市围绕打造晋商文化复兴地、建设文化旅游名市、创建中国优秀旅游目的地城市目标，加快文化旅游业大发展。2013年，晋中市通过国家旅游服务业标准化示范城市验收，同时入选"2013旅游业最美中国榜"。绵山景区升级为5A景区，平遥古城、乔家大院景区通过国家5A评审；榆次乌金山景区二期工程、灵石石膏山风景区一期工程、红崖大峡谷等项目建成开放；太谷NAPA橡树谷开工，填补了全省高端休闲游空白。全年接待国内外旅游者3323.3万人次，旅游总收入突破300亿元，达301.5亿元。2013年，太铁货运物流中心在晋中开发区正式启动建设，以此为标志的现代物流业加快成长。

4. 城乡建设

近年来，晋中市以加快太原晋中同城化为发展方向，大规模推进城区市政重点工程建设，城区路网建设、城市扩容、环境改善等不断取得新进展。与此同时，2011年在晋中市北部新城开工并于2013年建成的山西省高校新区，2012年在太原和晋中市之间启动建设的太榆科技创新城，对拉大晋中市城区的框架发挥了重要作用。2013年，晋中市继续实施"百亿"市政重点工程，在城市规划和路网完善等城建重点工程建设、市容环境及秩序整治等方面取得较大突破，城市综合品味明显提升。城区污水集中处理率96.5%，生活垃圾无害化处理率75.3%。

晋中市各地大县城建设和特色城镇建设也深入推进，城乡不断呈现新面貌，城镇化率不断提高。2013年，左权县城、平遥县城分别被命名为全国和全省文明县城；灵石县城、和顺县城分别被命名为国家园林县城和省级园林县城；灵石县城、左权县城成为晋中市首批国家卫生县城。全市城市污水集中处理率93.7%，比2012年提高0.9个百分点；城市生活垃圾无害化处理率69.2%，比2012年提高15.8个百分点。2013年，晋中市市域城镇化率达49%。

2013年，晋中市新增公路通车里程235公里，公路通车总里程达到15565.5公里，高速公路基本实现县县通。

5. 重点工程

重点工程是省和市在一定时期内集中力量兴建的对国民经济和社会发展具有带动作用的重要工程。2013年，晋中市重点工程项目总数达693个，其中省级重点工程项目55个，市级重点工程项目638个，包括六大类，涵盖工业、农业、服务业、能源、城镇化、民生社会事业等领域。省级重点工程项目中，东方希望晋中化工有限公司东方希望铝系综合循环项目、山西青云集团有限公司航空产业基地项目等39个为续建项目，山西中加重工股份有限公司20万吨大型锻件制造项目、聚义集团煤矸石制纤维项目等16个为新建项目。市级重点工程项目中，平遥煤化集团有限责任公司液晶电视用新型光学材料项目、中科鸿基平遥生物科技产业园项目等257个为续建项目，寿阳年产200万吨醚基燃料项目、山西蓝焰集团煤层气抽采综合利用项目等381个为新建项目。省、市级重点工程项目年度计划分别投资340.3亿元、793.3亿元。

2013年末,晋中省级重点工程项目实际完成投资340.5亿元,为年度计划的100.1%,市级重点工程项目实际完成投资820.2亿元,为年度计划的103.4%,省市级重点工程项目实际完成总投资累计1160.7亿元,为年度计划的102.39%;中煤化工公司中煤1830项目、山西三佳新能源科技集团有限公司炭电极项目等3个省级重点工程完工,晋中市规划展示馆、广生公司100亿粒植物胶囊生产线建设项目等129个市级重点工程完工,总计132个,完工率为19.05%。

6. 民生社会

2013年,晋中市财政用于民生领域支出增加31亿元,增长21.65%。建成保障性住房26832套,名列全省前茅。城镇新增就业4.8万人,登记失业率1.95%,比全省城镇登记失业率低1.35个百分点。各类保险参保人数、保费征缴额进一步提高,城乡低保实现应保尽保。学前教育三年行动计划全面完成,幼儿入园率比全省高14.1个百分点;全国义务教育均衡发展经验交流暨工作推进会在晋中召开,晋中市获全国教育改革创新特别奖,"晋中模式"在全国推广。晋中图书馆加快建设,晋中大剧院启动建设;图书馆、文化馆和乡镇文化站全部实现免费开放。广播人口覆盖率96.75%,电视人口覆盖率99.59%。社区体育设施覆盖率达到68%。新农合参合率达到99.37%。启动实施100户规模以上企业对100个乡镇的贫困村、贫困人口进行产业扶贫开发"双百工程",实现3.2万人脱贫。全年安全生产较大以上事故的起数和死亡人数实现"双下降",无重大事故发生。居民消费价格涨幅3%,比全省低0.1个百分点。

2013年,晋中市城镇居民人均可支配收入23714元,增长9.9%;农村居民人均纯收入8991元,增长13.3%。城镇占调查总户数20%的低收入家庭人均可支配收入9670元,增长10.1%;农村居民占调查总户数20%的低收入家庭人均纯收入2801元,增长16.4%。城镇居民人均消费性支出11826元,增长7.9%;农村居民人均生活消费支出6330元,增长6.0%。城镇居民家庭恩格尔系数(即居民家庭食品消费支出占家庭消费支出的比重)30.2%;农村居民家庭恩格尔系数29.9%。

7. 县域经济

晋中市共辖太谷县、祁县、平遥县、灵石县、寿阳县、昔阳县、和顺县、左权县、榆社县和介休市、榆次区11个县(市、区)。

2013年,晋中市所辖县(市、区),地区生产总值在100亿元以上的有灵石县、介休市、榆次区3个县(市、区),其中灵石县、介休市人均地区生产总值在全省平均水平之上;财政总收入30亿以上的只有灵石县。2013年,晋中市所辖个县(市、区)中,榆次区、灵石县、介休市、祁县4县(市、区)城镇居民人均可支配收入在全省平均水平之上,榆次区、寿阳县、太谷县、祁县、平遥县、灵石县、介休市7县(市、区)农民人均纯收入在全省平均水平之上。晋中市"108国道综合发展廊带"内榆次、太谷、祁县、平遥、介休、灵石等六县(区、市),已成为晋中乃至全省县域经济发展的隆起带和集中区。

在省政府对全省119个县(市、区)县域经济考评中,晋中市的灵石县、太谷县、和顺县3县荣获"2013年度县域经济发展先进县"称号,灵石县还荣获"2013年度县域经济发展争先进位奖"称号。

八 长治市

长治市辖1市(潞城市)2区(城区、郊区)10县(长治县、屯留县、长子县、壶关县、平顺县、黎城县、襄垣县、武乡县、沁县、沁源县)。境内有1个国家级开发区(长治高新技术产业开发区)和1个省级开发区(壶关经济开发区)。辖区总面积1.39万平方公里,占全省的8.9%。2013年年末常住人口338.78万人,占全省的9.33%。

1. 发展思路

2013年，长治市以转型综改试验区建设为统领，以加快转变经济发展方式为主线，以增进人民福祉为根本，紧紧围绕实施"五五"战略（着力项目建设、扶贫开发、城镇化建设、节能减排、体制机制改革"五大攻坚"，推进民生改善、创优环境、文明提升、本质安全、社会管理"五大工程"，打造全国一流的现代煤化工、先进装备制造、新能源新材料、休闲旅游度假、特色农产品生产加工"五大产业集聚区"，走出资源型经济转型、农村贫困人口脱贫致富、城乡一体化发展、高碳经济低碳发展、创新驱动"五条路子"；建设宜居、宜业、宜游、宜商、宜学"五宜"长治）、率先全面小康的发展目标，保增长、上项目、抓转型、惠民生、强安全、促稳定，打造长治经济社会发展升级版，奋力开创转型跨越新局面。

2. 经济增长

2013年，长治市实现地区生产总值1333.7亿元，增长8.5%，增幅低全省0.4个百分点。地区生产总值占全省的比重为10.6%，地区生产总值在全省11个市中居第2位。人均地区生产总值39474元，减少49元。人均地区生产总值在全省11个市中居第5位，人均地区生产总值比全省多4661元。

全年财政总收入297.9亿元，下降1.4%。公共财政收入148.7亿元，增长11.4%。公共财政收入在全省11个市中居第3位。公共财政预算支出245.7亿元，增长21.7%。其中，农林水事务支出增长18.6%，教育支出下降8.4%，社会保障和就业支出增长64.4%，医疗卫生支出增长16.2%，文化体育与传媒支出增长19.5%，节能环保支出增长45.8%。公共财政预算支出在全省11个市中居第4位。

全年固定资产投资完成1086.8亿元，增长25.4%，总量及增速分列全省第二和第七。按经济类型分类，国有及国有控股投资411.4亿元，增长14.6%；非国有投资675.4亿元，增长33%。按产业分类，第一产业投资114.5亿元，增长100.6%；第二产业投资546.3亿元，增长18.9%；第三产业投资426亿元，增长21.6%。投资结构进一步优化，新型产业投资367亿元，增长50.2%；制造业投资349.5亿元，增长31.3%；电力行业投资34.9亿元，增长100.5%；采矿业投资141.5亿元，下降10.7%。全年在建固定资产投资项目1467个。其中，5亿元以上项目108个，计划总投资1829.6亿元，完成投资397.8亿元，占固定资产投资的比重为36.6%。固定资产投资在全省11个市中居第2位。

年末规模以上工业企业有357户，比2012年增加15户。规模以上工业增加值843.7亿元，增长10.5%，增幅与全省持平。规模以上工业企业实现主营业务收入1752.7亿元，下降3.4%；实现利税197.3亿元，下降17.5%；实现利润101.8亿元，下降23.7%。

全年社会消费品零售总额425.8亿元，增长14.3%；外贸进出口总额105457万美元，下降8.2%。

3. 产业发展

2013年，长治市第一产业增加值56.6亿元，增长3.9%；第二产业增加值867.1亿元，增长9.9%；第三产业增加值410亿元，增长5.8%。三次产业比重由2012年的4.0∶67.4∶28.6调整为4.3∶65.0∶30.7。

第一产业中，种植业、林业、畜牧业等都比较发达，主要农产品有小麦、玉米、谷子、豆类、蔬菜等。近年来，玉米、小杂粮、干鲜果、食用菌、无公害蔬菜、畜禽养殖等特色产业发展加快。2013年，新增设施蔬菜10.2万亩，占全省新增面积的50%以上；水果、干果经济林和中药材的种植面积大幅增加；农业产业化龙头企业新上项目144个、完成投资53.2亿元，占农业项目总投资的46.5%；新增省级"一村一品"专业村226个，增加53%。全年农林牧渔总产值98.6亿元，其中农业、林业、牧业总产值分别为62.04亿元、3.73亿元、28.61亿元。粮食总产量160.8万吨，增长1.1%，实现"四连增"；蔬菜及食用菌产量102.2万吨；肉类总产量8.66万吨，增长3.3%；禽蛋产量12.47万吨，增长2.1%；奶类产量1.7万吨，下降1.1%。

第二产业中，煤炭、焦炭、冶金、电力、机械制造、化工、医药等为支柱产业。近年来，不断推进工业产业转型升级，传统产业的改造提升和新兴产业的培育发展不断加快。2013年，加快煤矿技改，竣工投产矿井14座，新增产能1335万吨，实现了煤炭产量、增加值、外销量的同步增长；加快焦炭行业重组，整合产能600余万吨，实现了焦炭产能向优势企业集中；加快电力行业"上大压小"，漳泽电厂改扩建，欣隆、高河、赵庄低热值发电，协鑫煤电一体化等新上电厂项目推进顺利；推进大型焦炭、冶金企业与电厂建立直供电关系。全年煤、焦、冶、电等传统产业完成增加值708亿元、增长10.9%，拉动经济增长4.6个百分点。与此同时，加快推进现代煤化工、生物医药、新能源新材料、食品加工等新兴产业的做强做大。加快推进成功汽车、日盛达光伏玻璃、山力铂纳橡胶、康宝生物雪莲、高科LED、达利食品、潞宝金和生等新兴产业项目的建设和投产，共完成投资367亿元、增长50.4%，占工业总投资的67.2%。新兴产业工业增加值占工业比重达到14.2%，其中农产品加工行业实现增加值28.3亿元、增长17.3%，成为继煤炭、焦炭和冶金行业之后的第四大工业行业。全年原煤产量1.13亿吨，增长7.8%；发电量343.3亿千瓦时，下降2%；焦炭产量1431.7万吨，增长11%；钢材产量610.7万吨，增长10.3%。规模以上工业企业实现主营业务收入1752.7亿元，其中煤炭、焦炭、冶金和电力占到总收入的78.8%，占主导地位；化学、建材、装备制造、医药和食品工业主营业务收入占总收入的17.7%。

第三产业中，文化旅游业较为发达，商贸物流业成长较快。近年来，打造的太行风光游、八路军文化游等旅游品牌，影响力不断扩大。2013

年，全年共接待海外游客14.5万人次，接待国内游客2148.6万人次，分别增长13.9%和28.7%；旅游外汇收入3547.9万美元，国内旅游收入209.4亿元，旅游总收入211.7亿元，分别增长18.3%、27.3%和27.2%。2013年，中南铁路长子编组站物流园、郊区老顶山商贸园、长治县太行山农产品物流园、黎城华驰物流联组园等项目，加快建设，取得重要进展。全力打造晋东南地区重要的物流集散地。全年长治市服务业增加值占地区生产总值的比重达到30.7%，提高2.1个百分点。

4. 城乡建设

近年来，长治市加大城乡统筹发展力度，深入推进"1+6"（"1"即长治市主城区，"6"即平均半径12公里内的长治县、长子县、屯留县、襄垣县、潞城市和壶关县6个县市的城镇）上党城镇群建设，城市路网、城市扩容、环境改善等不断取得新进展。2013年，长治市主城区和各县（市、区）的建设进一步推进。

长治市主城区启动实施了九大城建工程：新建改造14条城市道路；改造3座铁路立交桥；新建5座市政跨河大桥；新建8座过街天桥；实施"三河一渠"（石子河、黑水河、南护城河、东防洪渠）环城水系二期工程；新建北一环城东路互通立交桥；建设市区至襄垣快速连接线；整治30条背街小巷；开工建设新区环湖大道。九大工程投资40亿元、拆迁55万平方米，分别相当于过去5年、10年的总和。到年末，主城区九大城建重点工程基本完成，构筑起"三环八纵十二横"的路网骨架，道路贯通率达到80%以上。与此同时，改造和新增燃气管道53公里，13万户市民置换了天然气；新增集中供热面积460万平方米，改造供水管网38.2公里，铺设入地电缆38.9公里，新安装路灯7500余盏、亮化道路37条；新增绿地面积21万平方米；新购置64辆公交车，万人拥有量达到11.54标台，排名全省第一。年末，建成区绿化覆盖率达到45.3%；燃气普及率达89%，生活垃圾无害化处理率达到100%。

各县县城和村镇基础设施等各项建设也加快推进。11个县城开工建设重点城建工程107项，53个重点镇和240个中心村的建设分别完成投资13.1亿元和8.5亿元。

加强和推进生态环境建设。以两山治本、两林富民、两网提档、双保安全、双十示范、双育增效为内容的"六大林业生态工程"继续推进，完成营造林44万亩，超额完成省定目标任务46.6个百分点。实施了保护"母亲河""生命泉"工程，浊漳河南源店上段人工湿地工程基本完成，辛安泉文王山地垒河段防污整治工程进展顺利。2013年，长治市森林覆盖率达30.9%。当年9月，被全国绿化委员会、国家林业局授予"国家森林城市"称号。长治市在全省率先实现了国家森林城市创建目标。

2013年，长治市市域城镇化率达到46.87%，比2012年提高1.56个百分点。

2013年，长治境内长临、黎左、黎霍等高速公路建设取得重要进展。年末长治市公路线路里程11248.7公里，其中高速公路295.0公里。

5. 重点工程

2013年，长治市重点工程项目总数达982项，其中省级重点工程项目118个，市级重点工程项目864个，涵盖工业、农业、服务业、能源、城镇化、民生社会事业等领域。

省级重点工程项目中，山西潞安高硫煤油化配套铁路专用线项目等45个为续建项目，山西潞安矿区古城矿井及选煤厂项目，潞安集团煤矿瓦斯综合利用项目等73个为新建项目。

市级重点工程项目中，世纪名城住宅小区、上庄煤业90万吨技改等328个为续建项目，长治供电公司新建西火变电站、荫城输变站、义安站及西火站、南宋站升压工程、长治县陶清河河道治理工程等536个为新建项目。省、市级重点工程项目年度计划分别投资517.72亿元、837.57亿元。

全年省级重点工程项目实际完成投资496.06亿元,为年度计划的95.81%;市级重点工程项目实际完成投资878.92亿元,为年度计划的104.93%。省市级重点工程完成总投资累计1374.98亿元,为年度计划的101.4%。

6. 民生社会

2013年,长治市不断加大各项惠民政策的贯彻执行,人民生活进一步改善,社会事业不断发展。城镇新增就业5万人,登记失业率1.65%,比2012年下降0.17个百分点。通过校企对接,近5000名职业学校毕业生在长治市240家企业就业。基本保险覆盖面进一步扩大。新农合参合率达到99.71%。新开工各类保障性住房20577套,基本建成18030套。认真落实粮食直补、退耕还林、户均一吨煤、农村低保养老金政策,同时出台增加职工工资、提高离退休金、提高取暖补贴、调整高温津贴标准、提高最低工资标准、发放休假补贴和补发津贴、提高城镇基本医疗保险、工伤保险、失业保险待遇水平等一系列措施,拓宽了居民的增收渠道。实施改扩建村级和公办标准化幼儿园、改造县属义务教育薄弱学校等"十项教育惠民工程",投资4.6亿元,使近50万名学生受益。"好娃娃"工程深入推进,在全国率先实施新生儿出生缺陷干预救助健苗工程,免费为近2万名新生儿进行了血样检测,对971名新生儿开展了干预救助。公益文化设施建设达标率达到87.1%,名列全省第一。广播、电视综合人口覆盖率分别达到97.4%和98.7%。精准实施"百企千村"产业扶贫、移民扶贫、专项扶贫、科教扶贫、定点扶贫五大扶贫开发工程,12429名山庄窝铺的贫困群众搬出大山,进城入镇,占到全省年度搬迁总人数的12.4%,同时有4.3万贫困人口稳定脱贫。亿元GDP生产安全事故死亡率为0.089,下降49.7%。煤炭百万吨死亡率为0.092,下降60%。全年共发生道路交通事故296起,下降16.9%,造成216人死亡、231人受伤,分别下降0.9%和25.5%。

2013年，长治市城镇居民人均可支配收入22803元，增长9.9%；农村居民人均纯收入9119元，增长12.3%。城乡居民收入比同比缩小0.3个百分点。农村居民人均纯收入增幅连续4年高于城镇居民人均可支配收入增幅。城镇居民家庭恩格尔系数（即居民家庭食品消费支出占家庭消费支出的比重）29.2%，农村居民家庭恩格尔系数40.0%。

7. 县域经济

长治市共辖长治县、屯留县、长子县、壶关县、平顺县、黎城县、襄垣县、武乡县、沁县、沁源县和潞城市、城区、郊区13个县（市、区）。

地区生产总值超百亿的有7个县（区），分别是襄垣县214.7亿元、长治市郊区182.1亿元、长治县167.1亿元、长治市城区164亿元、屯留县118.9亿元、长子县104.1亿元、沁源县101.6亿元，在全省119个县中分别居第15位、第20位、第23位、第26位、第35位、第41位、第42位。

财政总收入超30亿元的有4个县（区），分别是长治县48.3亿元、襄垣县41.2亿元、长治市郊区30.9亿元、长子县30.4亿元，在全省119个县中分别居第6位、第7位、第17位、第18位。

城镇居民人均可支配收入在全省平均水平以上的有5个县（区），分别是长治市郊区、襄垣县、长治市城区、长治县、沁源县；农村人均纯收入在全省平均水平以上的有8个县（市、区），分别是长治市郊区、长治县、屯留县、襄垣县、长治市城区、长子县、沁源县、潞城市。

九　晋城市

晋城市辖1市（高平市）1区（城区）4县（泽州县、阳城县、陵川县、沁水县）。境内有1个国家级开发区（晋城经济技术开发区）。辖区总面积0.94万平方公里，占省的6%。2013年末常住人口230.06万人，占全省6.33%。

1. 发展思路

2013年,晋城市坚持"稳中求进"总基调,围绕"一争三快两率先"(争先综改、竞逐中原、加快产业转型升级、加快建设"美丽晋城"、加快城乡一体化进程、率先全面建成小康社会、率先走出资源型地区科学发展新路)总战略,以提高发展质量和效益为中心,以转型综改试验区建设为抓手,稳增长、调结构、促改革、惠民生,推动经济社会稳中有进发展。

2. 经济增长

2013年,晋城市实现地区生产总值1031.9亿元,增长9.3%,增幅高全省0.4个百分点。地区生产总值占全省的比重为8.2%,地区生产总值在全省11个市中居第6位。人均地区生产总值44940元,增长1.54%。人均地区生产总值在全省11个市中居第3位,人均地区生产总值比全省多10131元。

全年财政总收入223.3亿元,增长4.6%。公共财政收入94.6亿元,增长14.1%。公共财政收入在全省11个市中居第7位。公共财政预算支出157.3亿元,增长21.3%。其中,科学技术支出增长12.7%,教育支出增长3.2%,农林水事务支出增长12.1%,社会保障和就业支出增长17.5%,文化体育与传媒支出增长15.4%,医疗卫生支出增长23.2%,节能环保支出增长88.3%。公共财政预算支出在全省11个市中居第8位。

全年固定资产投资完成837.7亿元,增长27.9%。按经济类型分类,国有及国有控股投资347.2亿元,增长16.1%;港澳台及外商投资38.9亿元,增长69.8%;民间投资451.6亿元,增长35.6%。按产业分类,第一产业投资59.4亿元,增长108.3%;第二产业投资391.4亿元,增长7.7%;第三产业投资386.9亿元,增长47.0%。在第二产业中,工业投资390.3亿元,增长8.6%。其中,煤炭工业投资142.3亿元,下降12.5%;非煤产业投资248.0亿元,增长26.1%。传统产业(煤炭、炼焦、冶金、电力)投资合计151.1亿元,下降12.7%;新兴接替产业投资合计239.2亿元,增长28.4%。

年末规模以上工业企业有246户,比2012年增加23户。规模以上工业增加值488.36亿元,增长12.0%,增幅高全省1.5个百分点。规模以上工业企业实现主营业务收入1202.6亿元,下降10.8%;实现利税177.0亿元,下降36.0%;实现利润97.6亿元,下降46.1%。

全年社会消费品零售总额260.8亿元,增长16.2%;外贸进出口总额12.35亿美元,增长8.9%

3. 产业发展

2013年,晋城市第一产业增加值43.3亿元,增长1.5%;第二产业增加值644.4亿元,增长10.8%;第三产业增加值344.2亿元,增长7.3%。三次产业比重由2012年的4.2:64.5:31.3调整变化为4.2:62.4:33.4。

第一产业中,主要农作物有玉米、小麦、谷子、豆类、薯类、蔬菜、瓜果等。近年来,畜牧、蚕桑、蔬菜、食用菌、小杂粮、中药材等特色农业发展较快。2013年,继续以"一村一品""一县一业"为主攻方向,新建现代农业示范园区30家,200亩以上的设施农业园区达到97家。全年粮食产量90.5万吨,减产6.9万吨;生猪出栏达165.4万头,位居全省第一;肉类总产量14.0万吨,增长6.5%;设施蔬菜产量12.1万吨,增长22.1%;牛奶产量1028吨,下降69.9%;禽蛋产量7.3万吨,增长5.9%;水产品产量1800吨,增长9.8%。

第二产业中,煤炭、电力、冶金、铸造、化工等是主要传统产业,装备制造、煤层气、煤化工、新材料、光电子信息等新兴产业发展较快。2013年,煤炭、电力、冶铸、化工四大传统行业占规模工业的比重达83.3%,其中煤炭占66.1%、电力占5.5%、冶铸5.3%、化工6.5%,其他22个行业仅占16.7%。全年原煤产量8143万吨,下降5.1%;发电232亿千瓦时,增长6.3%;水泥产量236万吨,增长1.6%;农用化肥(折纯）产量271万吨，增长6.5%；焦炭产量93万吨，增长3.1%；钢材产量273万吨，增长1.6%；生铁产量346万吨，增长2.4%。规模以上工业企业实现主营业务收入1198.5亿元，下降11.1%。其中，煤炭、炼焦、冶铸和电力工业分别实现主营业务收入646.1亿元、12.8亿元、133.3亿元和82.7亿元，分别增长-15.6%、-3.7%、-9.7%和4.4%；煤层气开采、化工、建材、装备制造、医药和食品工业分别实现主营业务收入43.2亿元、120.5亿元、9.7亿元、112.2亿元、3.7亿元和1.1亿元，分别增长8.5%、-8.1%、-12.0%、-10.4%、75.7%和-4.6%。

第三产业中，文化旅游、商贸物流等发展较快。2013年，文化旅游、商贸物流业进一步发展。文化旅游发展方面，成功举办了第二届中国（晋城）太行山国际文化旅游节，特别是"晋善晋美，精彩晋城"的推广宣传活动，进一步提升了晋城旅游的知名度和美誉度；与郑州铁路局、济源市、焦作市签署了合作协议，与中原经济区10市开通了旅游直通车；景区开发建设深入推进，皇城相府景区改造明清街土特产超市、停车厂，王莽岭景区创建国家5A级旅游景区整改提升规划通过专家评审，蟒河景区二期项目加快实施。全年接待海外旅游者10.8万人次，接待国内旅游者2166.3万人次，分别增长12.9%和28.4%；旅游外汇收入5385.9万美元，国内旅游收入195.3亿元，旅游总收入198.7亿元，分别增长18.0%、30.3%和30.0%。商贸物流发展方面，总投资194亿元的34个重点商贸物流项目加快建设；苏宁电器、必胜客、凤展新时代广场正式营业。

4. 城乡建设

2013年，晋城市大力实施中心城市、县城、产业片区和中心镇"四位一体"的城镇化发展战略，促进城乡一体化发展。

中心城市建设，围绕花园城市、智慧城市和全国文明城市为目标而展开。启动了包括17条城市道路的41项城建重点工程。其中，西北片区实施整体改造，城东景观水系开工建设，兰花片区、金村片区、北石店片区和金匠工业园区等加快建设；30个城中村改造全面铺开，图书馆、档案馆、美术馆"三馆合一"工程加快推进、基本建成。全年，新增集中供热面积140万平方米，新增市区煤层气用户1.17万户；新增城市道路面积20万平方米，总计达到549.2万平方米，人均拥有城市道路面积11.3平方米；建成区园林绿化面积增加56公顷，总计达到1633公顷，人均公共绿化面积达15.5平方米。城区污水集中处理率达96.5%，生活垃圾无害化处理率达75.3%。

大县城、中心镇和美丽乡村建设统筹推进。泽州县、阳城县、陵川县、沁水县四个大县城建设继续推进。阳城润城"洎水新城"、沁水郑村"幸福小镇"建设试点取得成效。农村新增清洁能源用户3万户。位于泽州县金村镇水北村南的晋城丹河人工湿地处理工程建成投入运行。该工程于2008年8月开工建设，总投资1.2亿元，日处理污水8万吨，是全国最大的垂直流人工湿地。

年末晋城市城市污水处理率达到87%；城市生活垃圾无害化处理率达到98%；集中供热普及率达到87%。

近年来，晋城市围绕创建国家森林城市的目标，大力推进山上治本、身边增绿、产业富民、生态文化建设工程，基本形成了城郊森林化、道路林荫化、农田林网化、庭院花园化、城乡生态化的建设格局。2013年9月，晋城市被全国绿化委员会、国家林业局授予"国家森林城市"称号。晋城市在全省率先实现了国家森林城市创建目标。

2013年，晋城市市域城镇化率达55.52%，比2012年提高了1.04个百分点。

2013年，晋城市新增公路通车里程124公里，公路通车总里程达到8881公里，其中等级里程8644公里。

5. 民生社会

2013年，晋城市进一步加大民生投入，民生事业不断发展，人民生活持续改善。全年公共财政民生支出达130多亿元，占公共财政支出的83%，增长25%。城镇新增就业岗位4.23万个，城镇登记失业率控制在1.53%以内，比全省城镇登记失业率低1.77个百分点。城乡居民基础养老金、企业离退休人员基本养老金实现"九连增"。6县（市、区）全部开展新型农村合作医疗试点，新型农村合作医疗参合率98.5%；村卫生室覆盖率100%、县乡村三级医疗机构达标率较高（县乡级100%，村级92%）。城乡居民殡葬惠民政策全面实施，市级社会福利院新楼投入使用。太原科技大学晋城校区正式招生，标志着晋城市告别了没有本科院校的历史。新改扩建幼儿园53所，免除城市义务教育教科书费惠及学生6.71万人。新开工各类保障性住房17908套。继续开展公益演出、周末大剧场、特色文化村镇、农村电视数字化升级改造等文化低保工程。推进实施农村街道亮化、移民搬迁、危房改造和清洁工程，启动"百企千村"产业扶贫工作，取得新进展。广播人口覆盖率97.8%，电视人口覆盖率98.82%。全年共发生各类生产安全事故921起，同比增加118起，上升14.7%；事故死亡230人，减少8人，下降3.4%。

2013年，晋城市城镇居民人均可支配收入23250元，增长10.0%；城镇居民人均消费性支出12141元。农村居民人均纯收入9026元，增长12.3%；农村居民人均生活消费支出7115元，增长17.7%。城镇占人口20%的低收入家庭人均可支配收入9738元；农村占人口20%的低收入者收入4848元，增长12.3%。

6. 县域经济

晋城市共辖沁水县、阳城县、陵川县、泽州县和高平市、城区6县（市、区）。

近年来，晋城市6县（市、区）经济社会发展迅速，产业各具特色。沁水县资源型产业发展迅猛，境内探明的煤层气储量6000亿立方米，是国内最好的整装气田。阳城县以园区建设带动产业升级，陶瓷产业实现新突破，以皇城相府为龙头的旅游产业蓬勃发展。陵川县独特的气候生态资源，特色农业和旅游产业发展较快。泽州县是晋城市的人口大县、经济大县，一直以来都有"煤铁之乡"的称号，近年来传统产业不断改造升级，新兴产业发展势头良好。高平市是晋城唯一的县级市，财政总收入和一般预算收入连续多年位居全市第一，连续多年被评为中国全面小康成长型百佳县市，是全省转型综改和扩权强县试点市。晋城市城区服务业发展为其亮点，2013年服务业增加值达125.3亿元，占地区生产总值的比重达58.3%，占晋城市服务业增加值的36.4%。

2013年，沁水县、阳城县、陵川县、泽州县和高平市、城区6县（市、区）实现地区生产总值分别为167.2亿、162.7亿元、32.3亿元、217.2亿元和233.5亿元、215.1亿元。除陵川县，其余5县（市、区）地区生产总值均超过100亿元。

2013年，晋城市城区、泽州县、高平市3县（市、区）城镇居民人均可支配收入在全省平均水平之上，城区、沁水县、阳城县、泽州县、高平市5县（市、区）农民人均纯收入在全省平均水平之上。

在省政府对全省119个县（市、区）县域经济考评中，晋城市城区荣获"2013年度县域经济发展先进县（市、区）"称号。

十 临汾市

临汾市辖2市（侯马市、霍州市）1区（尧都区）14县（曲沃县、翼城县、襄汾县、洪洞县、古县、安泽县、浮山县、吉县、乡宁县、大宁县、隰县、永和县、蒲县、汾西县）。境内有2个省级开发区（临汾经济开发区、侯马经济开发区）。辖区总面积2.03万平方公里，占全省的13%。2013年末常住人口439.08万，占全省的12%。

1. 发展思路

2013年,临汾市围绕"率先转型、全力跨越,建设文明开放富裕和谐新临汾"的总目标,以提高经济增长质量和效益为中心,以"百里汾河新型经济带"建设为龙头,不断深化改革开放,推进城乡统筹发展,构建循环产业体系,加快生态文明建设,促进文化发展繁荣,着力保障改善民生,推动经济社会全面持续健康发展。

2. 经济增长

2013年,临汾市实现地区生产总值1223.9亿元,增长8.5%,增幅低全省0.4个百分点。地区生产总值占全省的比重为9.7%,地区生产总值在全省11个市中居第4位。人均地区生产总值27949元,下降0.29%。人均地区生产总值在全省11个市中居第9位,人均地区生产总值比全省少6864元。

全年财政总收入199.4亿元,下降1.1%。公共财政收入118.1亿元,增长6.7%。公共财政收入在全省11个市中居第4位。公共财政预算支出264.3亿元,增长18.5%。其中,农林水事务支出增长36.2%,社会保障和就业支出增长23.1%,医疗卫生支出增长24.6%,文化体育与传媒支出增长19.8%,公共安全支出增长11.7%,节能环保支出增长57.9%。公共财政预算支出在全省11个市中居第3位。

全年固定资产投资完成1036.3亿元,增长26%。按经济类型分类,国有投资537.8亿元,增长12.7%;非国有投资498.5亿元,增长44.4%。按产业分类,第一产业投资54.1亿元,增长80.6%;第二产业投资468.1亿元,增长23.3%;第三产业投资514.1亿元,增长24.5%。第二产业投资中,煤炭工业投资178.4亿元,增长1.3%,非煤产业投资289.5亿元,增长42.3%。传统产业(煤炭、焦炭、冶金、电力)投资合计246.8亿元,增长1.2%,非传统产业(食品、建材、化工、装备制造等)投资合计221.1亿元,增长62.8%。固定资产投资在全省11个市中居第4位。

年末规模以上工业企业374户，比2012年减少6户。规模以上工业增加值661.8亿元，增长12.6%，增幅高全省2.1个百分点。

全年社会消费品零售总额475.5亿元，增长13.7%；外贸进出口总额71704万美元，下降13.3%。

3. 产业发展

2013年，临汾市第一产业增加值87.2亿元，增长5%；第二产业增加值732.7亿元，增长11.1%；第三产业增加值404亿元，增长6.2%。三次产业比重由2012年的6.7∶62.1∶31.2调整变化为7.1∶59.9∶33.0。

第一产业中，种植业、林业、畜牧业比较发达。农作物主要有玉米、小麦、谷子、豆类、薯类、油料、棉花、蔬菜，林果主要有苹果、红枣、核桃等。临汾市是山西农业大市，也是华北地区重要的粮棉生产基地，素有"棉麦之乡"的美誉。近年来，以高产、优质、高效、生态为方向，不断推进水果基地、蔬菜基地、药材基地建设，大力构建"一村一品""一乡一业""一县一特"的产业格局，农业产业化水平不断提升。2013年，"四个百万亩"基地和现代农业园区建设规模进一步扩大，新发展设施蔬菜4.4万亩、水果14.2万亩、干果19.8万亩、中药材11万亩。推广"公司＋合作社＋农户"，新确立"一村一品"专业村232个，新发展农民专业合作社1513个，家庭农场达到1348个，农业产业化龙头企业达到362家。全年农林牧渔总产值达163.4亿元。粮食产量达232.3万吨，增产4.5%，总产量居全省第2位；水果产量57.9万吨，增长11.7%；蔬菜产量达117.2万吨，增长9.3%；肉、蛋、奶产量分别达到12.2万吨、11.3万吨、4.6万吨。

第二产业中，煤、焦、铁、电力、化工为五大支柱产业。近年来，不断推进工业经济结构优化升级，传统产业的改造提升和新兴产业的培育发展不断加快。2013年，工业加快转型提升，焦化行业45户企业兼并重组减少为21户，钢铁行业立恒公司整合中宇公司，淘汰落后炼铁产能75万吨、炼钢产能100万吨。实施新装备、新技术、新材料、新能源等转型项目104个，高新技术企业发展到23家，省级以上企业技术中心达到19家，新兴产业投资增速达到50.6%。全年25个工业园区实现产值1245.4亿元，占工业总产值的63%以上。原煤产量5598.8万吨，增长13.29%；焦炭产量2079.8万吨，增长11.41%；钢产量1287.3万吨，增长7.51%；生铁产量1313.4万吨，增长4.21%。原煤、焦炭、钢、生铁产量在全省11个市中分别居第9位、第1位、第1位、第1位。规模以上工业实现总产值1926.9亿元，传统煤炭、焦炭、钢铁、电力、化工五大产业占总收入的83.14%。

第三产业中，物流、文化旅游较为发达。2013年，物流、文化旅游各项建设进一步推进。百里汾河新型经济带内规划的6个物流园区有4个开工建设，5个文化旅游园区全部实施开发；方略保税物流中心启动国家级保税区物流服务业标准化试点创建，侯马山西国际陆港园区建设加快推进；4A级景区达到6个。全年接待海外旅客16.3万人次，接待国内旅客2126.4万人次，分别增长12.4%和22.2%；旅游外汇收入3509.5万美元，国内旅游收入192.8亿元，旅游总收入195亿元，分别增长13.2%、22.1%和21.9%。三产所占比重提高1.82个百分点。

4. 城乡建设

2013年，临汾市统筹推进城乡建设，市区、各县（市）城区和村镇的建设全面提速。

按照"拓展新城、提升老城"的思路，加快推进公益、交通基础设施建设，增强中心城区综合承载能力。建成规划展览馆、行政服务监察中心。加快实施高铁西客站、图书馆、博物馆等工程。新医院建筑工程竣工，精神病医院主体完工，第三人民医院迁建工程实施顺利。中大街中段贯通，民航机场航站楼和高架桥主体工程完工；启动实施五一东路、二中路、北外环拓宽改造、秦蜀路南延、市民广场一期工程。启动实施集中供热九期、污水处理厂改扩建、市区天然气置换等工程。建成区新增绿化面积28.06万平方米，绿化覆盖率达到37.9%，人均公共绿地面积10.42平方米。市区城市生活垃圾无害化处理率连续三年达到100%。

百里汾河新型经济带区域，滨河东路南北延路基工程基本完成，河道水利工程洪洞至襄汾段基本完工，生态绿化完成1700多万平方米。

各县（市）城区和村镇的建设进一步推进。14个县镇功能进一步健全，控规覆盖率达到70%。洪洞"六城同创"、霍州霍东新区以及隰县、乡宁等县城建设成效明显。30个新农村连片示范区、300个重点推进村建设任务全面完成；农村"五件实事"超额完成年度任务，行政村街道亮化全面完成。新建改建农村公路231公里，其中集中连片特困地区农村公路36公里。

境内跨城乡的重大交通基础设施建设进一步推进。其中，中南铁路、大西高铁、张台铁路加快建设，霍永高速东段和西段一期工程基本完工，吉河高速路基和桥涵完成60%，大运高速土门连接线拓宽改造工程全面完成，霍侯一级路城市化改造和桃临线霍州至汾西段竣工投用。

2013年，临汾市市域城镇化率达45.67%，比2012年提高1.6个百分点。城镇化率在全省11市中居第2位。

2013年，临汾市新增公路通车里程209公里，公路通车总里程达到18025公里，其中高速公路462公里。

5. 民生社会

2013年，临汾市民生进一步改善，社会事业全面进步。城镇新增就业6.3万人，登记失业率2.8%，低全省0.5个百分点。基本社会保险覆盖面进一步扩大。新农合参合率达99.12%。开展易地扶贫搬迁、住村联户、片区开发、整村推进等，实现贫困人口脱贫6.1万人。开工建设各类保障性住房26333套，完成农村危房改造8000套。改造中小学校舍面积22.36

万平方米，改造项目学校 313 所，市直学校改造工程全部投入使用，5 个县薄弱校改造全面完成。同时新建、改扩建农村学校 169 所、公办标准化幼儿园 30 所、村级幼儿园 65 所。临汾市图书馆、博物馆等工程加快实施，临汾新医院建筑工程竣工，临汾市级精神病医院主体完工，临汾市第三人民医院迁建工程进展顺利，临汾市第四人民医院和市妇幼保健院成功创建"三甲"，9 家县级公立医院改革完成。广播人口覆盖率 96.74%，电视人口覆盖率 98.73%。全年发生生产经营性安全事故 276 起，死亡 107 人，相比 2012 年减少 132 起，减少 44 人。

2013 年，临汾市城镇居民人均可支配收入 21936 元，增长 10.3%；农村居民人均纯收入 7768 元，增长 12.6%。城镇居民人均消费性支出 11357 元，较 2012 有所下降；农村居民人均生活消费支出 5119 元，增长 20.1%。

6. 县域经济

临汾市共辖尧都区、侯马市、霍州市、曲沃县、翼城县、襄汾县、洪洞县、古县、安泽县、浮山县、吉县、乡宁县、大宁县、隰县、永和县、蒲县、汾西县 17 个县（市、区）。

2013 年，地区生产总值达 100 亿元以上的有尧都区、洪洞县、襄汾县、曲沃县 4 个县（区），其中尧都区 243 亿元、洪洞县 165.5 亿元、襄汾县 125.1 亿元、曲沃县 100.3 亿元，分别居全省 119 个地区生产总值 100 亿元县（市、区）第 11 位、第 25 位、第 34 位、第 44 位；财政总收入 30 亿元以上的有尧都区，居全省财政总收入 30 亿县（市、区）第 10 位。17 县（市、区）中，尧都区、古县 2 个县（区）城镇居民人均可支配收入在全省平均水平之上，尧都区、侯马市、霍州市、曲沃县、翼城县、襄汾县、洪洞县、古县 8 个县（市、区）农民人均纯收入在全省平均水平之上。

2013 年，侯马市荣获全国节水型社会建设示范区称号，霍州市获评

"中国最具海外影响力城市"荣誉称号，浮山县通过省级卫生县城验收，襄汾县《丁陶鼍鼓》摘得第十届中国艺术节"群星奖"桂冠。

沿"百里汾河新型经济带"的尧都、洪洞、霍州、襄汾、曲沃、侯马等6个县（市、区）经济发展势头强劲，成为临汾市转型发展的引领区和示范区。汾河滨河东路南北延路基工程基本完成，河道水利工程洪洞至襄汾段基本完工，生态绿化完成1700多万平方米；沿河18个工业园区销售收入占到临汾市规模以上企业销售收入的63.9%，10个农业园区有8个形成规模，6个物流园区有4个开工建设，5个文化旅游园区全部实施开发，11个"两区同建"工程启动实施。百里汾河新型经济带展现出良好发展前景，正在成为临汾转型跨越发展的强大引擎。

十一 运城市

运城市辖2市（永济市、河津市）1区（盐湖区）10县（绛县、夏县、新绛县、稷山县、芮城县、临猗县、万荣县、闻喜县、垣曲县、平陆县）。境内有5个省级经济开发区（运城经济开发区、绛县经济开发区、风陵渡经济开发区、空港经济开发区、盐湖工业园）。辖区总面积1.4万平方公里，占全省的8.97%。2013年末常住人口522.39万人，占全省14.39%。

1. 发展思路

2013年，运城市紧紧围绕"五大战略重点"（工业新型化、农业现代化、市域城镇化、城乡生态化、文化旅游产业）和建设"美丽河东、大美运城"的美好愿景，以晋陕豫黄河金三角承接产业转移示范区建设为抓手，以提高经济增长质量和效益为中心，以改革开放为动力，进一步创新发展理念，拓宽转型路径，不断推动经济社会全面发展。

2. 经济增长

2013年，运城市实现地区生产1140.1亿元，增长9.2%，增幅高全省0.3个百分点。地区生产总值占全省的比重为9.05%，地区生产总值在全省11个市中居第5位。人均地区生产总值21887元，增长8.6%。人均地区生产总值在全省11个市中居第10位，人均地区生产总值比全省少12923元。

全年财政总收入达91.2亿元，增长13.9%。公共财政收入45.4亿元，增长9.3%。公共财政收入在全省11个市中居末位。公共财政预算支出229.2亿元，增长18.9%。其中，农林水事务支出33.1亿元，增长26.2%；教育支出51.9亿元，增长14.3%；社会保障和就业支出30.9亿元，增长21.9%；医疗卫生支出23.1亿元，增长22.9%；节能环保支出8.5亿元，增长23.4%。公共财政预算支出在全省11个市中居第6位。

全年固定资产投资完成1008.9亿元，增长22.0%。按产业分类，第一产业投资77.1亿元，增长87.5%；第二产业投资581.8亿元，增长11.5%；第三产业投资350.0亿元，增长32.5%。按经济类型分类，非国有投资847.4亿元，增长27.4%；国有投资161.5亿元，同比持平。固定资产投资在全省11个市中居第5位。

年末规模以上工业企业有466户，比2012年增加32户。规模以上工业增加值406.3亿元，增长13.1%，增幅高全省2.6个百分点。

全年社会消费品零售总额达552.1亿元，增长14.3%；外贸进出口总额达17.5亿美元，增长64%。

3. 产业发展

2013年，运城市第一产业增加值195.9亿元，增长4.5%；第二产业增加值505.6亿元，增长11.7%；第三产业增加值438.6亿元，增长8.0%。三次产业比重由2012年的16.6∶46.0∶37.4调整变化为17.2∶44.3∶38.5。

第一产业中，运城市气候温和，土壤肥沃，农业生产条件得天独厚，是山西农业大市。小麦、棉花和苹果产量分别占山西全省的59%、89%和81%，是山西的麦棉基地、果业基地。近年来，通过大力推进农业结构战略性调整，形成了初具规模的粮、棉、果、菜、畜五大主导产业和红枣、芦笋、中药材、烟叶等一批特色产业，农业产业化迈上新台阶。2013年，粮食产量31亿公斤，水果总产量53亿公斤，双双再创历史新高。水果出口7000万公斤，增长133%。肉类和禽蛋总产量分别增长5.5%、5.9%。农产品加工销售收入达到205.4亿元，增长18.7%，占全省的1/5。

第二产业中，运城市工业支柱产业主要有黑色金属冶炼和压延加工、有色金属冶炼和压延加工、炼焦、化学原料和化学制品制造、电力、热力等五大行业；新型替代产业主要有农副食品加工、通用设备制造业、纺织业、医药制造业、电气机械和器材制造，酒、饮料和精制茶等六大行业。全部规模以上工业中，五大支柱行业增加值226.3亿元，增长8.6%，其中黑色金属冶炼和压延加工业增长15.8%，有色金属冶炼和压延加工业增长1.8%，炼焦业增长4.1%，化学原料和化学制品制造业增长6.4%，电力、热力生产和供应业增长2.4%；新型替代产业增加值159.4亿元，增长11.5%，其中农副食品加工业增长21.8%，通用设备制造业增长17.4%，纺织业增长14.4%，医药制造业增长13.8%，酒、饮料和精制茶制造业增长9.2%，电气机械和器材制造业增长7.7%，非金属矿物制品业增长6.2%。钢材、改装汽车、粗钢、交流电动机、生铁、氧化铝、原煤等产品产量增势良好。氧化铝、电解铝、金属镁、精铜、炭黑等工业主要产品产能在全省占有较大份额。铝深加工产量40万吨，占到全省的87%。机电产品、纺织制品、玻璃制品等是运城市主要出口产品，全年分别实现出口额10698万美元、10936万美元、2524万美元，同比分别增长30.1%、35.8%、15.9%。

第三产业中，文化旅游产业发展较快。运城市名胜古迹星罗棋布，文物旅游景点1600余处,其中国家级文物保护单位90处、省级57处。驰名中外的有武庙之祖解州关帝庙、四大名楼之一永济鹳雀楼、艺术宫殿芮城永乐宫、《西厢记》故事发生地永济普救寺、中华祭祀圣地万荣后土祠、中国死海运城盐湖,以及舜帝陵、秋风楼、司马光墓、黄河大铁牛、李家大院等。2013年,制定了《运城市加快文化旅游产业发展若干意见》,重点实施了盐池生态圈保护与修复、关圣文化建筑群建设、文化创意园区培育、青铜文化产业壮大、包装彩印文化园提升和历史文化古城保护六大工程。与此同时,成功举办关帝圣像巡游台湾和福建活动,关公文化影响力进一步扩大。全年接待国内游客2889.4万人次,增长21.5%;接待入境旅游者17.8万人次,增长12.0%。全年旅游总收入212.6亿元,增长28.1%。

4. 城乡建设

2013年,运城市通过强化规划引领,中心城市、大县城、小城镇、新农村四位一体统筹推进,以城镇化为重点的城乡建设步伐不断加快。全年城镇化项目完成投资103.9亿元,城市建设力度是近年来最大的一年。

中心城市坚持路、水、林、产四管齐下,统筹推进"八区联动",辐射带动能力得到新提升。禹都公园、高铁站前广场、工农街跨解放路高架桥等重点工程顺利推进,完成投资57.7亿元;新修道路74.2公里,11条城市主干道全部打通;运城经济开发区、空港经济开发区区域主干路网、配套设施进一步完善。中心城市公园面积达到430.8公顷;绿地面积达到1621公顷,增长3.1%。建成区绿化覆盖率达到38.25%。污水处理率达到92.0%;城市生活垃圾无害化处理率达到95.0%;集中供热普及率达到87.3%。以"一池、四库、三渠、一河、四滩"及各公园水系贯通为主的城市水系修复项目启动实施,涑水河、汾河环境综合整治扎实推进。

大县城实施城镇化项目完成投资46.3亿元。15个重点镇"五建设两整治"共完成投资8.6亿元。乡镇商贸中心和农村物流配送中心进一步规模化发展。全面完成330个新农村重点村"四化四改"(道路硬化和村庄绿化、亮化、净化,改厕、改圈、改厨、改水)和"五个一工程"(建立便民连锁店、标准化小学、达标卫生所室、科技图书室、休闲娱乐场所)。

全年造林40.4万亩,森林覆盖率提高1个百分点,达到28.16%。平陆县被评为"全省林业生态县"。创建国家生态乡镇1个,省级生态县1个、生态乡镇36个、生态村192个。

2013年,运城市公路线路里程达15744公里,其中,国道290.6公里,省道1452.1公里,县道2739.8公里,乡、村道及专用道11261.4公里;高速公路597.1公里。公路密度111.01公里/百平方公里。

2013年,运城市市域城镇化率达到43.06%,比2012年提高1.65个百分点。

5. 民生社会

2013年,运城市民生支出186.3亿元,占财政总支出的81.2%,是民生支出总量最多的一年。财政新增1000万元扶持教育事业发展,并动员社会各界积极参与,资助了2240名家庭经济困难的大学生顺利入学。首次评选50名优秀教师享受运城名师待遇。新(改、扩)建97所公办幼儿园,学前三年毛入园率达到88.8%。新型农村合作医疗参合率达到99.6%。城乡居民人均医疗保险财政补贴由240元提高到了280元。城乡居民最低生活保障标准每人每月分别提高30元和24元,惠及27.2万人。建成农村老年人日间照料中心447个,服务1.5万余名农村老年人。转移农村劳动力13.1万人。城镇新增就业5.9万人,城镇登记失业率控制在1.54%。新开工各类保障性住房21897套,基本建成15170套。农村危房改造完成11430户。深入开展安全生产大检查和食品安全专项检查,加强重点领域安全监管,全年各类生产经营性事故起数和死亡人数均有新的下降。

2013年，运城市城镇居民人均可支配收入20718元，增长10.6%；农村居民人均纯收入7198元，增长12.8%。城镇占调查总户数20%的低收入家庭人均可支配收入7306元，占城镇居民人均可支配收入的35.3%；农村占人口20%的低收入者收入2688元，占农村居民人均纯收入的37.3%。城镇居民人均生活消费支出11869元，增长9.8%，消费占收入比重为57.3%，同比回落1.9个百分点；农村居民人均生活消费支出5651元，增长19.2%，消费占收入比重为78.5%，同比提高4.2个百分点。农村居民消费占收入比重高于城镇居民消费占收入比重21.2个百分点。

6. 县域经济

运城市共辖绛县、夏县、新绛县、稷山县、芮城县、临猗县、万荣县、闻喜县、垣曲县、平陆县和永济市、河津市、盐湖区13个县（市、区）。

2013年，运城市县域经济实现生产总值978.6亿元，占全市的85.8%；财政总收入61.4亿元，占全市的67.4%。地区生产总值在100亿以上的有临猗县、闻喜县、永济市和河津市4个县（市），其中河津市196亿元、永济市127亿元、临猗县118亿元、闻喜县101亿元。河津市居全省地区生产总值100亿县（市、区）第7位，人均地区生产总值在全省平均水平之上，财政总收入达18亿元。临猗县、稷山县、新绛县、芮城县、永济市、河津市6县（市）农民人均纯收入在全省的平均水平之上。

在省政府对全省119个县（市、区）县域经济考评中，运城市的临猗县、永济市荣获"2013年度县域经济发展先进县"称号，河津市荣获"2013年度县域经济发展争先进位奖"称号。

第五篇
大事纪要

  2013年是山西综改试验区建设全面启动的起始之年，也是综改试验提速推进的开局之年。这一年，全省经济、政治、文化、社会、生态等领域的发展变化日新月异。以日记体兼及记事本末体的形式，梳理和勾略2013年山西发展变化的大事要事，是研究和认识2013年山西发展变化状况的一个重要切入点。

一月

1日　《山西省公路条例》施行。该项法规于2012年11月省十一届人大常委会第三十二次会议审议通过。

同日　《山西省进城务工人员随迁子女接受义务教育后参加升学考试工作的实施方案》公布施行。《方案》规定：从2013年开始，进城务工人员随迁子女可在山西省内就读地参加中考，并享有与当地常住户籍人口子女同等待遇；从2014年起进城务工人员随迁子女可在山西省内就读地参加高考，并享有与山西省考生相同的招生录取待遇。

4日　省政府召开第116次常务会议，研究讨论通过《山西省2011~

2020年农村扶贫开发总体规划（送审稿）》。《规划（送审稿）》后经修改完善下发，确定扶贫开发的工作范围扩大到全省115个农业县，按照国家2300元的新扶贫标准，对全省该标准以下的452万农村扶贫开发对象实现全覆盖；到2020年，国家和省扶贫开发工作重点县农民年人均纯收入达到1.2万元以上。

8日 "弘扬山西精神，加快转型跨越发展"座谈会在太原召开。山西精神即"信义、坚韧、创新、图强"为内涵的精神，是历经2012年一年征集提炼概括出来的，它高度诠释了山西独具特质的人文内涵和山西人秉持的精神品格。

9日 山西省—中央企业合作交流对接会在北京举行，就在晋投资项目推进中的困难问题现场解答、对接解决，听取下一步合作意见建议。省委书记袁纯清出席并讲话，省委副书记、代省长李小鹏主持。20余家中央企业负责人以及山西各市、省直有关部门主要负责人参加对接会。

同日 山西省委书记袁纯清、代省长李小鹏在北京会见中国工商银行等国有商业银行负责人，会商合作发展。

15日 省政府召开第118次常务会议，研究了省本级行政审批项目取消调整事项，决定：取消、调整460项省本级行政审批项目，保留实施269项省本级行政审批项目。自2001年开展行政审批制度改革以来，省政府先后10次发文取消调整了1521项行政审批项目。

17日 省委常委会会议决定，在2013年2~4月在全省开展县以上领导干部"访民生、知民情、解民事"集中走访活动。此后，2~4月间，这一活动在全省广泛开展，实现了省市县四大班子全员参加，县乡村三级全面覆盖。其中，35名省级领导干部走访覆盖了所有县（市、区），376名市级领导干部走访覆盖了所有乡镇（街道），3812名县级领导干部走访覆盖了所有村（社区）。

18日 省委召开依法治省领导组专题会议，审议通过《山西省依法治理示范单位创建管理办法》和《关于加强诚信建设，全面推进依法治省的意见》。

同日 国务院召开全国扶贫开发工作电视电话会议，宣布启动大兴安岭南麓、燕山—太行山区、吕梁山区、大别山区、罗霄山区5个连片特困地区区域发展与扶贫攻坚规划。山西有8个县被纳入燕山—太行山连片特困地区，分别是大同市的天镇县、阳高县、广灵县、灵丘县、浑源县、大同县（非贫困县）以及忻州市的五台县、繁峙县；有13个县被纳入吕梁山区连片特困地区，分别是忻州市的五寨县、神池县、岢岚县、静乐县，临汾市的大宁县、永和县、吉县、隰县、汾西县，吕梁市的临县、兴县、石楼县、岚县。

21日 省政府办公厅印发《山西省2013～2020年大气污染治理措施》，从优化能源利用结构与布局、严格工业布局与污染治理要求、积极发展绿色公共交通、加强生态建设、进一步提高城市扬尘污染控制水平、完善监测体系和信息发布制度、推动全民监督控污等方面，提出具体措施和目标任务。

22～28日 省政协十一届一次会议在太原召开。会议选举产生新一届省政协领导机构。选举薛延忠为省政协第十一届委员会主席，李雁红、令政策、卫小春、刘滇生、王宁、朱先奇、李悦娥、张友君为副主席，阎根生为秘书长。

23～30日 省十二届人大第一次会议在太原召开。会议选举产生了新一届省级国家机关。选举袁纯清为省第十二届人大常委会主任，李政文、牛仁亮、周然、安焕晓（女）、张茂才、田喜荣为副主任，李仁和为秘书长。选举李小鹏为省长，高建民、杜善学、张建欣（女）、任润厚、郭迎光、王一新、张复明为副省长。选举左世忠为省高级人民法院院长。选举杨司为省人民检察院检察长。

25日 省委、省政府出台《关于深化集体林权制度改革的实施意见》,决定从 2013 年开始,用 5 年左右的时间,建立和完善集体林权制度改革相关配套政策措施,建立起产权归属明晰、利益保障严格、流转顺畅规范、监管服务有效的现代林业产权制度。

28 日 省政府办公厅印发《山西省地下水污染防治实施方案(2011～2020 年)》。该《方案》规划的目标是:到 2015 年,通过地下水污染现状的全面系统调查与环境评估,基本掌握地下水污染特征;通过启动地下水污染修复试点,为全面完成国家规划项目与治理工程提供经验;通过能力建设,全面建立地下水污染监测与监管体系;完成示范工程,控制地表污水入渗,初步遏制省域内地下水Ⅳ类、Ⅴ类水质恶化趋势,重点城镇地下水集中式饮用水水源的水质得到明显改善。到 2020 年,实现对地下水污染源的全面监控,有效控制影响地下水环境安全的污染河流与污染场地、渗坑及渗漏带;建立系统的地下水污染防治体系,地下水污染风险得到有效防范,地下水环境监管能力得到全面提升。

29 日 国家智慧城市试点创建工作会议在北京召开。会议公布首批国家智慧城市试点共 90 个。太原市、长治市、朔州市平鲁区被确定为山西首批国家智慧城市试点。此后,8 月 5 日,晋城市、阳泉市、大同市城区、朔州市怀仁县被确定为 2013 年第二批国家智慧城市试点;8 月 29 日,"智慧太原"时空信息云平台建设试点项目启动,太原市率先开始由数字城市向智慧城市的全面升级。"智慧太原"时空信息云平台项目建设的主要任务是完善时空信息数据、建立时空信息数据库,构建时空信息云平台,开发公安、城管、旅游、公众、应急 5 个应用,建立共建共享、更新完善和运行维护的长效机制。

二月

4 日《山西省文物建筑构件保护管理办法》颁布实施。该办法是山西省专门针对文物建筑构件保护出台的第一个规范性文件。

5日 省政府召开第2次常务会议,研究讨论通过《山西省县域经济发展考核评价暂行办法》。《办法》将全省119个县(市、区)分为市辖区、国定贫困县、非国定贫困县中的煤炭大县、非国定贫困县中的煤炭小县或无煤县四大类,分类进行考核评价,指标包括经济发展、经济结构、民生改善和资源环境四个方面,其中县、市具体指标有34项,市辖区具体指标有32项。

17日 省委、省政府召开全省项目推进年动员大会,对2013年实施"项目推进年"和重点项目建立储备、签约、落地、开工、建设、投产"六位一体"推进机制的目标任务作出部署。2013年全省确定省级项目(重点工程)603个,总投资达4427亿元。

25日 省政府召开第4次常务会议,研究通过《进一步加强兼并重组整合煤矿建设工作的意见》和《进一步推进现代化矿井建设的意见》。

28日 第四届山西道德模范评选揭晓,1团体24人当选。他们分别是:太原理工大学爱心家园团体、赵国文、陈天文、梁广霖、茹向辉、韵树生、张贵才、宋忠平、郭文斌、李保林、鲁际明、范晓刚、赵小红、乔香平、芦来柱、张华滨、荆保山、孟东风、董栋、贾利、张梅仙、李瑞红、常丽红、赵爱英、关安民。第四届山西道德模范评选,从2012年7月底启动,共收到推荐对象4200余人,经筛选、评议、短信、网上投票等程序而评定。本次推出的"助人为乐、见义勇为、诚实守信、敬业奉献、孝老爱亲"五类先进人物,扎根于广大群众中间,受到广泛的认同和尊崇,在他们身上,集中体现了中华民族的优秀品质,反映了社会进步的时代潮流。

本月 "三晋学者"支持计划首次评选工作结束,16名教授和专家成为首批"三晋学者"特聘教授(专家)。"三晋学者"支持计划于2011年11月启动实施,目标任务是用10年左右时间,引进和培养60名学术造诣深、发展潜力大、具有领导本学科保持或赶超国内外先进水平的"三晋学者"特聘教授（专家）。"三晋学者"特聘教授（专家）聘期五年，享受岗位津贴，并资助一定数额的科学研究经费。"三晋学者"特聘教授（专家）分为一、二级岗位。其中，一级岗是院士，从当年开始省财政发给每人每年岗位津贴40万元；在山西安家的，省专项资金给予每人200万元安家补助；一次性资助科研经费500万元。

三月

1日 太原市被国家水利部和全国节约用水办公室授予第二批"全国节水型社会建设示范区"称号。太原市于2006年被确定为全国第二批节水型社会建设试点城市，此后几年来，通过"抓体制建设、抓能力建设、抓工程建设"，节水型社会建设取得了明显成效，全市万元GDP耗水量由2006年57.3立方米/万元降至31.82立方米/万元，完成规划目标的139.2%；万元工业增加值耗水量由2006年58.4立方米/万元降至29.56立方米/万元。

同日 《山西省就业促进条例》《山西省节约用水条例》施行。这两部法规于2012年11月29日由省十一届人大常委会第三十二次会议审议通过。

3日 国务院批准晋城经济开发区升级为国家级经济技术开发区，定名为晋城经济技术开发区。至此，山西国家级经济技术开发区增加为4个，分别是：太原经济技术开发区、大同经济技术开发区、晋中经济技术开发区、晋城经济技术开发区。

11日 国家农业部与山西省政府在北京签署《关于共同推进山西特色现代农业发展战略合作备忘录》。《合作备忘录》围绕把山西建成全国重要的特色农产品基地的目标，确定了加强省部在粮食高产创建、农作物种业、园艺产业、畜牧业、特色渔业、旱作节水农业、农业机械化、农产品加工业、农产品市场建设和信息服务、农业服务体系建设等十个方面的合作举措。

12日 山西神头发电有限责任公司二期"上大压小"2×1000MW异地建设项目获国家能源局批准。该项目的获批，标志着山西百万千瓦机组建设实现零突破。

13日 山西省甲醇汽车试点在晋中市正式启动。这是2012年国家工信部确定山西、陕西、上海为甲醇汽车试点地区后，全国首个启动甲醇汽车试点的城市。晋中市在开展甲醇汽车研发方面已有近20年的历史，一直走在全国前列。

18日 国家发改委印发《全国老工业基地调整改造规划（2013～2022年）》。山西省大同市、阳泉市、长治市、晋中市、临汾市和太原市万柏林区入围规划。

20日 省政府召开第5次常务会议，研究通过《山西省2013年最低工资标准调整方案》，决定4月1日起实行。根据方案，山西全日制用工月最低标准仍为四档不变，最高档由1125元提高到1290元，其余三档依次为1190元、1090元和990元，平均增幅为15.2%。

同日 《山西省大用户直供电试点方案》发布实施。此前，2013年2月国家电力监督委员会将山西省列入大用户直购电试点省份，支持山西发展大型坑口电站、新能源和再生能源发电项目建设、煤电整合重组及电网建设。截止到2013年底，全省共有22户用电企业实现大用户直供，交易电量76.1亿度。

25日 省总工会十二届五次全委（扩大）会在太原召开，选举省人大常委会副主任田喜为新一届省总工会主席。

28日 省政府召开第6次常务会议，研究讨论《山西省改善环境空气质量减少灰霾天气实施方案》，安排部署了改善环境空气质量工作。

同日 省政府印发《关于2013年新实施强农惠农富农补贴政策的通

知》，决定在继续执行中央及现行各项强农惠农富农政策的基础上，2013年新实施10项强农惠农富农政策。10项强农惠农富农政策是：对新型农业经营服务组织给予补贴，加大农业规模经营奖补力度，加大膜下滴灌及旱作农业补贴力度，加大设施农业补贴力度，加大干鲜果业基地建设补贴力度，实施中药材基地种苗等补贴，加大牛羊良种、牧草基地补贴力度，加大连片特困地区扶贫攻坚试点补助和易地搬迁特困户补贴力度，实施农机具安全技术检验和保险费补贴，加大对新型农民培训补贴力度。

同日 "海峡两岸交流基地授牌暨关公祖庙圣像赴台巡游活动启动仪式"在运城市解州关帝庙举行。此后，从30日到4月17日，"两岸关公文化巡礼关公祖庙圣像巡游"活动在台湾持续进行。活动期间，解州关帝庙的明代关帝圣像、大刀、轿子等珍贵文物巡游了高雄、台南、嘉义、南投、台中、新北、台北、桃园等10多个县市，先后与凤山文衡殿、高雄文武圣殿、东照山关帝庙、台南祀典武庙、台北松山慈惠堂、台北指南宫、桃园明伦三圣宫等岛内100多座宫庙进行交流。同时，还举办了"忠义千秋"文艺晚会、关公文化论坛、关公文化图片展览等系列文化交流活动。

29日 全省电视电话会议对集中开展社会治安"六项整治"工作作出部署，要求到年底在全省范围开展对城乡结合部、"城中村"、工矿区、出租房屋、"九小场所"、校园及其周边治安"六项整治"。

31日 省第十二届人民代表大会常务委员会第二次会议审议通过对《山西省人民防空工程建设条例》的修改，并发布实施。

同日 2013年乒乓球世界杯团体赛在广州举行。山西选手武杨以3：0战胜日本队选手，成为山西历史上第一个女子乒乓球世界冠军。

本月 《山西省建立和完善城乡居民大病保险工作实施方案》发布实施。《方案》确定阳泉、运城两市在2013年开展城乡居民大病保险试点，2014年在省内全面实施；在统筹年度内发生的医疗费用，大病保险起付标准暂定为1万元,最高支付限额为40万元。

四月

2日 省政府召开第7次常务会议,研究通过《山西省流动人口服务管理办法(草案)》。该《办法》后于4月15日公布实施。

同日 全省实施工作会议召开。会议宣布启动首个"年轻干部成长工程"项目,即从省、市、县党政机关选派约1000名80后干部到村担任"第一书记"。其中,省直机关选派100名左右。两年工作期满后,经考核表现优秀的将予以提拔。此次选派工作分两步:4月完成省直机关选派工作,6月完成市县直机关选派工作。随后,到4月底,选自省直机关的63名年轻干部即赴农村党组织任职"第一书记"。此外,2013年在实施"年轻干部成长工程"方面,还选派41名中青年干部到综改试点县、省信访局、省证监局挂职锻炼;组织省直单位、本科高校与地方、国有企业开展了年轻干部双向挂职等。

同日 太原市宣布,北沙河、南沙河、玉门河、九院沙河、杨兴河和汾河西干渠(上兰至晋阳湖段)"五河一渠"截污工程全面完成,污水全部由地上流入新铺设的管线,汇入了城市污水管网。2012年,太原市启动汾河边山支流整治工程,"五河一渠"截污工程为首要一步。

6~7日 中共中央政治局常委、国务院副总理张高丽在山西太原、晋中等地就2013年一季度经济运行、结构调整、科技创新、节能减排等方面情况进行实地调研。

8日 山西省国家级科技惠民计划和省级科技惠民计划启动实施。2012年,国家启动实施科技惠民计划后,山西在全国率先设立了省级科技惠民计划。这次启动的国家级科技惠民计划有2个项目,即是"静乐县慢性肾脏病一体化防控模式建设及示范推广"和"柳林县煤烟型大气污染综合治理与示范"。同时启动的省级科技惠民计划项目有5个，即"盂县资源枯竭型矿区生态修复技术的应用与推广"等。首批7项国家级和省级科技惠民计划项目，集成了30项先进适用的成熟技术进行推广，总投入达到1.76亿元，其中国家、省级财政支持总额达到3949万元，直接受益人群达到100万人。

8~10日 北京市代表团在山西学习考察。考察期间，北京市政府与山西省政府签署了《关于深化落实〈区域合作框架协议〉的实施意见》，双方有关部门还签署了能源、工业、金融、商贸、科技、旅游六个专项协议，为全面市省之间深化多领域、多层次的经济社会合作明确了方向和任务。

11日 全省深化医药卫生体制改革工作电视电话会议对2013年工作作出部署。其中，确定在山西省人民医院、山西省眼科医院、长治市第二人民医院3所医院启动城市公立医院改革试点；在原有32个县（市、区）县级公立医院试点综合改革的基础上，新增了49个县（市、区）。

13日 省政府在吕梁市岚县启动吕梁山生态脆弱区林业生态建设工程。工程规划的目标任务是：2013~2020年，在忻州、吕梁、临汾3市的23个县和省直管涔、黑茶、关帝、吕梁4个林局全面铺开规模达736万亩的造林绿化和林业产业富民工程；2013~2015年，平均每年完成120万亩，3年完成任务总量的50%；2020年工程全部完工后，吕梁山区宜林荒山绿化率达到62%，森林覆盖率达到26.5%。

14日 全国首批支持城镇化建设的私募基金、总规模达25亿元的三支城镇化建设基金——山西省灵石、襄垣、武乡三县城镇化建设基金及基金管理公司宣告成立。

16日 省政府召开第9次常务会议，讨论通过《进一步支持中小微企业发展的措施（2013年第1批）》。省政府办公厅于4月23日印发了该措施。措施主要内容是：省财政从2013年起每年筹措1亿元，5年筹措5亿元,并采取基金运作方式吸收社会资本15亿元,共同建立总规模达到20亿元的中小企业创业投资基金,用于支持中小微企业初创和成长;同时支持各类担保公司扩展中小微企业担保业务,缓解融资困难。此后,5月14日省政府召开第12次常务会议,研究通过了《进一步支持中小微企业发展的措施(2013年第2批)》,并于5月22日印发。该措施具体包括提高中小微企业贷款审批效率、增设专业金融服务机构、给予贷款和担保补贴、降低金融服务费用、设立民间现金登记中心等。

18日 教育部正式批准同意山西省在太原大学基础上建立太原学院,在广播电影电视管理干部学院基础上建立山西传媒学院。两所学院均系本科层次的普通高校。其中,太原学院全日制在校生规模暂定为10000人,首批设置本科专业5个,即汉语言文学、机械工程、计算机科学与技术、给排水科学与工程、财务管理;山西传媒学院全日制在校生规模暂定为7000人,首批设置本科专业5个,即动画、影视摄影与制作、播音与主持艺术、广告学、广播电视学。太原学院是太原市第一所本科院校。山西传媒学院是继中国传媒大学、浙江传媒学院之后全国第三所公办传媒类普通本科院校。

同日 太原市民营经济开发区与山西煤炭资产经营有限公司签订"联航航空科技产业园项目"合作框架协议。该协议建设的产业园区为全国首个无人机研发基地,占地约500亩,总投资20亿元。

22日 省委、省政府召开全省转型综改试验区建设大会,就落实《山西省国家资源型经济转型综合配套改革试验实施方案(2013~2015年)》和《山西省国家资源型经济转型综合配套改革试验2013年行动计划》进行了动员部署。此前,12日省政府召开第8次常务会议,研究审议并原则通过《实施方案》和《行动计划》,并于20日印发实行。

同日 晋城市陵川县王莽岭国家地质公园建成开园。至此,山西建成开放和正在建设的国家地质公园达到8处,即黄河壶口瀑布国家地质公园

（2002年获批，2007年建成开园）、五台山国家地质公园（2005年获批，2011年建成开园）、壶关峡谷国家地质公园（2005年获批，2009年建成开园）、宁武冰洞国家地质公园（2005年获批，2010年建成开园）、陵川王莽岭国家地质公园（2011年获批，2013年建成开园）、大同火山群国家地质公园（2011年获批，正在建设）、平顺天脊山地质公园（2011年获批，正在建设）、永和黄河蛇曲地质公园（2011年获批，正在建设）。

24日 省政府印发《关于加快社会信用体系建设的指导意见》。《意见》提出的发展目标是：到2015年，政务诚信、商务诚信、社会诚信、司法公信四大重点领域诚信体系建设全面启动，覆盖全社会的征信系统框架初步建立。

27日 山西首个架设在企业与金融机构间的信息桥梁——山西省金融服务平台网（www.sxjrfwpt.com）正式开通。该平台为公益性融资平台，具有融资信息发布、融资信息查询、融资对接服务三大功能。

同日 山西省第一次全国地理国情普查陵川县试点项目启动。此前，国务院于3月1日下发了《关于开展第一次全国地理国情普查的通知》，决定于2013～2015年开展第一次全国地理国情普查工作。4月16日，省政府印发《山西省人民政府关于开展第一次全国地理国情普查的通知》，对全省开展地理国情普查工作作出安排部署。全省地理国情普查包括辖区15.6万平方公里范围内的全部地表自然和人文地理要素。

28日 省政府召开第11次常务会议，讨论通过了《关于推动"美丽山西休闲游"若干措施》。该项措施从5月15日起施行，共12条，其核心条款是全省国有及国有控股的49个A级景区实行头道门票打折优惠，并不设期限，其优惠幅度旺季为20%，淡季为40%。

同日 2013年山西省招商引资项目签约仪式在太原举行。现场成功签约110个项目，总投资额4529亿元，项目涉及农业、化工、新能源、信息产业、装备制造、医药加工、服务业、交通基础设施、旅游业等行业领域，地域涉及北京、上海、广东等13个省（市、区）。其中，农业类项目2个，总投资53.6亿元；工业类项目60个，总投资2436.4亿元；服务业类项目38个，总投资1418亿元；交通基础设施类项目7个，总投资513亿元；旅游业项目3个，总投资108亿元。

五月

6~8日 山西省代表团在安徽省学习考察。其间，双方政府签署了《全面战略合作框架协议》，两省工业和信息化、教育、科技、旅游等部门还签署了相关合作框架协议。

8~10日 山西省代表团赴山东学习考察。其间，双方政府签署了《关于深化战略合作的指导意见》，两省工业和信息化、教育、科技、旅游等部门还签署了交流合作框架协议。

14日 省国税局召开全系统营业税改增值税试点工作动员会，对全省从2013年8月1日起开展交通运输业和部分现代服务业营业税改增值税试点工作（简称营改增"1+7"）作出部署。营改增"1+7"是指："1"即交通运输业，包括陆路、水路、航空和管道等四大类运输服务，"7"则代表现代服务业的7个行业，包括研发和技术服务、信息技术服务、文化创意服务、物流辅助服务、有形动产租赁服务、鉴证咨询服务以及广播影视作品的制作、播映和发行。此前，国务院于2012年起在上海市启动交通运输业和部分现代服务业营业税改增值税试点工作，随后又扩大了试点地区；2013年4月10日，国务院常务会议决定自8月1日起交通运输业和部分现代服务业"营改增"试点在全国范围内开展。

同日 山西省焦化行业兼并重组领导组会议召开，研究通过了《加快推进焦化行业兼并重组行动方案》。该方案提出：2013年6月30日前，通过资产重组途径取得焦化行业兼并重组主体资格企业（独立焦化主体企业、煤焦联合主体企业），要完成被兼并主体的法人治理结构重组、工商登记变更等工作；2013年9月30日前，凡尚未签订资产重组或产能置换协议的被兼并企业，要完成与已明确的兼并重组主体企业或限期保留企业的协议签订工作；2013年底前，被兼并企业要限期关停淘汰；到2015年，未通过行业准入焦化装置、已被置换产能焦化装置以及未按要求完成兼并重组焦化企业的焦化装置全部淘汰，淘汰焦炭落后产能在4000万吨以上，同时总产能不再增加。

15日 省政府与中国航天科工集团公司在太原签署《战略合作框架协议》。《协议》确定，双方在山西合作建设"中国航天科工山西工业研究院"，采取设立院士工作站等形式，全面开展在水利信息化、车联网、应急救援、矿山安全以及智慧城市建设等领域的合作，共同推动电子政务、物联网应用、重型掘进机、特种车、特种管道等系统及产品在山西的生产和应用。

同日 省政府办公厅印发《关于加快推进全省电力建设的若干意见》。《意见》于4月28日经省政府第11次常务会议研究通过，提出的目标任务是：全面实施输煤输电并举战略，建设晋北、晋中、晋东南三大煤电基地，形成外托市场、内建电源、通道相连、互利共赢的新局面；到"十二五"末，全省电力装机确保达到8000万千瓦，力争达到10000万千瓦，外送电能力确保达到3000万千瓦，力争达到5000万千瓦。

同日 "晋善晋美·美丽山西休闲游"活动在平遥正式启动。活动推出8大精品线路、涵盖了13个省级旅游度假区、49个A级景区。其中，8大精品线路是：世界遗产游线路、古建宗教游线路、晋商民俗游线路、寻根觅祖游线路、太行山水游线路、红色经典游线路、黄河文明游线路、吕梁风光游线路；13个省级旅游度假区是：运城历山景区、阳城蟒河景区、壶关太行山大峡谷景区、沁县北方水城景区、榆次乌金山景区、左权莲花岩景区、乡宁云丘山景区、霍州七里峪景区、交城果老峰景区、岚县白云山景区、定襄凤凰山生态植物园、忻州奇村温泉景区、忻州顿村温泉景区。随后，7月启动了"晋善晋美·美丽山西休闲游"在全国的旅游推介会，先后在河北、北京、天津、陕西、河南、内蒙古、广东及香港进行了宣传推介。

16日 省政府召开商务惠民促进消费活动新闻发布会，宣布山西商务惠民促进消费系列活动正式启动，主要包括三大促销活动：幸福暖家家具建材促销活动、晋人晋菜晋味道宣传推介活动、"山西品牌中华行"活动。随后，各项活动陆续推进实施。"晋人晋菜晋味道"活动于5月21日正式启动，此后活动持续半年多，开展了晋菜菜谱征集、晋菜名优菜品评选、晋菜知识竞赛、晋菜技能大赛、千企万店让利百姓、晋菜美食进社区、中央厨房开放日、"告别奢华回归大众"专题活动等，开展了"晋人晋菜晋味道"媒体采风、"晋人晋菜晋味道"主题活动网站、微博、微信宣传推广活动等。活动期间全省3万家餐饮企业参加了"千企万店让利百姓"活动，34家餐饮企业开展了"晋菜美食进社区"活动，19家连锁企业开展了"中央厨房开放日"活动，评出100道晋菜、100名晋菜名厨、100个晋菜名店，推出10道最具特色的晋菜名品。"山西品牌中华行"活动于6月17日在北京正式启动。此后到年底，"山西品牌中华行"先后在北京、呼和浩特、广州、成都、重庆、上海、南昌、武汉举办了8场活动。参加活动的山西品牌均为"中华老字号"产品、"驰名商标"、"著名商标"及名优特产品，涵盖了白酒、老陈醋、肉制品、面点、药品、调味品、农产品、饮料、纺织、特色小吃、工艺品等多种产品。活动期间，现场销售1265万元，签订供货合同超过10亿元。"幸福暖家"活动于7月6日在太原市黎氏阁家具广场正式启动。在持续3个月的活动期间，全省50家品牌家具建材生产企业和84家家具销售企业参与活动，对全省保障性住房家庭购买地产家具、建材产品，在2012年平均实际成交价的基础上，再给予5%的优惠，共为全省1万余户保障房家庭和低保户让利4000多万元，同时还向20多户保障性住房家庭和低保户家庭进行了爱心捐赠。

同日 《山西省第一次全国水利普查公报》发布。公报对2010~2012年全省开展的对2011年度水利普查的情况和信息予以发布。这次全省水利普查是按照第一次全国水利普查的部署进行的，主要内容共"6+2"项，包括河流湖泊基本情况、水利工程基本情况、经济社会用水情况、河流湖泊治理和保护情况、水土保持情况、水利行业能力建设情况以及灌区专项、地下水取水井专项普查。

17日 《山西省知识产权战略纲要》颁布施行。《纲要》根据当前山西省知识产权发展的形势，提出了山西省知识产权发展的中长期目标和"十二五"近期目标。中长期目标是：到2020年，全省知识产权创造、运用、保护和管理能力全面提升，知识产权法治、市场和文化环境进一步改善，知识产权意识深入人心，知识产权人才队伍初具规模，知识产权得到有效利用，知识产权制度对经济社会发展的促进作用充分显现，自主知识产权的水平和拥有量显著提高，能够有效支撑经济社会的发展，知识产权发展整体上进入全国中等水平。"十二五"近期目标是：知识产权创造能力明显提升、知识产权运用能力明显增强、知识产权法治环境进一步优化、知识产权管理体系逐步健全、知识产权服务能力大幅增强。《纲要》还围绕目标任务，确定7项专项任务，6个重点推进产业，7个重点工程和10项战略措施。

18~20日 第八届中国中部投资贸易博览会在河南郑州举办。山西省代表团携1005个项目赴会招商引资，总投资9780.9亿元；实际签约经济技术合作项目33个，投资总额1690.2亿元，拟引资额1645.7亿元。同期，在河南省三门峡市举办的中部六省旅游博览会上，山西省代表团携135个重点旅游开发项目招商引资，实际共签约10大项目，总金额达149.5亿元。

20日 江铃重汽福特发动机项目在太原开工建设。该项目规划面积

280亩，一期工程将建设发动机缸体缸盖机加工和装配生产线以及相关的配套设施，设计年产能为1万台发动机，于2015年下半年建成投产；最终建成包括福特、江铃品牌在内的年产10万辆的重型载货汽车企业，销售收入超过150亿元。此后，6月18日，山西炎黄智杰科技有限公司与IBM集团创办的"IBM·炎黄智杰智慧城市合作创新中心"在太原揭幕；9月10日，新西兰恒天然集团在朔州市应县牧场群投资协议签约。至此，到2013年末，境外世界500强企业落户山西达29家。

21～23日 天津市党政代表团在山西省参观考察。其间，签署了《进一步加强经济与社会发展合作框架协议》，两省市工信、科技、教育、旅游等部门之间分别签署合作协议。其中《框架协议》确定双方将在完善区域交通运输网络、深化港口口岸合作、推进物流一体化建设、加大能源合作力度、深入产业互补合作、加强科教人才合作、加快会展旅游融合、加强农副产品对接、拓宽金融合作领域、建立合作长效机制十个方面加强优势互补、实现共赢发展的合作。

22日 山西省首家民间借贷登记服务中心——晋中市民间借贷登记服务中心挂牌成立。该服务中心的主要功能是：无偿为民间借贷提供登记公证、资产评估、中介撮合等服务，定期发布资金供求情况和利率价格，做好民间融资动态跟踪和风险预警工作，引导民间融资阳光化。晋中市是全省规范发展民间融资试点市，在拓宽民营资本投资渠道、规范发展民间融资等方面进行了积极的探索创新。新成立民间借贷登记服务中心，是晋中市规范民间融资又一重大创新。

23日 山西"公路煤炭交易上线"暨"中国太原煤炭交易价格指数发布"仪式在中国（太原）煤炭交易中心举行。中国（太原）煤炭交易中心公路煤炭上线交易正式运营，标志着山西省境内煤炭交易全部实现电子化，告别了传统的一对一实物交易模式。此前，2012年2月23日，山西铁路煤炭销售已实现上线交易。中国太原煤炭交易价格指数由中国（太原）煤炭交易中心和新华社所属的新华金融信息交易所合作发布，是国内首个煤炭主产地价格指数。该指数由一个综合指数和动力煤、炼焦煤、喷吹煤、化工煤4个分指数组成，设立6个代表规格品加权平均价，分层次、分角度反映主产地煤炭市场变化情况。其发布方式为每周一通过交易中心门户网站、新华08网等定期发布。太原指数的编制和发布对于建立主导国际市场煤炭价格的煤炭定价机制，规避由国际价格变动带来的风险，推进中国煤炭市场化进程、促进国内与国际煤炭市场的接轨、加强政府的宏观调控能力、确保国家能源安全，具有十分重要的意义。

24日 省委常委会召开会议，研究讨论了《关于深化法治山西建设的意见》。该《意见》后于7月19日下发。《意见》结合党的十八大对法治建设提出的一系列新要求、新部署，对法治山西建设提出了操作性比较强的工作部署，重点围绕依法执政、科学立法、严格执法、公正司法、全民守法五大方面提出具体落实措施。

25日 晋能有限责任公司在太原成立。该公司是2013年2月25日经省政府批准，由省国资委和11个市国资委出资，在原山西煤炭运销集团有限公司与山西国际电力集团有限公司的基础上合并重组的以煤炭生产、电力、贸易物流、焦化、新能源、燃气等产业为一体的现代化综合能源集团，资产总额1650亿元。组建晋能公司，是省委、省政府决策部署破解煤电矛盾、创新能源基地发展模式、实现煤电一体和谐发展的重大举措。此前，2012年11月~2013年3月，同煤集团并购重组了中国电力投资集团控股的山西漳泽电力股份有限公司。此后，潞安集团与格盟国际能源有限公司于6月20日签订了全方位合作煤电联营合作协议；8月8日，山西焦煤集团与中国大唐集团签署了煤电联营合作框架协议。

27日 《山西省鲜活农产品现代流通发展规划（2013~2015年)》出台实施。该《规划》提出，到2015年，在全省重点发展20个骨干农产品批发市场、100个鲜活农产品产地集配中心，新增20个大型生鲜物流配送中心，在县城和中心乡镇重点建设500个农贸市场。构建以社区菜市场和生鲜超市为主体，以直营直供菜店、早晚市和周末菜市场为补充的城市鲜活农产品零售网络；率先在试点城市实现县级以上城市社区标准化菜市场全覆盖。

28日~6月5日 省委书记、省人大常委会主任袁纯清率山西省代表团赴美国、哥斯达黎加、加拿大访问。其间，代表团考察了三国有关企业，接触了三国政府有关部门、地区和企业界人士，拜会了中国驻外使领馆，推介了山西转型跨越和经济社会发展情况特别是建设国家资源型经济转型综合配套改革试验区的政策措施，并就加强经济贸易、城市建设、能源开发利用、文化旅游等领域的交流合作进行磋商，签署了省州政府及企业间的合作协议和意向。

本月 电商企业——贡天下特产网总部由北京迁入太原高新区电子商务产业园。贡天下特产网是专门经营各地"名、优、独、特"土特产的网购商城。

六月

2日 省政府办公厅印发《关于在全省开展乡村清洁工程的指导意见》。该《意见》是为推动全省各地乡村清洁工程的广泛开展而制定下发的，提出的目标任务是：通过开展乡村清洁工程，全省建立起完善的农村清扫保洁和垃圾收运处置体系，建立健全乡村环境卫生工作长效机制，做到"四有、四无、三净"（有清扫保洁队伍、有垃圾收运处置队伍、有垃圾收运设备、有垃圾处置设施；无抛洒杂物、无存量垃圾、无乱堆乱放、无残垣断壁；大街小巷净、房前屋后净、村庄周围净），实现乡村人居环境显著改善，村民保洁意识和文明素质明显提高。实施乡村清洁工程是一项惠及广大农民的民生工程。全省开展乡村清洁工程始于2012年，先行在太原、阳泉、长治、晋城等4个国家级园林城市和全省22个扩权强县的县（市）开展试点。2013年开始在全省全面推开。

9日 省政府召开第16次常务会议，原则通过《全省食品药品监督管理体制改革工作方案》。《方案》确定，全省食品药品监督管理体制改革，原则上参照国务院整合食品药品监管职能和机构的模式，将原食品药品监管部门全部职能，卫生部门的食品安全综合协调职能，工商行政管理部门、质量技术监督部门的食品安全监管和药品管理职能进行整合，组建新的食品药品监督管理机构，对食品药品实行统一监管，同时承担本级政府食品安全委员会的具体工作。

18日 省政府召开第17次常务会议，研究通过《关于深化科技体制改革加快创新体系建设的实施意见》。《实施意见》后于8月9日下发，提出了深化科技体制改革加快创新体系建设的主要任务、具体举措等。主要任务是：到2020年，全省研发经费占地区生产总值比例、科技进步贡献率和每万人发明专利拥有量达到全国平均水平，自主创新能力大幅提高，煤炭与煤层气绿色高效开采及清洁高效利用关键技术与装备达到全国领先水平，创新型山西建设取得成效。其中"十二五"时期的主要目标是：全社会研发经费占地区生产总值的2.2%，大中型企业平均研发投入占主营业务收入比例提高到1.5%，行业领军企业逐步实现研发投入占主营业务收入的比例与国际同类先进企业相当，科技进步贡献率达到55%左右，每万名就业人员的研发人力投入达到37人年，全省公民具备基本科学素质的比例超过5%，煤炭与煤层气绿色高效开采及清洁高效利用关键技术与装备取得重大突破，技术合同交易额比"十一五"末翻一番。

20日 省政府与国家测绘地理信息局在北京中国测绘创新基地签订《关于加强山西省国家资源型经济转型综合配套改革试验区测绘地理信息服务合作协议》。《协议》确定，从2013年6月至2015年12月底，双方将在完善现代化测绘基准体系建设、丰富地理信息资源、完善地理信息公共服务平台、拓宽数字城市地理空间框架建设服务领域、开展地理国（省）情监测、建设应急测绘服务保障体系6个方面开展合作，全面提升测绘地理信息服务山西省国家级转型综改试验区建设的能力和水平。

同日 山西省"万村千乡市场工程"信息化建设工程全面启动。国家商务部于2012年确定山西、内蒙古、辽宁等15个省（区）为"万村千乡市场工程"信息化建设工程试点省（区）。全省"万村千乡市场工程"信息化建设工程的主要任务是：以"万村千乡市场工程"所建立起来的农村流通网络为基础、以无线通信网络为桥梁、以加载农行和移动相关业务为手段，对5000个农家店进行信息化改造。

24日 全国义务教育均衡发展现场经验交流和工作推进会在晋中市召开。会议重点推介了晋中市均衡发展义务教育的先进经验。2008年以来，晋中市教育经费投入、校舍安全改造、教师交流、校领导公选交流、消除义务教育阶段重点班和关系班等方面进行了积极探索，逐步在每个县（区、市）都建成了至少有一所相对优质的高中学校，拉动了义务教育的均衡发展。

25~26日 晋中创建国家旅游服务业标准化试点城市通过终期评估，成为全国首批申报成功的地级市。2009年晋中市申报创建国家旅游服务业标准化试点城市后，为开展标准化创建，市县两级累计投资达1.77亿元。

27日 山西省海外高层次人才座谈会暨第六批"山西特聘专家"颁证仪式在太原举行。2009年，山西启动实施引进海外高层次人才"百人计划"，用5~10年时间引进100名左右海外高层次人才。2009年首批引进14人，此后第二批引进24人，第三批引进18人，第四批引进50人，第五批引进29人，第六批引进62人，总计达到197人。其中，全职回省来晋的36名，占总数的18.3%；短期来省服务的161名，占总数的81.7%。

29日~7月3日 首届山西文化产业博览交易会在中国（太原）煤炭交易中心举行。文博会以"文化三晋、美丽山西"为主题，有来自法国、俄罗斯等14个国家和国内北京市、天津市、河北省、甘肃省、青海省等24个省（市、区）及香港、台湾地区，全省11个市、省属六大文化产业集团等超过1000家境内外文化企业、上万种文化产品参展。文博会展览主要包括文化改革、文化产业、非物质文化遗产、国际工艺美术四大类。据统计，文博会期间，招商签约项目161个，签约金额735亿元；主展馆现场成交额近1亿元，达成合作意向突破30亿元；观展人数累计超过20万人次。

30日 国家文化部与山西省政府在太原签署了《文化部、山西省人民政府关于共同推进文化建设战略合作框架协议》。根据省部协议，文化部与山西省政府将从九个方面开展共建：共同拟定山西转型综改试验区文化改革创新方案；共同探索公共文化服务体系投入、建设、运行的新办法、新机制；共同促进文化艺术繁荣发展；共同推动文化产业转型升级，推动山西文化产业和旅游产业融合，支持太行山、黄河沿线、汾河沿线和晋蒙俄国际商旅文化旅游产业带开发；共同促进文化会展经济发展；共同加强非物质文化遗产保护和利用，推进国家级晋中文化生态保护区建设；共同拓展对外、对港澳台文化交流合作渠道；共同培育文化人才和建设艺术科研基地，使文化科研成果尽快转化为转型升级的文化生产力。

七月

1日 山西省图书馆新馆开馆。山西省图书馆新馆于2007年12月19日奠基，历时5年多建成，总投资3.5亿元，建筑面积5.5万平方米。

同日 中蒙俄"万里茶路"文化旅游产业项目推介暨合作洽谈会启动仪式在太原举行，"万里茶路"文化旅游产业联盟宣告成立。中蒙俄"万里茶路"是一条始于17世纪，延续约两个半世纪，由山西商人（"晋商"）为主导，经他们筹集资金、组织茶源、加工茶物、交易茶商、开辟了一条以茶叶为经销品带动其他商品交易的国际商贸通道。它从中国福建武夷山出发，贯通蒙古、俄罗斯、欧洲和中亚各国的商路，途经235个城镇，总长1万3千多公里。

4日 山西省第一次全国可移动文物普查动员大会在太原召开。会议对全省开展可移动文物普查工作进行了动员和部署。此前，国务院于2012年10月发出《关于开展第一次全国可移动文物普查的通知》，作出了对全国可移动文物进行普查的部署；2013年4月18日，国务院第一次可移动文物普查领导小组召开电视电话会议，对全国普查工作进行了动员和部署。这次全国可移动文物普查，主要任务是：普查各类国有单位保存的文物，调查现状，登记文物基本信息。普查工作到2016年底结束。

同日 省政府办公厅发出《关于省级转型综改试点享受扩权强县优惠政策的通知》，将长治市潞城市、太原市尖草坪区、朔州市平鲁区、阳泉市郊区、运城市盐湖区5个省级转型综改试点市（区）纳入扩权强县工作试点范围。至此，全省省级转型综改试点县与扩权强县试点实现政策互享。

5日 太原美术馆建成开馆。太原美术馆于2009年7月1日奠基开工，历时3年多建成。该馆的建成，结束了山西没有大型专业美术馆的历史。

6日 全省党的群众路线教育实践活动动员大会在太原召开。此后到年底，按照中央的部署，省委带头并加强领导，统筹组织和安排部署4个省级领导班子、83个省直机关单位、22个省属事业单位、14家省属骨干企业、40所省管高校共163个部门和单位作为第一批教育实践活动参加部门和单位，深入推进和开展党的群众路线教育实践活动。163个单位共有1386名厅级以上领导干部、2.4万名县处级领导干部、37.4万名党员参加了教育实践活动。在整个教育实践活动中，各个部门和单位紧紧围绕为民务实清廉的主题，按照"照镜子、正衣冠、洗洗澡、治治病"的总要求，聚焦解决"形式主义、官僚主义、享乐主义和奢靡之风"的"四风"问题,把解决突出问题、整风精神、领导带头、制度建设、开门搞活动贯穿始终,对作风之弊、行为之垢进行了大排查、大检修、大扫除,取得了改进作风显著成效,同时也取得了解决一批重大民生问题的积极成效。

8日 2013年《财富》世界500强企业揭晓,中国的上榜企业以95家继续位列世界第二。其中,山西继2012年煤销集团率先进入世界500强企业之后,又有5户省属企业新登世界500强企业榜单,至此山西省共有6户省属企业进入世界500强企业,成为全国省级企业入围世界500强最多的省份。其中:煤销集团以2012年营业收入293亿美元排名390位,比2012年前进了57位;焦煤集团以营业收入286亿美元排名403位;阳煤集团以营业收入285亿美元排名407位;潞安集团以营业收入271亿美元排名430位;同煤集团以营业收入269亿美元排名432位;晋煤集团以营业收入267亿美元排名435位。

19日 全省百企千村产业扶贫开发工程动员大会在太原召开。会议对全省开展实施百企千村产业扶贫开发工程进行了动员和部署。此前,7月2日省政府召开第19次常务会议,审议并原则通过《关于实施百企千村产业扶贫开发工程的指导意见》;10日省委常委会召开会议,对实施百企千村产业扶贫开发工程,进行了研究讨论。《关于实施百企千村产业扶贫开发工程的指导意见》对该项工程的目标任务、政策措施作出具体部署。"百企"是指以省属国有企业为龙头,包括中央驻晋企业、市属国有企业、省内民营骨干企业以及省外企业在内的各级各类规模以上企业;"千村"是指以吕梁山、太行山两大连片特困地区扶贫攻坚县为重点,贫困人口相对集中、农民人均纯收入低于2300元的贫困村。目标任务是:到2015年,企业产业扶贫开发带动贫困村2000个以上,区域内农民人均纯收入年均增幅高于全省平均水平,提前实现翻番目标,全省山庄窝铺的易地扶贫搬迁任务全面完成;到2020年,企业产业扶贫开发带动贫困村5000个以上,区域内农民年人均纯收入达到全省平均水平,全省易地扶贫搬迁任务全面完成。

20~23日 第七届世界核桃大会在汾阳市举办。来自世界各地30多个国家、地区的100多名外国专家和1600多名国内嘉宾、客商参加大会。大会期间,实现交易额580万元,达成订购意向2280万元。世界核桃大会由国际园艺学会创办,每四年举办一次,被誉为"核桃界的奥林匹克",是展示全球最新技术及科研成果和引导全球核桃产业发展的学术盛会。此前,该会已先后在匈牙利、西班牙、葡萄牙、法国、意大利和澳大利亚成功举办过六届。此次是中国首次承办该大会。汾阳作为全国最大的核桃生产、加工和出口基地、技术基地,已经有2000多年的核桃种植历史。

25日 省政府出台《进一步促进全省煤炭经济转变发展方式实现可持续增长的措施》,提出了近期实施、中期采取、长期推进的20条措施。

30日 省政府办公厅发布《关于开展农村住房抗震改建试点的实施意见》,启动全省农村住房抗震改建试点工作。其中2013年先期在大同、朔州、忻州开展1万户农村住房抗震改建试点,通过新建、加固等方式,指导农户建设安全、舒适、节能、美观的住宅,整体提高农房抗震水平,并逐步推广。符合要求的农户,每户可获3万元财政补助。

同日 省委书记袁纯清、省长李小鹏带领省领导一行,专程赴右玉精神的发轫地——朔州市右玉县集体参观学习。

31日 省政府召开第22次常务会议,研究通过《山西省低热值煤发电项目核准实施方案》和《山西省高速公路网规划调整方案》。其中,《山西省低热值煤发电项目核准实施方案》(通称"低热值煤炭发电20条"),是基于落实国家委托省政府审批核准低热值煤发电项目而制定的。《山西省高速公路网规划调整方案》是根据国家高速公路网规划调整新情况和山西转型跨越发展新要求而作出的。高速公路网规划调整方案,将全省高速公路网布局由原来的"三纵十一横十一环"调整为"三纵十二横十二环",总里程达到 7258 公里,比原规划增加了 938 公里;到 2020 年新规划目标全面实现时,对外山西可以通过 33 个高速公路出省通道与周围的省份快速相通相连,对内 119 个县(市、区)达到县县通高速公路,实现省会到相邻省会、省会到地级市、相邻地级市之间高速公路直接连通。

八月

1 日 全省扩大党代表工作室建设试点工作会议在晋中市榆次区召开。会议宣布,在 2012 年晋中市榆次区试点党代表工作室的基础上,将党代表工作室建设试点扩大到了晋中市所属 11 个县(市、区)和太原迎泽区、大同县、右玉县、岢岚县、石楼县、阳泉城区、襄垣县、阳城县、曲沃县、新绛县 10 个县(区)。

2~13 日 中美能源合作项目——以"光照未来,世界大同"为主题的 2013 中国国际太阳能十项全能竞赛(SD 中国)在大同举行。其间,来自 13 个国家 35 所大学的 20 支团队参加竞赛。国际太阳能十项全能竞赛是由美国能源部发起并主办,以全球高校为参赛单位的太阳能建筑科技竞赛,大赛囊括了设计、电力、环保、建筑、材料等多领域的优秀人才,充分体现了该赛事的国际性和交流性,到 2013 年已经举办过 7 届。此次在大同市举办的竞赛是该赛事首次在亚洲举行,赛事由中国国家能源局和美国能源部联合主办。"煤都"大同,是我国传统能源城市的代表,近年来积极向"太阳能之城"华丽转身。

5 日 《山西省个体工商户转变为企业组织形式登记实施意见》出台实施。《实施意见》对全省个体工商户建立规范化的有限责任公司、合伙企业、个人独资企业三种形式现代企业组织作出具体规定。据此,全省 95 万户个体工商户可根据自身实际转建成现代化的企业。

同日 北京—山西医疗卫生机构战略合作签约仪式在北京举行。双方有关机构签订了首批合作协议，主要内容涉及重大疾病联防联控、疑难重症患者转诊、高层卫生人才培养、特色医学专科建设、高端医疗技术引进、重大科研项目合作、卫生信息平台建设、卫生管理经验交流等。

6日 省政府召开第23次常务会议，研究通过《关于加快推进煤层气产业发展的若干意见》《关于积极稳妥推进山西省户籍管理制度改革的通知》和《山西省公共场所无线局域网建设与服务项目工作方案》。随后，这三个文件下发实施。其中，《关于加快推进煤层气产业发展的若干意见》（通称"煤层气20条"）提出的目标任务是：到"十二五"末，全省实现地面煤层气总产能195亿立方米，煤矿瓦斯抽采量52亿立方米，全省管线总里程突破1万公里，管网实现四个全覆盖，即：119个县（市、区）全覆盖、重点工业用户全覆盖、重点旅游区全覆盖、重点镇全覆盖，气化人口2000万。到2020年，地面煤层气总产能力争达400亿立方米，全省管线总里程突破1.5万公里，气化人口基本实现全覆盖。《山西省公共场所无线局域网建设与服务项目工作方案》提出的目标任务是：2013～2014年在全省11个地市中心城市行政服务类办事大厅、公共交通枢纽候客区、公立医院候诊区、旅游景点游客休憩区、会展中心与展览厅、文化场馆公共活动区、体育场馆观众活动区以及其他用户感知度较高的重点公共场所，分批次完成WLAN覆盖并开通免费服务。到2016年，11个地市基本建成网络质量更好、服务水平更高、建设标准超前的市域无线局域网，覆盖范围延伸至区县主要公共场所。

7日 全省2013年新选聘大学生村官赴任座谈会在太原召开。此前，经过历时4个多月"高校推荐+面试选拔"的方式，新选聘了470名大学生村官。至此，从2006年开始，全省已7次选聘大学生村官，共选聘29400多名，在岗的有17900多名。

8日 煤电企业中长期购销协议签约仪式在中国（太原）煤炭交易中心举行，山西省内7大煤炭集团（同煤集团、焦煤集团、潞安集团、阳煤集团、晋煤集团、晋能集团、山煤集团）分别与中央5大电力集团（华能集团、大唐集团、华电集团、国电集团、中电投集团）和浙能、山西国际能源等地方发电集团签署协议。这是煤电企业首次用经济合同的形式签订具有法律约束力的电煤供应中长期协议，对电煤数量、质量和价格进行了严格约定，对实现煤电企业双方的健康稳定发展具有重要意义。

20日　省政府召开第24次常务会议，原则通过《山西科技创新城建设总体方案》。

23日　省政府办公厅印发《山西省开展绿色建筑行动实施意见》。该《意见》对全省推进绿色建筑示范工程列出了严格的时间表。其中，从2013年起，政府投资类公益性工程全面执行绿色建筑标准；2014年起单体建筑面积超过2万平方米的机场、车站、宾馆、饭店、商场、写字楼等大型公共建筑、太原市新建保障性住房全面执行绿色建筑标准，其他地区新建保障性住房执行绿色建筑标准比例应不低于20%；到2015年末，20%的城镇新建建筑达到绿色建筑标准要求，各设区市建设2个以上10万平方米以上的绿色建筑集中示范区。

29日　山西股权交易中心有限公司在太原山西国贸中心揭牌，并有首批866家中小企业挂牌展示。该公司是经省政府于7月2日召开的第19次常务会议研究部署筹建的，主要任务是：为非上市公司特别是中小企业拓宽融资渠道，提供企业挂牌展示、股权登记、托管、转让、结算交收、代理分红派息及企业私募债券发行、转让等综合金融服务。该公司的成立，对山西发展多层次资本市场和促进金融业发展具有里程碑意义。

同日　"2013年中国民企500强"发布，山西海鑫钢铁集团（184位）、安泰集团（218位）、立恒钢铁（220位）、常平钢铁集团（238位）、通达集团（280位）、美锦能源集团（316位）、潞宝集团（347位）、建邦集团（427 位）8 家企业入选。

31 日 2013 年中国企业 500 强发布，山西煤炭运销集团有限公司（62 位）、山西焦煤集团有限责任公司（65 位）、阳泉煤业（集团）有限责任公司（68 位）、山西潞安矿业（集团）有限责任公司（77 位）、大同煤矿集团有限责任公司（78 位）、山西晋城无烟煤矿业集团有限责任公司（79 位）、太原钢铁（集团）有限公司（93 位）、山西煤炭进出口集团有限公司（106 位）、大秦铁路股份有限公司（225 位）、山西省国新能源发展集团有限公司（396 位）和山西建筑工程（集团）总公司（398 位）11 家企业入选。

31 日至 9 月 12 日 第 12 届全运会在辽宁举行。山西代表团有 227 名运动员参赛，人数比上届全运会提升了 29.7%；参赛运动员在摔跤、射击等项目上获得多枚金牌，乒乓球、游泳、射击、击剑等项目创造了历史最好成绩，游泳项目实现了金牌"零"的突破；取得 10 金 8 银 6 铜的成绩，排在奖牌榜第 15 位。

九月

1 日 山西省电话用户开始实行实名登记制，新入网用户需提供真实身份信息，未进行实名登记的老用户将进行补登记。

2 日 山西省首届"阅读强素质，共筑中国梦"职工读书节启动。在为期 3 个月的读书节期间，举办了全省职工"共读好书""助读助学""诵读经典"3 大系列活动，包括全省职工"共读好书"有奖征文、"心系农民工，书香进工棚"、诵读经典网络展播大赛等 8 项内容。

2～5 日 "行走中国·2013 年世界华文传媒高层山西行"活动在太原、晋中、临汾、吕梁等地进行。来自 13 个国家 16 家华文传媒机构高层资深媒体人参加了文化旅游、民风民俗、经济建设等方面的采访考察活动。

3~6日 全国政协副主席卢展工带领全国政协教科文卫体委员会调研组,在山西调研革命老区公共文化服务体系建设,并赴革命老区武乡县、左权县开展送文化下基层活动。

4~8日 全国人大常委会副委员长兼秘书长王晨率领全国人大常委会义务教育法执法检查组在山西省执法检查。其间,执法检查组听取了山西省贯彻落实义务教育法的情况汇报,并先后到大同、太原、晋中、临汾、运城等地实地检查。

5日 全省党政机关停止新建楼堂馆所和清理办公用房工作电视电话会议召开,对在全省开展党政机关停止新建楼堂馆所和清理办公用房工作作出动员和部署。会上,印发了山西省委办公厅、省政府办公厅下发的《关于全省党政机关停止新建楼堂馆所和清理办公用房的通知》,对清理范围、内容、办法等作出明确规定。

同日 国内首个农产品B2B模式运营平台——"生态960·中国"电子商务平台在太原上线。该平台是以安全食品、饮品、酒店用品为专业的B2B第三方服务平台,免收使用费,推出线上、线下双模式销售,并实行先行赔付制度,旨在为农产品生产基地和消费者搭建起一个"从田间到餐桌"的绿色通道。

5~9日 以"感知美丽新山西"为主题的第八届全国网络媒体山西行采访活动在太原、大同、忻州、朔州四市进行。来自全国40多家网络媒体的70多位记者,主要围绕循环经济、产业转型、生态文明、城乡建设、特色旅游等项目进行了采访报道。

6日 亚洲粉煤灰及副产品石膏处理与利用技术国际交流大会在朔州市召开。来自澳大利亚、美国、德国、印度、瑞典、日本等国的专家学者、企业代表350余人参加会议。会议交流了粉煤灰、脱硫石膏综合利用技术,展示了产学研成果。会议期间,有关方面还签署了粉煤灰科研、发展、引资等项目协议。

6~8日 第七届世界养生大会在大同市阳高县举行。大会期间，来自美国、荷兰、瑞典、韩国等19个国家和地区的养生保健专家参加了有关活动；大会发布了《许家窑宣言》；阳高县政府与瑞典中国友好协会、深药集团、同煤集团等6家组织或企业签订阳高养生（养老）产业框架式战略性合作及项目协议；阳高县被确定为"国家养生（养老）示范基地"。阳高县是中国古人类"许家窑人"的故乡。该县区位独特、交通便捷，文化底蕴深厚、自然环境宜居、物产丰富质优、民风淳朴尽孝、全民科学健身，人均寿命长，长寿老人比例高。据统计，2013年阳高县80岁以上老人占全县总人口的2.6%，远远高出联合国规定80岁以上人口数占总人口数的1.4%的标准；全县预期人均寿命达76.6岁，高于全国人均寿命3.2岁。

9日 中国（山西）美国投资合作洽谈会在太原举行。这是继2011年之后第二次举办中国（山西）美国投资合作洽谈会。中美能源合作项目中心、美国伯特利工业设备公司、美国杜克能源中国公司、康明斯（中国）投资有限公司、华能景顺罗斯（北京）投资基金管理有限公司、美国艾思赋国际咨询公司等9家企业、机构的高管参加了洽谈会，并与山西省属企业、在晋央企、民营企业等11市的重点企业以及相关科研院所进行了对接。从所涉行业领域看，双方企业多来自能源、环保、钢铁、化工以及金融投资等领域。"山西—美国投资合作对接会"既是美国企业进一步了解山西、山西企业进一步了解美国市场的一个平台，也是双方进一步加强交流合作与互联互动的一个机会。据悉，"山西—美国投资合作对接会"已在太原举办了两次。

同日 全国最大的垂直流人工湿地——晋城丹河人工湿地处理工程正式投入运行。该工程于2008年8月开工建设，总投资1.2亿元，日处理污水8万吨。

11日 大同—香港航班正式开通，大同云冈机场临时航空口岸开放。至此，继太原之后，大同市成为山西省内第二个开放航空口岸的城市。

16日 山西省首个综合保税区——太原武宿综合保税区（一期）顺利通过海关总署、国家发展改革委等十部委联合验收，具备封关运行条件。30日，保税区开始封关运营。该保税区于2010年8月26日经国务院批准设立，规划面积2.94平方公里，其中本次验收的一期面积1.46平方公里，投资总额17.7亿元。太原武宿综合保税区的启用，结束了山西没有海关特殊监管区域的历史。

同日 冀鲁豫晋高速公路省界收费站联动保畅专题会在河北省召开，会议四方签署了《高速公路省界收费站联动保畅协议》。

18日 上海—《福布斯》中文版发布"中国现代家族企业调查报告"，并同期发布了A股最大的100家上市家族企业榜单，公司总部在山西的永泰能源和安泰集团入选。王广西家族控股的永泰能源（股票代码600157.SH），2010年12月29日由山东省泰安市迁至灵石县，在A股最大的100家上市家族企业榜单中排名第37位，1998年5月13日首发上市，属煤炭开采行业，2012年营业总收入77.18亿元。李安民家族控股的安泰集团（股票代码600408.SH），总部位于山西介休，在A股最大的100家上市家族企业榜单中排名第63位，2003年2月12日首发上市，属煤炭开采行业，2012年营业总收入51.89亿元。

19~25日 2013年第13届平遥国际摄影大展在古城平遥举办。本届摄影大展以"走向生活的影像"为主题，以8大板块、16个单元为脉络，开展了图片展览、主体活动、艺术活动、颁奖活动、特色文化经贸活动等五大类文化经贸活动。影展期间，国内外1600余位摄影师奉献了427个展览、12000余幅作品。平遥国际摄影大展创办于2001年，是平遥继世界文化遗产之后培育的又一张国际文化品牌。

22日 "特色中国·山西馆"正式开馆。该馆是一个集山西土特产、生态农产品、旅游文化产品为一体的专卖平台。

23~25日 山西省委在省委党校举办第一期省管主要领导干部学习习近平总书记重要讲话专题研讨班。省委书记、省人大常委会主任袁纯清在第一期开班式上作了重要讲话。随后，10月14~16日举办了第二期省管主要领导干部学习习近平总书记重要讲话专题研讨班。省委副书记、省长李小鹏在第二期开班式上作了专题报告。

24日 2013中国城市森林建设座谈会在南京召开。会上，全国绿化委员会、国家林业局授江苏省南京市等17个城市"国家森林城市"称号。其中，山西长治、晋城两市同获"国家森林城市"称号，成为山西首批获此殊荣的两个城市。国家森林城市评定从2004年启动以来，至此全国已有58个城市获此殊荣。

同日 太原留学人员创业园被科技部批准授予"国家国际科技合作基地（国际技术转移中心类）"，基地名称为太原国际技术转移中心。至此，山西省国家级国际科技合作基地增至9家。其他8家国家级国际科技合作基地是：太原重型机械集团、中国电子科技集团第二研究所、山西中医学院、中国科学院山西煤炭化学研究所、太原高新技术产业开发区、山西省农科院农业资源与环境研究所、山西中绿环保科技股份有限公司、山西大学。

25日 省政府召开第26次常务会议，决定省本级再取消和下放70项行政审批项目。

30日 山西省第一口页岩气井在隰县开钻。该页岩气井是为解决此区域页岩气资源评价而设计的调查井，孔深1600米，对摸清周边页岩气资源储量、推进全省页岩气调查评价、建立商业化勘探开发基础数据资料，具有重要作用。

本月 山西省政府分别与上海证券交易所、深圳证券交易所签署《中小企业私募债券业务试点合作备忘录》。山西由此成为中小企业私募债试点地区。全国中小企业私募债试点于2012年5月启动。中小企业私募债是指境内企业以非公开方式发行和交易，约定在一定期限还本付息的债券。与银行贷款相比，私募债券具备审核周期短，募集资金使用灵活，综合成本低等特点。根据山西省政府和深沪交易所签署的《中小企业私募债券业务试点合作备忘录》及相关法律法规，符合条件的山西省未上市非房地产、金融类的有限责任公司或股份有限公司，只要发行利率不超过同期银行贷款基准利率的3倍，并且期限在1年（含）以上，可发行中小企业私募债券。此后，11月1日，山西金虎便利企业成功发行山西省第一单中小企业私募债3000万元。

十月

1日 《山西省实施〈中华人民共和国国防动员法〉办法》《山西省信息化促进条例》《山西省森林公园条例》施行。这3个法规于2013年7月29日~8月1日由省十二届人大常委会第四次会议审议通过。其中《山西省信息化促进条例》对信息化规划与建设、信息资源共享与开发利用、信息产业发展、信息技术应用与服务、信息安全保障等作出规范，并对社会关注的个人信息保护、公共信息服务、推进信息化与工业化融合等提出要求。

6日 国家公共文化服务体系示范区（项目）创建工作会议在上海召开。会议公布了第二批"创建国家公共文化服务体系示范区（项目）"名单，山西省朔州市名列其中。朔州市是2011年国家提出"创建国家公共文化服务体系示范区（项目）"以来，山西第二个成为"创建国家公共文化服务体系示范区（项目）"的城市。此前，长治市入围第一批"创建国家公共文化服务体系示范区（项目）"，并经过两年创建，于2013年9月通过验收，获得"国家公共文化服务体系示范区"称号。

9日 省政府召开第27次常务会议,原则通过《山西省落实大气污染防治行动计划实施方案》《山西省大气污染防治2013年行动计划》。《实施方案》提出了强化污染物协同减排、防治机动车污染、优化区域经济布局、推动能源利用清洁化、加快企业技术改造等方面的重点任务和具体措施。目标是:到2017年,全省空气质量明显好转,重污染天气较大幅度减少,优良天数逐年提高;11个设区市可吸入颗粒物浓度比2012年下降10%以上,全省细颗粒物浓度比2012年下降20%左右。《2013年行动计划》,提出了完成的20项和启动的16项具体目标任务。

11日 《山西省发展中医药条例》施行。该项法规于2013年9月由省十二届人大常委会第五次会议审议通过,是对2001年7月起实施的《山西省发展中医条例》作重大修改和完善的基础上形成的。

11~26日 第十届中国艺术节在山东省济南、青岛、淄博、烟台、潍坊等地同时举办,山西共有3台大戏17个群众文化节目参加。其中,3台大戏和14个群众文化节目获得大奖。舞剧《粉墨春秋》获"文华大奖""文华编导奖""文华音乐创作奖"和"文华舞台美术奖";说唱剧《解放》获"文华优秀剧目奖""文华编导奖"和"文华音乐创作奖";晋剧《刘胡兰》获"文华剧目奖"。14个群众文化节目获"群星奖",即凤台小戏《县长遛牛》、眉户小戏《带着妈妈上大学》、碗碗腔小戏《影戏缘》、长子鼓书《常回家看看》、钢板鼓书《退钱》、河东道情《借亲妈》、潞安鼓书《好婆婆》、器乐《闻喜鼓车》、音乐《丁陶鼍鼓》、晋城市群艺馆太行风合唱团的合唱、舞蹈《回娘家》《矿工情》《海英和她的妈妈们》《我们的城里老师》。

16~20日 第三届中国(山西)特色农产品交易博览会在中国(太原)煤炭交易中心举行。来自北京、内蒙古、新疆等24个省、市、自治区和马来西亚、泰国等国家和地区的2281家企业参展,较第二届增加38%;展销产品涉及粮食、水果、蔬菜、畜产品、民间工艺品等18个大类5542个品种,共计9.1万件,较第二届的7.9万件增加了1.2万件。博览会期间，签约投资项目192个，总投资603.7亿元，签约额538.5亿元；贸易签约项目1530个，签约额381.8亿元；单天人流最多达4.5万人次，产品销售总额约5000多万元。

23日 山西（姚村）国家级中小企业创业示范基地在太原市晋源区姚村镇枣元头村奠基。该基地是山西兴建的首个国家级中小企业创业示范基地。基地规划占地约3300亩，总投资约100亿元，建设期为4年，设小微企业创业孵化区、绿色产业示范成长区、创业培训区、综合服务区、生活服务区5个区域。

同日 晋中市介休绵山景区举行"国家5A级旅游景区"挂牌仪式。该景区是山西继五台山、云冈石窟、皇城相府之后第4家5A级旅游景区。

24～28日 第五届中国（大连）轻工商品博览会期间，山西老陈醋中华行活动在大连举行。2010年5月29日，山西老陈醋中华行活动在北京正式启动后，已先后在义乌、银川、宁波、厦门、福州、哈尔滨、上海、成都、武汉、贵阳等地开展活动10余次，取得了宣传和推广山西老陈醋品牌的积极成效。

25日 山西粮食（玉米、小杂粮）产销衔接会在忻州召开。会上，展出了山西11个市62个县（市、区）及内蒙古、陕西、黑龙江等6省（区）的120家名、特、优、新的小杂粮精深加工产品730种；来自全国24个省（区、市）的189家粮食企业的代表参与洽谈交流，签约总量达185.2亿斤。

31日 中央第六巡视组巡视山西省工作动员会召开。按照中央的统一部署，10月30日～12月29日，中央第六巡视组对山西省进行了巡视。

同日 省委、省政府在太原召开全省观摩检查总结座谈会，对9～10月间省观摩检查组观摩检查各市重点工作和项目建设情况的工作进行了总结。此前9月15～18日，省委书记、省人大常委会主任袁纯清带领省观摩检查组对运城市、临汾市、晋城市、长治市重点工作和项目推进情况进行观摩检查；省委副书记、省长李小鹏带领省观摩检查组对阳泉市、忻州市、朔州市、大同市重点工作和项目推进情况进行观摩检查。10月28～29日，李小鹏带领省观摩检查组对吕梁市、晋中市重点工作和项目推进情况进行了观摩检查。10月30日，袁纯清、李小鹏带领省观摩检查组对太原市重点工作和项目推进情况进行了观摩检查。

十一月

1日 山西省企业百强排行榜发布。该项排行榜从2004年起由省企业联合会、省企业家协会携手山西财经大学每年向社会发布。排行榜以上年度企业销售收入或营业收入为主要指标，同时参照净利润、资产总额、所有者权益、纳税总额、研发费用、从业人数等7项标准进行排名。2013山西企业100强排行榜，前10名有8家为涉煤企业，第一产业连续10年无上榜企业，金融业实现零的突破。居前三名的分别是山西煤炭运销集团有限公司、山西焦煤集团有限责任公司、山西潞安矿业集团有限责任公司。百强中有58家国有及国有控股企业、42家民营企业。全省各地区进入百强的数量，太原最多，有33家，长治以19家排第二，两地共占到今年百强的52%；运城市则无一家企业入围。与山西企业百强同时发布的还有"省制造业企业百强""省服务业企业百强"。

1~3日 第三届山西省节能减排博览会在省展览馆举行。博览会以"绿色、环保、循环、低碳"为主题，省内外150余家企业携产品、技术参展。博览会上，参展企业签约金额约5000万元，达成签约意向约1.2亿元。

2日 太原轨道交通2号线一期工程开工建设，标志着省城太原向地铁时代迈开了步伐。2009年，太原市启动城市轨道交通建设项目，论证规划了7条线路，总长233.6公里，总体呈棋盘放射状布局，其中5条市区线，总长157.9公里，两条市域线，总长75.7公里。7条地铁线将分三个阶段建设。2013~2018年，建成1、2号线一期工程，形成"力"字形基本骨架，通车里程49.2公里；2018~2020年，在中心城区内形成城市轨道交通线网的骨干网络，通车里程116.2公里；2020~2030年，7条线网全部建成。

5日 省政府召开第29次常务会议，原则通过《山西省"十二五"规划纲要实施情况中期评估报告》，讨论通过《关于化解钢铁焦化水泥电解铝行业产能严重过剩矛盾的实施方案》。《实施方案》提出要用5年时间，通过"消化一批、转移一批、整合一批、淘汰一批"化解过剩产能，通过加强宏观调控和市场监管遏制产能盲目扩张，通过调整存量、严控增量推进产业转型升级。

8~13日 东辉集团成功收购澳大利亚inova矿产资源公司。该项收购案是山西民企走出国门收购的第一案。东辉集团注册成立于2005年，是一家以原煤开采、洗选煤、炼焦、化工为主业的大型现代化民营企业，也是全国最大的捣固焦生产企业、山西焦煤集团主要成员。

12日 国务院印发《全国资源型城市可持续发展规划（2013~2020年）》，对统筹推进全国262个资源型城市（地级行政区126个、县级市62个、县58个，市辖区16个）可持续发展作出规划部署。规划将资源型城市划分为成长型、成熟型、衰退型和再生型四种类型。除太原市外，山西其他10个地级市以及古交、霍州、孝义等3个县级市被列入规划，其中朔州市为成长型，阳泉等9个地级市和古交市为成熟型，霍州市为衰退型，孝义市为再生型。

15~16日 山西省首届"百校百企"科技合作与项目对接活动在太原举行。其间，有23所高校在现场展示了120项高新技术成果，有18所高校现场发布了电子信息、装备制造、新材料、新能源与节能环保、生物医药、化工、现代农业等七个领域的108项最新成果，有29所高校与77家企业进行了现场签约，共达成合作项目82个（合同25个、合作协议17

个、合作意向40个），项目投资额4.58亿元，技术交易额1.08亿元。

25日 《山西日报》报道，山西省环保物联网建设项目被列入世界银行2014~2016财年规划新增贷款项目名单，获世行贷款1.5亿美元，折合人民币9.5亿元，占项目总投资的36%。环保物联网是指在传统环保行业引入自动化和信息化技术来实现环境保护科学化管理的系统网络。主要是通过自动化和信息化技术将各类污染源信息和环境信息实时采集，建立统一的智能海量数据资源中心，进行数据挖掘和模型建立，为环保部门总量控制、生态保护、执法服务，为企业排污设施优化调节和不同行业的污染控制技术的提升提供服务。此前，2011年4月，山西正式启动环保物联网建设项目，总投资约23亿元，资金渠道由政府和社会共同投入解决，实施时间为2011~2015年，分为两个阶段进行。

30日 全国首批、山西省首家智能化养老试验基地在运城市奠基落户。该基地建立的居佳爱心社区占地70多亩，规划于2015年6月建成，可容纳1000多户。智能化养老，是以互联网、物联网为依托，集合运用现代通信与信息技术、计算机网络技术、老年服务行业技术和智能控制技术，为老年人提供安全便捷、健康舒适服务的现代养老模式。

同日 "美丽中国·首届全国特色生态旅游城市创建与发展论坛"在北京举行，山西壶关县被授予"全国特色生态旅游县"称号，右玉县、长子县被授予"美丽中国示范县"称号。

十二月

1日 全省工商登记制度改革试点在32个县（市、区）正式启动。32个县（市、区）区涵盖省级综改试验县、扩权强县试点县（市）和太原市6个城区。全省省级综改试验县（市、区）为太原尖草坪区、大同灵丘县、朔州平鲁区、忻州原平市、晋中灵石县、吕梁孝义市、阳泉郊区、长治潞城市、晋城高平市、临汾侯马市、运城盐湖区。全省扩权强县试点县（市）为清徐县、古交市、灵丘县、阳高县、山阴县、怀仁县、原平市、保德县、孝义市、柳林县、介休市、灵石县、盂县、平定县、襄垣县、长治县、高平市、阳城县、洪洞县、侯马市、河津市、永济市。试点改革实行与负面清单管理模式相匹配的认缴登记制，放宽了公司注册资本登记条件，放宽了场主体住所（经营场所）登记条件，年检制度改为年报制度。

2~3日 太原、运城、晋城3市通过国家级循环经济标准化试点考核。此前，太原、运城、晋城3市是在2010年6月被确定为首批国家级循环经济标准化试点城市的。3市试点工作特色鲜明，成效显著，考评专家组认为可作为国家级循环经济标准化试点样本在全国推广。

4日 省委召开市委书记、工（党）委书记抓基层党建工作专项述职会议。会上，围绕抓基层党建工作，11个市的市委书记分别述职，省直机关工委、省高校工委、省国资委党委、省国防科技工业党委、省非公经济组织工委书记书面述职。会议还对各位市委书记和工（党）委书记抓基层党建工作进行了民主测评。

5日 山西转型综改试验区建设全国示范性劳动竞赛正式启动。山西转型综改试验区建设劳动竞赛以"建功转型跨越主战场，当好改革创新主力军"为主题，2013年9月被全国总工会列入"促进区域发展全国示范性劳动竞赛"。"促进区域发展全国示范性劳动竞赛"，主要围绕国家经济社会发展中心和区域发展重点谋划，旨在通过发挥示范引领作用，探索好经验、好做法，为建设成长中的新区（试验区）注入活力，增添动力。除山西外，全国总工会已于2011年确定上海浦东、天津滨海、重庆两江和浙江舟山4个"新区"和福建平潭综合实验区为开展这次劳动竞赛的五大赛区。山西转型综改试验区建设全国示范性劳动竞赛，在全省分别设立了省直部门赛区、重大项目赛区、市级赛区、试点县赛区、试点企业赛区等5个示范赛区。竞赛活动以产业转型、生态修复、城乡统筹、民生改善等十个重点领域和关键环节的体制改革和机制创新为重点；以"比思想观念新、比政策创新强、比专项突破快、比推进办法多、比工作成效好，争当改革创新标兵"为主要内容；并将针对性地开展"体制机制改革创新竞赛""重大项目创优竞赛""市级转型赶超竞赛""试点县转型争先竞赛""试点企业转型争强竞赛"五大示范竞赛活动。

6日 国家科技部与省政府在太原举行新一轮部省工作会商会议，双方签署了《部省工作会商制度议定书》（2013~2018年）。国家科技部与省政府建立部省工作会商制度始于2010年9月。此后，在双方的共同努力下，2012年山西综合科技进步水平指数排位由20位提升到19位，科技促进经济社会发展指数由17位提升到13位。新一轮部省工作会商制度议定书会商内容主要有三项：创新科技体制机制，加快区域创新体系建设；突出低碳发展，支撑山西产业转型和生态建设；推动农业及社会领域科技发展，保障和改善民生。其中，2013年部省工作会商议题四项：着力推进山西科技创新城建设；着力推进"气化山西"建设工作；着力推进山西绿色、循环、低碳发展；着力推进山西新能源汽车发展。

同日 企业技术创新发展峰会暨国家认定企业技术中心20周年会议在北京召开。会议宣布了新认定的第20批123家国家企业技术中心名单，其中山西有晋西工业集团有限公司、山西蓝天环保设备有限公司、中化二建集团有限公司、中铁十七局集团有限公司4家企业的技术中心被认定为国家企业技术中心。至此，山西省国家级企业技术中心达到26家。此前，10月，国家级企业技术中心2013年年度评价结果公布，山西省国家级企业技术中心全部通过国家年度评价，太钢集团技术中心、太重集团技术中心和天脊集团技术中心3户技术中心进入全国技术中心百强。其中，太钢集团技术中心排名全国第4位，继续保持国家级企业技术中心领先水平；太重集团排名从第12位上升到第9位，进入全国十强行列。

7日 省政府印发《关于扶持和促进中医药事业发展的意见》。《意见》提出以做大中医药"晋"字品牌、推进中医药强省建设为主题，以充分发挥中医药在深化医改和建设"健康山西"中的作用为主线，以建立健全中医药行政管理体系、健康服务体系、人才培养体系、继承创新体系和中药产业体系为重点，逐步实现由中医药大省向中医药强省转变。完善公立中医院服务体系。《意见》还就完善公立中医院服务体系，提出了市级以上中医院全部达到三级中医院水平、70%以上的县级中医院达到二级甲等中医院水平的具体目标任务。

9日 原平煤机配套装备基地和临猗运输配套装备基地2个产业基地，被认定为国家火炬计划特色产业基地。此前，1月5日，永济电机产业基地、太原钕铁硼材料产业基地、大同医药产业基地、迎泽高端包装装备及材料产业基地4个产业基地，被认定为国家火炬计划特色产业基地。至此，山西省2013年有6个产业基地升级成为国家级火炬计划特色产业基地，加上此前2010年被认定为国家火炬计划特色产业基地的太原经济技术开发区煤机装备产业基地，山西国家火炬计划特色产业基地达到7个。国家火炬特色产业基地是我国高新技术产业领域的一面重要旗帜。

18日 太钢不锈钢工业园不锈钢科技创新服务中心被认定为国家级科技企业孵化器。至此，包括2012年12月被认定的长治高新区创业服务中心、太原留学人员创业园、阳泉市高新技术创业服务中心，山西国家级科技企业孵化器累计达到7家。

20日 山西企业再担保有限公司获批成立。该公司由省能源交通投资公司出资设立，是山西首家政策性再担保机构。

23日 省委、省政府召开全省民营经济转型跨越发展促进大会，对全省民营企业投身转型跨越发展和综改试验区建设进行了动员部署。

同日 省政府印发《山西省加快发展节能环保产业实施方案》。该《方案》确定的发展目标是：节能环保产业产值年均增长20%以上，到2015年，全省节能环保产业总产值达到1600亿元；培育20家左右年产值超过10亿元的节能环保企业，形成10家左右年产值超过1亿元的节能环保服务企业，一批机制灵活、技术领先、模式创新的中小企业得到蓬勃发展。

24日 省政府第32次常务会议决定，从2013年冬季开始，向领取失业保险金的失业人员发放取暖补贴。后出台具体政策，即在取暖期内领取失业保险金的失业人员月补贴标准为企业退休人员取暖补贴标准的五分之一（480元）。

25日 平鲁县、原平市、大同新荣区、潞城市、古县、闻喜县、阳城县、孝义市、介休市、阳曲县10县（市、区）通过新农村电气化县建设验收，被授予"新农村电气化县"称号。至此，山西共建成34个电气化县，361个新农村电气化乡（镇）、6800个新农村电气化村。

同日 《山西日报》报道，忻州九原岗北朝晚期壁画的发现，对研究北朝晚期社会生活、绘画艺术以及我国古代建筑史具有非常重要的意义。此前，6月5日《光明日报》报道，太原开化墓群考古发掘取得重大收获，发现了大量汉、北齐、明清时期墓葬，其中发掘出的一处汉代砖室墓葬规模之宏大、结构之复杂，在山西实属罕见；12月5日《山西日报》报道，太原龙山童子寺佛阁遗址考古取得重大成果，新发现北齐佛龛和中原地区保存年代最早的唐代寺院壁画。其中，太原开化墓群是晋阳古城遗址的墓葬区，也是晋阳古城遗址的重要组成部分；太原童子寺遗址是北朝隋唐时期著名的佛教寺院。山西该三项考古新发现，后被评为"2013年度全国十大考古新发现"的三大新发现。

26日 省军区召开大会，宣布冷杰松任省军区司令员。

26~27日 省委十届五次全会暨全省经济工作会议在太原举行，会议讨论了《关于深入贯彻党的十八届三中全会精神、加快推进转型综改试验区建设的若干意见》。

27日 山西焦炭（国际）交易中心在全国首次发布月度焦炭价格指

数（CSPI）。山西、河北和山东三省的焦炭产量占到全国的40%以上，山西焦炭主要销往全国各地，山西焦炭价格的变化影响着全国焦炭行业。以山西为依据，建立和发布焦炭价格指数，对国内整个焦炭产业的生产、贸易有着至关重要的指导作用。

28日 2013年"感动山西"十大人物揭晓。十大人物包括：与病魔斗，与贫穷斗，一心只为家乡美的襄垣县返底村"拼命支书"段爱平；扑救山火时救出战友，自己却英勇牺牲的原平市消防中队原中队长阳军；从警27年来默默照顾32位孤寡老人，并因此放弃升迁机会的阳泉市矿区分局退休社区民警侯明华；妻子因病失明后，对妻子不离不弃的吕梁泰化集团董事长张子玉；一生奉献给千年佳酿传承，终因积劳成疾病逝的汾酒集团高级工程师赵迎路；山洪暴发损毁村民寄存的70多万斤小麦后，"诚信还粮"的晋城市南石店村村民李继林、刘平贵夫妇；夺得第十二届全国运动会女子400米和200米自由泳两枚金牌，实现山西游泳"零的突破"运动员曹玥；被歹徒捅伤后，不顾个人安危开车5公里将乘客送到车站的山西汽运集团晋城汽运公司职工郭文斌；为了让孩子们安心读书，退而不休的隰县关工委主任解绍亮；20年义务照顾邻居大妈，搬家都要带着大妈一起走的右玉县农民工李润生。

本年 全省地区生产总值完成12602.2亿元，增长8.9%；人均地区生产总值34813元，按2013年平均汇率计算为5621美元；全省公共财政收入1700.2亿元，增长12.1%。粮食产量1312.8万吨，增产3.0%；年末规模以上工业企业3946家，增加230家，规模以上工业增加值增长10.5%。全社会原煤产量9.6亿吨，增长5.3%；发电量2625.0亿千瓦时，增长3.6%；规模以上工业企业焦炭产量9076.8万吨，增长7.5%；钢材产量4496.2万吨，增长18.4%。全年全省向省外运输煤炭6.2亿吨，增长5.8%，外运煤炭占原煤产量64.0%；向省外输送电力793.1亿千瓦小时，增长3.1%，外输电量占发电量30.2%；向省外运输焦炭6475.8万吨，增长13.5%，外运焦炭占焦炭产量71.3%。全社会固定资产投资11200.2亿元，增长22.1%。全省社会消费品零售总额4988.3亿元，增长14.0%。年末全省公路线路里程13.9万公里，其中高速公路5011.1公里。年末全省常住人口为3630万人，比2012年末增加19万人。城镇化率52.76%。森林覆盖率18.0%。

附 录

山西省 2013 年国民经济和社会发展统计公报

2013年,在党中央、国务院的正确领导下,山西省委、省政府深入贯彻党的十八大会议精神,坚持主题主线和稳中求进工作总基调,全省经济保持平稳健康发展,社会事业全面进步,人民生活水平不断提高,经济和社会发展取得新进展。

一、综合

初步核算,全年全省生产总值 12602.2 亿元,比上年增长 8.9%。其中,第一产业增加值 773.8 亿元,增长 4.5%,占生产总值的比重为 6.1%;第二产业增加值 6792.7 亿元,增长 10.2%,占生产总值的比重为 53.9%;第三产业增加值 5035.8 亿元,增长 7.5%,占生产总值的比重为 40.0%。

人均地区生产总值 34813 元,按 2013 年平均汇率计算为 5621 美元。

全年全省公共财政收入 1700.2 亿元,增长 12.1%。税收收入 1135.5 亿元,增长 8.6%,其中国内增值税、营业税、企业所得税、个人所得税、资源税和城建税共计完成税收 956.0 亿元,增长 3.2%。公共财政支出 3030.5 亿元,增长 9.7%。其中,教育、医疗卫生、社会保障和就业、住房保障、公共交通运输、节能环保、城乡社区事务等民生支出 2477.9 亿元,同比增长 9.9%,增加 223.3 亿元,民生支出总量和增加额分别占全省公共财政支出的 81.8% 和 83%。

居民消费价格比上年上涨 3.1%,其中,食品价格上涨 6.2%。商品零售价格上涨1.8%。固定资产投资价格上涨0.5%。工业生产者出厂价格下降9.3%，其中生产资料价格下降9.8%，生活资料价格上涨1.8%。工业生产者购进价格下降4.5%。农业生产资料价格上涨2.5%。

全年全省城镇新增就业51.5万人。转移农村劳动力37万人。年末城镇登记失业率3.3%。

二、农业

全年全省农作物种植面积3898.3千公顷，比上年增加7.4千公顷。其中，粮食种植面积3274.3千公顷，减少17.2千公顷；油料种植面积140.3千公顷，减少5.5千公顷；棉花种植面积23.4千公顷，减少13.9千公顷。在粮食种植面积中，玉米种植面积1670.0千公顷，增加1.1千公顷；小麦种植面积677.5千公顷，减少11.5千公顷。

全年粮食产量1312.8万吨，增加38.7万吨，增产3.0%。其中，夏粮231.7万吨，减产11.3%；秋粮1081.1万吨，增产6.7%。

全年完成造林303.0千公顷，减少1.4%。其中，荒山荒地造林面积298.8千公顷，减少1.3%。全年木材产量11.9万立方米，减少2.5%。

全年全省猪牛羊肉总产量72.6万吨，增长8.2%。其中，猪肉产量61.2万吨，增长8.6%；牛肉产量5.2万吨，增长6.1%；羊肉产量6.2万吨，增长5.1%。年末生猪存栏502.2万头，生猪出栏786.2万头。牛奶产量86.2万吨，增长7.8%。禽蛋产量79.8万吨，增长6.9%。水产品产量4.6万吨，增长10.6%。

年末全省农业机械总动力3183.2万千瓦，增长4.1%。机械耕地面积2609.0千公顷，增长1.4%；机械播种面积2516.0千公顷，机械收获面积1703.0千公顷，分别增长3.0%和12.4%。全省农机化经营总收入121.8亿元，增长5.9%。

三、工业和建筑业

年末全省规模以上工业企业3946家,增加230家。全年规模以上工业增加值增长10.5%。

全社会原煤产量9.6亿吨,增长5.3%;发电量2625.0亿千瓦时,增长3.6%。规模以上工业企业焦炭产量9076.8万吨,增长7.5%;钢材产量4496.2万吨,增长18.4%。

规模以上工业企业实现主营业务收入18404.7亿元,增长2.0%。其中,煤炭、焦炭、冶金和电力工业分别实现主营业务收入7341.4亿元、1326.1亿元、4146.2亿元和1602.3亿元,分别增长-2.3%、-2.0%、6.4%和6.5%;化学、建材、装备制造、医药和食品工业分别实现主营业务收入844.9亿元、366.4亿元、1640.1亿元、138.2亿元和705.5亿元,分别增长-0.7%、-0.5%、5.1%、20.3%和10.8%。

规模以上工业实现利税1445.8亿元,下降18.3%;实现利润547.9亿元,下降31.4%。

全年全省建筑业实现增加值759.7亿元,比上年增长6.4%。具有建筑业资质等级的总承包和专业承包建筑业企业实现利润80.1亿元,增长15.6%。

四、固定资产投资

全年全社会固定资产投资11200.2亿元,增长22.1%。其中,国有及国有控股投资5031.8亿元,增长11.3%;民间投资6089.0亿元,增长33.8%。

在全社会固定资产投资中,内资企业投资10718.1亿元,增长23.1%;外商及港澳台商企业投资134.5亿元,下降19%;个体经营及农户投资347.7亿元,增长14%。

在全社会固定资产投资中,第一产业投资705.1亿元,增长92.6%;第二产业投资4685.1亿元,增长13.3%;第三产业投资5810.1亿元,增长24.3%。在第二产业中,工业投资4724.9亿元,增长14.4%。其中,煤炭工业投资1165.8亿元,下降13.8%,非煤产业投资3559.0亿元,增长28.1%;传统产业(煤炭、焦炭、冶金、电力)投资合计2222.7亿元,下降3.7%,非传统产业投资合计2502.2亿元,增长37.3%。

全年全省在建固定资产投资项目12688个。其中,亿元以上项目3175个,计划总投资21993.2亿元,完成投资6770.4亿元。

全年房地产开发投资1308.6亿元,增长29.5%。其中,住宅投资958.8亿元,增长30.3%;商业营业用房投资182.6亿元,增长31.1%。

五、能源

全年全省一次能源生产折标准煤8.2亿吨,增长5.4%;二次能源生产折标准煤4.0亿吨,增长12.0%。

全年全省向省外运输煤炭6.2亿吨,增长5.8%,外运煤炭占原煤产量64.0%。在外运煤炭中,铁路运输4.8亿吨,增长2.7%;公路运输1.4亿吨,增长18.4%。向省外输送电力793.1亿千瓦小时,增长3.1%,外输电量占发电量30.2%;向省外运输焦炭6475.8万吨,增长13.5%,外运焦炭占焦炭产量71.3%。

全年全省全社会用电总量1832.4亿千瓦小时。其中,第一产业用电37.8亿千瓦小时,占全社会用电量2.1%;第二产业用电1497.0亿千瓦小时,占81.7%,其中工业用电1475.5亿千瓦小时;第三产业用电154.6亿千瓦小时,占8.4%;城乡居民生活用电143.0亿千瓦小时,占7.8%。

六、国内贸易

全年全省社会消费品零售总额4988.3亿元,增长14.0%。按经营地统计,城镇消费品零售额4138.5亿元,增长13.9%;乡村消费品零售额849.8亿元,增长14.3%。按消费形态统计,商品零售额4518.6亿元,增长14.1%;餐饮收入额469.7亿元,增长13.3%。

七、对外经济

全年全省海关进出口总额158.0亿美元,增长5.0%。其中,进口额78.0亿美元,下降2.8%;出口额80.0亿美元,增长14.0%。

全年出口煤炭105.2万吨,下降26.7%;出口焦炭54.6万吨,增长36.3%;出口镁及其制品5.6万吨,增长11.1%;出口钢材77.0万吨,下降0.5%,其中不锈钢36.8万吨,增长23.4%。出口机电产品46.5亿美元,增长35.2%;出口高新技术产品32.3亿美元,增长68.0%。

全年进口铁矿砂2344.1万吨,下降0.9%,进口金额29.6亿美元,增长2.6%;进口机电产品21.3亿美元,下降19.3%。

全年全省新设立外商直接投资企业48家;按全口径统计实际使用外商直接投资金额28.1亿美元,增长12.1%。

全年全省对外经济合作新签合同额2.4亿美元,下降63.0%。

八、交通、邮电和旅游

年末全省公路线路里程13.9万公里,其中高速公路5011.1公里,与上年末持平。

年末全省民用汽车保有量415.9万辆(包括三轮汽车和低速货车37.6万辆),比上年末增长12.1%,其中私人汽车326.7万辆,增长16.0%。本年新注册汽车59.8万辆,增长4.6%。年末轿车保有量220.2万辆,增长19.5%，其中私人轿车199.1万辆，增长21.5%。

全年全省完成邮电业务总量359.9亿元，增长6.0%。其中，邮政业务总量34.1亿元，增长12.0%；电信业务总量325.8亿元，增长5.4%。年末移动电话用户3105.5万户，其中，3G移动电话用户952.0万户。全省宽带接入用户521.3万户，增长3.3%。

全年全省接待海外旅游者212.6万人次，接待国内旅游者2.5亿人次，分别增长12.4%和26.6%；旅游外汇收入8.2亿美元，国内旅游收入2253.7亿元，旅游总收入2305.4亿元，分别增长14.4%、27.6%和27.2%。

九、金融

年末全省金融机构本外币各项存款余额26269.0亿元，比年初增加2108.4亿元，比年初增长8.7%。各项贷款余额15025.5亿元，比年初增加1807.1亿元，增长13.7%。

年末全省农村金融合作机构（农村信用社、农村合作银行、农村商业银行）人民币贷款余额3135.0亿元，比年初增加468.9亿元，增长17.6%；人民币存款余额5015.2亿元，比年初增加695.6亿元，比年初增长16.1%。

年末全省共有上市公司34家。全省辖区证券市场各类证券成交额12206.4亿元，增长38.4%。其中股票成交额7911.6亿元，增长33.8%；基金成交额222.2亿元，增长138.7%；债券成交额4072.6亿元，增长44.9%。年末投资者资金账户累计开户数165.0万户，增长3.1%。

全年全省保费收入412.4亿元，增长7.2%。其中，寿险业务保费收入239.7亿元，增长2.4%；健康险业务保费收入20.2亿元，增长24.5%；意外险业务保费收入8.0亿元，增长21.6%；财产险业务保费收入144.6亿元，增长13.1%。全年支付各类赔款及给付169.3亿元，增长41.9%。

十、教育和科学技术

年末全省普通高等学校 70 所,独立设置的成人高等学校 12 所。全省高等教育毛入学率 34%,高中阶段毛入学率 91%。成人技术培训学校培训职工和农民共计 207.1 万人次。

全年全省专利申请量与授权量分别为 18859 件和 8565 件,分别增长 12.3% 和 18.3%;其中发明专利申请量与授权量分别为 6025 件和 1332 件,分别增长 11.2% 和 1.8%。全年新登记科技成果 447 项。获得国家科学技术奖 5 项。国家认定企业技术中心 26 家。省级企业技术中心 180 家。按照国家高新技术企业认定办法,年末累计高新技术企业 370 家。

全省 25 个经济开发区入区企业 14770 家,其中 500 强投资企业 94 家。区内税收收入 161.0 亿元,增长 10.3%;企业主营业务收入 5405.3 亿元,增长 18.6%。

年末全省共有省、市、县产品质量监督检验和计量检定技术机构 124 个,国家检测中心 2 个。监督抽查了 3411 家企业 29 类 49 种 6105 批次的产品和商品。全年完成强制检定计量器具 74 万台件。

全省有气象台站 121 个,全省开展 121 电话天气自动答询的台站 121 个。全省气象系统开展人工影响天气业务的单位 116 个,防雹、增雨累计受益面积 150.52 万平方公里,增雨量 30.33 亿立方米。全省有天气预报服务 Intel 网站 4 个,卫星云图接收站 15 个。

全省有专业综合地震台站 10 个,省级地震台网中心 1 个,省级数字测震地震台网 1 个。全年 M3.0~M3.9 级地震 7 次,M4.0~M4.9 级地震 0 次,最大震级 M3.6 级。

十一、文化、卫生和体育

年末全省共有群众艺术馆 12 个,文化馆 119 个,文化站 1407 个(其中：乡镇综合文化站1197个），农村文化活动场所2.82万个。全省共有专业艺术表演团体155个。全省有公共图书馆126个。2013年全省报纸共出版60种（不含高校校报）、20.2亿份，各类杂志出版198种、3544.1万册，各类图书出版3764种、13960万册。年末全省共有广播电视台113座，广播电台1座，电视台3座，中短波转播发射台15座，调频转播发射台119座，一百瓦以上电视转播发射台148座。广播人口覆盖率96.76%，电视人口覆盖率98.45%，有线电视用户497.9万户。2013年，山西影视集团共发行、生产、创作电影、电视剧、专题片37部。

年末全省共有卫生机构（含诊所）12050个，床位17.3万张。卫生防疫、防治机构134个，妇幼保健院（所、站）132个。全省卫生机构共有卫生技术人员20.3万人，其中医院卫生技术人员13.0万人；卫生院、社区卫生服务中心（站）卫生技术人员3.5万人，其中农村乡镇卫生院2.1万人；防疫、防治与妇幼保健卫生技术人员1.0万人。全省115个县（市、区）开展了新型农村合作医疗工作，有2202万农民参加了合作医疗。

全年我省运动员在国内外重大比赛中获金、银、铜牌分别为56枚、40枚和47枚（包括非奥运项目比赛）。全省销售中国体育彩票15.6亿元，比上年增长53.8%。

十二、人口、人民生活和社会保障

据2013年人口抽样调查，年末全省常住人口为3630万人，比上年末增加19万人。全年全省出生人口39万人，人口出生率为10.81‰；死亡人口20万人，死亡率为5.57‰；自然增长率为5.24‰。出生人口性别比为114.03。

全年城镇居民人均可支配收入22456元，增长10.0%；城镇居民人均消费性支出13166元，增长7.8%。全年农村居民人均纯收入7154元，增长12.5%；农村居民人均生活消费支出6017元，增长8.1%。城镇占调查总户数20%的低收入家庭人均可支配收入9425元，增长10.3%；农村占人口20%的低收入者收入2283元，增长15.6%。城镇居民家庭恩格尔系数27.9%，农村居民家庭恩格尔系数33.0%。

年末参加城镇基本养老保险766.4万人，增加33.4万人；参加新型农村社会养老保险1439.8万人，增加42.2万人；参加城镇基本医疗保险1086.3万人，增加28.8万人；参加失业保险400.7万人，增加9.8万人；参加工伤保险548.9万人，增加19.4万人，其中农民工166.6万人；参加生育保险445.6万人，比上年增加22.7万人。

全年得到城市最低生活保障救济人数85.0万人，全年共发放城市最低保障资金25.1亿元。16.4万人纳入农村五保供养。

年末全省城镇有各种社区服务设施3069个，其中综合性社区服务中心453个，各类收养性单位床位数67975张，收养人数4.1万人，国家抚恤、补助各类优抚对象18.3万人。全年销售福利彩票29.3亿元，筹集社会福利资金9.0亿元，接受社会捐赠款0.5亿元。

十三、资源、环境和安全生产

年末全省10座大型水库蓄水总量为9.6亿立方米。

年末全省森林面积282.4万公顷，森林覆盖率18.0%。

按《环境空气质量指数（AQI）技术规定（试行）（HJ633-2012）》评价，2013年太原市环境空气优良天数为162天；按《城市空气质量日报（AQI）技术规定》评价，其余10个地级城市环境空气优良天数范围在198~335天之间。

黄河、海河流域山西段共监测100个断面，达到Ⅲ类以上水质标准的断面占46.0%，达到Ⅳ类水质标准的断面占16.0%，达到Ⅴ类水质标准的断面占6.0%，有32.0%的断面超过Ⅴ类水质标准。

全年各类自然灾害造成直接经济损失152.6亿元,较上年增长139.6%;农作物受灾面积181.9万公顷,较上年增长152.6%,其中,绝收面积25.5万公顷,较上年增长189.8%。

全年全省共发生各类生产经营性事故2125起,下降7.3%;死亡1156人,下降9.1%。重大事故发生一起,死亡10人。全年全省煤炭百万吨死亡率0.078。

公报注释:

1. 本公报部分数据为初步统计数据。

2. 地区生产总值、各产业增加值绝对数按现价计算,增长速度按不变价格计算。

3. 除注明外,所有增长或下降速度均为同上年相比较。

4. 部分数据因四舍五入的原因,存在与分项合计不等的情况。

5. 邮电业务总量(包括邮政业务总量和电信业务总量)按2010年不变价计算。

6. 森林资源数据为2010年山西省第六次森林资源清查结果。

7. 由于科技、环保部门部分数据延迟报送,需了解请咨询相关部门。

8. 全省辖区证券市场统计范围由2012年的辖区内所有营业部扩大为辖区内所有营业部及法人机构交易所。

9. 按照财政厅要求,不再统计财政总收入指标。

10. "年末参加城镇职工基本养老保险"指标修改为"年末参加城镇基本养老保险"。

11. 节能降耗指标将单独发布。

山西省统计局　国家统计局山西调查总队

2014年2月25日

后　记

《山西省情报告（2014）》，是2014年省地方志办公室、省政府发展研究中心实施按年度序列研究省情的"创新工程"课题的首部研究成果。课题由省地方志办公室主任李茂盛、省政府发展研究中心主任李劲民主持，具体由省地方志办公室专志处处长冯林平统筹研究和组织团队开展研究。

在课题研究进程中，课题组先后吸纳省社科院、省发改委宏观研究院、省统计局、太原工业学院等部门的有关专家参与，形成研究团队。

课题研究按照总体与部分相结合的方式展开，冯林平负责总体研究及部分子课题的研究，其他成员按分工负责各子课题的研究和组织协调研究。各部分文稿完成后，冯林平对全部文稿进行了通审、通改，形成送审稿，送有关领导和专家审读、审改。省社科院资深研究员谭克俭对课题研究给予了有力指导，审读了部分文稿。省地方志办公室综合处处长杨建中参与了课题的论证和研讨。省地方志办公室副主任赵群虎、刘益龄、张晓光审读了部分文稿。李茂盛、李劲民审改了全部文稿，李茂盛最后审定。

各项子课题具体研究和撰写者是：省情战略，李劲民；地理历史、政治建设、大事纪要，冯林平；经济建设，崔鸿雁、李刚、刘琪（省发改委宏观研究院），冯林平；文化建设，冯林平、郭秀兰（省社科院）；社会建设，李小伟（省社科院）、冯林平；生态建设，崔晋生（省社科院）、冯林平；居民生活，崔云朋（省政府发展研究中心）、冯林平；发展比较，冯林平、陈培文和田振兴（省统计局）、朱红（太原工业学院）。区域发展部分各市子课题的研究，由崔云朋、冯林平设计研究框架，协调太原、

后 记

大同、朔州、忻州、阳泉、吕梁、晋城、运城市政府发展研究中心和长治市政府办公厅、晋中市发改委、临汾市地方志办公室组织力量研究和撰稿。具体研究和撰写者是：魏建庭和陈波（太原）、康辰（大同）、曹刚（朔州）、冯德生（忻州）、郑敏（阳泉）、刘佑农（吕梁）、成少宏和赵欢（晋城）、张美蓉（运城）、孙曙英和梁晨玮（长治）、赵献春（晋中）、靳水旺（临汾）。冯林平、崔云朋、李小伟通审、通改了各市文稿。

课题的研究，得到了省直有关部、委、厅、局和各市有关部门的大力支持和帮助，同时还参考了相关研究者的文献资料。在文稿通改、通审、编辑过程中，省地方志办公室专志处调研员吴晓峰、主任科员刘瑞花和实习研究生高利佳、张超帮助查阅、核实了有关资料，校对了全部文稿。在文稿送审出版过程中，社会科学文献出版社的领导给予了热情帮助，责任编辑陈颖对书稿进行了认真编校。在此一并表示感谢。

由于时间仓促，加之受资料、水平所限，书中疏漏和舛误之处难免，希读者批评指正。

课题组

2014 年 11 月

图书在版编目(CIP)数据

山西省情报告.2014/李茂盛,李劲民主编.—北京:社会科学文献出版社,2014.12

(山西省情智库丛书)

ISBN 978-7-5097-6822-8

Ⅰ.①山… Ⅱ.①李… ②李… Ⅲ.①区域经济发展-研究报告-山西省-2014②社会发展-研究报告-山西省-2014 Ⅳ.①F127.25

中国版本图书馆CIP数据核字(2014)第280053号

·山西省情智库丛书·

山西省情报告(2014)

主　　编 / 李茂盛　李劲民
出　版　人 / 谢寿光
项目统筹 / 陈　颖
责任编辑 / 陈　颖

出	版 / 社会科学文献出版社·皮书出版分社(010)59367127
	地址:北京市北三环中路甲29号院华龙大厦　邮编:100029
	网址:www.ssap.com.cn
发	行 / 市场营销中心(010)59367081　59367090
	读者服务中心(010)59367028
印	装 / 北京季蜂印刷有限公司
规	格 / 开本:787mm×1092mm　1/16
	印张:17.5　字数:232千字
版	次 / 2014年12月第1版　2014年12月第1次印刷
书	号 / ISBN 978-7-5097-6822-8
定	价 / 79.00元

本书如有破损、缺页、装订错误,请与本社读者服务中心联系更换

▲ 版权所有 翻印必究